# The Origin of (almost) Everything

## 《新科学家》

始创于1956年，是一家国际性科学周刊，在科学出版界具有世界性的声望，在全世界有超过500万忠实读者。

### 格雷厄姆・劳顿

《新科学家》杂志执行主编，毕业于英国帝国理工学院，获得生物化学学士学位和科学传播硕士学位，在科学写作方面获得过许多奖项。

### 珍妮弗・丹尼尔

《纽约时报》著名插画设计师，Google创意总监。

New Scientist

# 万物起源

# The Origin of (almost) Everything

英国《新科学家》杂志 ◎ 著
[英] 格雷厄姆·劳顿 ◎ 文
[美] 珍妮弗·丹尼尔 ◎ 绘
张卜天 ◎ 译

湖南科学技术出版社 博集天卷 CS-BOOKY

# 目 录

CONTENTS

**导 言**

史蒂芬·霍金

# 我们从哪里来？

我们为什么会在这里？我们是从哪里来的？根据中非博松戈人的说法，起初只有黑暗、水和大神本巴。一天，本巴胃痛发作，吐出了太阳。太阳烧干了一些水，露出了土地。仍感不适的本巴又吐出了月亮和星辰，然后是豹、鳄鱼、乌龟，最后吐出了人。

和其他很多创世神话一样，这个神话要努力解决的各种问题我们今天仍在追问。幸运的是，我们现在有了科学这个工具来提供答案，这一点我们很快就会看清楚。

关于这些存在的奥秘，第一项科学证据是在20世纪20年代被发现的，当时埃德温・哈勃开始用加利福尼亚威尔逊山上的一架望远镜进行观测。哈勃惊讶地发现，几乎所有星系都在离我们而去。不仅如此，越是遥远的星系，远离我们的速度就越快。宇宙的膨胀是古往今来最重要的发现之一。

这一发现改变了关于宇宙是否有开端的争论。如果诸星系此时正在彼此远离，那它们在过去必定离得更近。如果其速度保持恒定，那么数十亿年前，它们应该是挤在一起的。这就是宇宙的起源吗？

当时，许多科学家都不满意宇宙有开端的说法，因为这似乎意味着物理学已经崩溃。我们不得不援引一个外在的动因——为方便起见，可以称之为上帝——来决定宇宙如何开始。于是，他们提出了一种理论：虽然宇宙目前正在膨胀，但它并没有一个开端。

也许最著名的理论是在1948年被提出的。它叫作稳恒态理论，暗示宇宙过去一直存在，而且无论什么时候看上去都一样。最后这个特性是一项可以检验的预言，可检验性是科学方法的一个关键要素。但事实表明，它并不成立。

1965年10月，人们发现整个空间中有一个微弱的微波背景，这是最早的观测证据，表明宇宙有一个非常致密的开端。唯一合理的解释就是，这个“宇宙微波背景”是一种炽热而致密的早期状态所遗留的辐射。随着宇宙不断膨胀，辐射冷却下来，直至成为我们今天看到的残余。

很快就有理论支持这个想法。我和牛津大学的罗杰・彭罗斯认为，如果爱因斯坦的广义相对论是正确的，那么必定存在一个奇点，在那个点上，宇宙无限致密，时空曲率为无限大——时间本身正是从这里开始的。

宇宙从大爆炸开始，然后快速膨胀。这被称为“暴涨”，过程极为迅速：经过1秒钟的极小一部分，宇宙的尺寸就增加了很多很多倍。

暴涨使宇宙变得广袤而平滑，但不是完全平滑，不同位置之间有微小的差异。这些差异最终导致了星系、恒星和太阳系的诞生。

我们的存在便缘于这些差异。如果早期宇宙是完全平滑的，就不会有星星，也不会发展出生命。我们是原始量子涨落的产物。

我们将会看到，仍然存在许多巨大的谜团。不过，我们正在逐步接近以下古老问题的答案：我们从哪里来？我们是宇宙中唯一会问出这些问题的生命吗？

# 序 言

我一直对起源问题感到着迷。小时候，我常常跟妈妈、爸爸和妹妹去约克郡的海边；我们从悬崖峭壁上挖出菊石[1]、箭石[2]和卷嘴蛎，我想知道：它们是从哪里来的？它们还活着的时候，地球是什么样子？

不是只有自然界促使我追问事物是从哪里来的。我曾经边看电视——那时可能是黑白电视，但仍然是一个技术上的奇迹——边想：是谁发明了它？我不明白人如何能够制造出一个有屏幕的、从远处投射图像的盒子。我想，要是让我做，我永远也做不出来。

20 年前我成了一名科学记者，那时我意识到起源故事能够大大激发我们的想象力。“我们从哪里来？”是我们问自己的最深刻和最根本的问题之一。（此外还有诸如“我们应当如何生活？”“我们要去哪里？”等问题，但这些问题并非本书所要涉及的。）我相信，观察某个事物，思考某个存在问题，并问“它是怎么来的”，这是人类本性的一部分。

我们所知的每一个社会都有关于宇宙及其居民的起源故事。有记录的最古老的创世神话是写于2700年前青铜时代巴比伦泥板上的《埃努玛·埃利什》。但起源故事肯定比这早得多，至少可以追溯到 40000 年前，那时我们的祖先在行为上已经变成了现代人。据我们所知，他们的头脑与我们的别无二致。这意味着他们有能力做思想上的时间旅行——将自己投射到过去和未来。因此，我们的祖先能够超越此时此地，甚至是自身有限的生命，沉思遥远的过去和未来。和我们一样，他们必定想知道这一切是从哪里来的。

也许可以进一步往前追溯。即使是我们最早的祖先可能也有一个起源神话，一个在直立人的篝火旁以原始语言传承了数百万年的故事。是的，连起源故事也需要一个起源故事。

当然，除了直接的体验与想象，这些古老故事的创造者并没有太多东西可以依靠。他们往往会求助于超自然的解释。我们自己文化的起源神话《创世记》就是这样一个故事。它实际上把一次可以完成的事情分成两次做：先是我们熟悉的

[1] 已灭绝的海生无脊椎动物，生存于泥盆纪至晚白垩纪，因身体表面常有类似菊花的线纹而得名。
[2] 无脊椎古生物，外形类似乌贼，因有一个箭头状的鞘而得名。

六日创世神话，然后是一个稍有不同的、有些矛盾的版本。这也许是默认：我们永远也不可能确定地知道，却忍不住跃跃欲试。

但引入了科学方法的力量后，思想上的时间旅行就成了一种精密仪器。我们可以用望远镜来窥视早期宇宙，并用数学来理解它的属性。事实上，正如史蒂芬·霍金在导言中所解释的，像这样把钟表指针拨回去已经使我们走了很远，几乎回到了宇宙本身的开端。

与此同时，历史科学——地质学、进化生物学和宇宙学——使我们得以重构发生在人类出现之前很久即所谓“深时”的事情：我们太阳系的诞生、生命的起源、人类的进化等。考古学和历史学有助于我们理解我们的过去和人类直接负责的事物——从烹饪这样的早期创新到万维网这样的现代技术——的起源。

《万物起源》汇集了科学所揭示的现代起源故事。它将最重要、最有趣和最出人意料的 53 个简短故事汇集在一起，并辅以珍妮弗·丹尼尔生动幽默的信息图表。

当我开始罗列主题时，一些主题显然是必不可少的，比如大爆炸、生命的起源和人类的进化。人类文明的兴起是另一个富矿。15000 年前，我们的祖先还是四处迁徙的狩猎－采集者；而现在我们住在房子里，到超市采购，乘坐机器四处旅行。这一切是如何发生的?

还有一些主题的必要性略逊一筹，非常感谢我在《新科学家》的诸位出色的同事以及约翰·默里，他们提出了一些更为新奇的主题：零、土壤和个人卫生这些都是我非常喜欢的主题。最后，我们有太多材料要挤进一本书。未能入选的主题有一长串，比如板球及和路雪冰淇淋的起源等。也许有一天，我会写本《万物起源续编》。

但这种思想上的时间旅行已经足够。我很为这本书感到自豪。对我来说，这是一次探索之旅，我希望对你也是如此。在我们努力创作这本书的同时，它所讲述的许多故事有所改变和发展，因为又有了新的发现。这正是科学永不止息的美。

我唯一的遗憾是，暂定的副标题没有出现在封面上（如果你想知道，我可以告诉你，“从大爆炸到脐毛”，其范围之广可见一斑）。它在形式上始于《新科学家》与约翰·默里出版社的一次头脑风暴，但我认为其真正起源是在约克郡海滩上一个小男孩的头脑中，大自然的奇迹赋予了他灵感。

我又穿越时空去了那里，试图弄清楚某个事物是从哪里开始的。我们只是忍不住要这么做。

格雷厄姆·劳顿

2016 年 5 月　伦敦

# CHAPTER 1

# 宇 宙

# 这一切是如何开始的？

宇宙很大，非常非常大。但如果关于宇宙的起源，我们的理论是正确的，那么宇宙就曾经很小，非常非常小。事实上，它一度并不存在。大约在138亿年前，物质、能量、时间和空间从无中自发地产生出来，这就是我们所说的“大爆炸”。

那么，这是如何发生的？换句话说：万物的起源是什么？

这是典型的起源之谜。对于历史上大多数人来说，唯一可信的答案就是“神造出了万物”。在很长一段时间里，甚至连科学也回避这个问题。20世纪初的物理学家们普遍相信，宇宙是无限和永恒的。表明宇宙并非如此的第一条线索出现在1929年。当时，埃德温·哈勃发现各个星系就像榴霰弹爆炸后的弹片一样彼此飞离。

合乎逻辑的结论是，宇宙必定在膨胀，因此，它过去一定更小。通过反向设想它的膨胀，就像倒着放映电影一样，天文学家们得出了另一个相当奇特的逻辑结论：宇宙必定有一个开端。

## 终极开端

起初，许多科学家都对终极开端这个想法感到不满，于是提出了不需要终极开端的其他解释。其中最著名的也许是1948年提出的稳恒态宇宙假说。根据这一假说，宇宙一直存在，并且在任何时候看起来都一样。天文学家们很快就找到了方法对这个假说进行检验，发现它并不成立。有些天体，比如类星体，只有在距离我们很远的地方才能找到，这表明宇宙并非在任何时候看起来都一样。尽管如此，支持稳恒态宇宙的理论家们还是给我们留下了一份持久的遗产，那就是“大爆炸”——而最初创造这个词却是为了讽刺主张宇宙有一个终极开端的理论。

致命的一击发生在1965年，人们意外发现有一种微弱的辐射遍布所有空间。对这种宇宙微波背景的解释是，它是一个比今天的宇宙更为致密和炽热的宇宙的“余晖”。

这些观察很快就得到了理论的支持。史蒂芬·霍金和罗杰·彭罗斯认为，如果广义相对论是正确的，那么必定存在一个奇点，在那个点上，宇宙无限致密，时空曲率为无限大——时间本身正是从这里开始的。

“大爆炸”现在是主流科学。宇宙学家们相

### 不是大爆炸

大爆炸是对宇宙起源的主流解释，但它自身并没有发言权。一个可选方案是，那不是一次爆炸，而是一次反弹。在这个剧本中，将我们的宇宙倒回去，使我们经由它致密和炽热得难以想象的开端，从另一边出来，进入前一个宇宙致密和炽热得难以想象的结尾。另一个可选方案是，此爆炸是许多次爆炸中的一次。根据多重宇宙理论，我们的宇宙只是沸腾的宇宙泡沫中的一个泡泡。然而，这两种说法都暗示了宇宙没有开端。这个概念要比宇宙只是凭空跳出来的概念更难把握。

大爆炸或大反弹：万物的开端，
抑或回到前一个宇宙？

信他们可以将宇宙的演化从爆炸发生后的一刹那追溯到现在，包括一个被称为“暴涨”的短暂的高速膨胀期以及最早的恒星的诞生。然而，实际的创世时刻在很大程度上仍然是猜测性的。在那一点上，我们关于现实的理论开始崩溃。为了取得进步，我们需要研究如何调和广义相对论与量子理论。尽管有数十年艰苦的思想嫁接，物理学家们仍然在这个问题上卡住了。不过，对于如何回答大爆炸理论核心处的那个恼人的问题，我们的确有些想法。

## 如何从“无”中生出有？

这是一个很合理的问题，因为一些基本的物理学定理表明，宇宙是极不可能存在的。热力学第二定律说，混乱或者熵总是倾向于随时间而增加。熵衡量的是重新排列一个系统的组成部分而不改变其整体外观有多少种方式。例如，在整体温度和压力不变的情况下，可以按照许多方式来排列热气体中的分子，所以气体是一个高熵系统。而如果对生命体的分子排列多一点干涉，就会把它变成一个死的东西，因此我们是低熵系统。

根据同样的逻辑，“无”是最高的熵状态；你可以随心所欲地对它进行组合，它看起来仍然什么都没有。

根据这一定律，很难看出“无”怎么能变成某种东西，更不用说变成宇宙了。但熵只是故事的一部分，另一部分是被物理学家称为“对称”的性质——它并不完全等同于我们在日常生活中与形状联系在一起的对称。对物理学家来说，如果可以对某个事物进行某种操作，之后它看起来和之前一样，就可以说这个事物是对称的。根据这个定义，“无”是完全对称的：你可以随意对它做什么，它仍然是“无”。

正如物理学家了解到的，对称注定是要被打破的，当它们被打破时，会对宇宙产生深远的影响。

事实上，量子理论告诉我们，不存在“空”这种东西。它的对称性太过完美，以致无法持续，生生灭灭的粒子所组成的沸腾起伏的汤会将其打破。

这导致了一个违反直觉的结论：尽管有熵，但“有”是一种比“无”更自然的状态。在这个意义上，宇宙中的一切事物都只是量子真空的激发罢了。

也许真是某种类似的东西应为宇宙本身的起源负责？这似乎很有道理。也许大爆炸只是“无”在行自然之事，是一次导致整个宇宙诞生的量子涨落。

## 空间和时间之外

当然，这引出了一个问题：大爆炸之前有什么，以及这种状态持续了多久。不幸的是，在这一点上，像“之前”这样的常识性概念变得毫无意义。

这也引出了一个更加困难的问题：这种对创世的理解依赖于物理学定律的有效性，但这意味着这些定律得先于宇宙而存在。

物理学定律如何存在于空间和时间之外而没有自身的起因？换句话说，为什么有某种东西而不是一无所有？

# 你能区分“有”和“无”吗?

实际上，你不能。它们之间没有区别。量子理论告诉我们，“无”不可能存在：它总会引出某种东西，也许是一个宇宙。事实上，这可以解释大爆炸。如果你把宇宙中所有物质和能量加在一起，包括具有负能量的引力，你将会得到零。整个宇宙是由……“无”组成的。

# 星星为什么闪烁?

仰望夜空，你正在时间中回望。最亮的星星天狼星 A 发出的光要花 8 年半左右才能穿过星际空间到达地球。肉眼可见的最遥远的星星天鹅座 α 距离我们大约 2600 光年。据我们所知，这两颗星星甚至已经不存在了。

继续回望，我们探入时间的更深处。2012 年，哈勃太空望远镜花了 23 天在一小块天空收集微弱的光，拍摄了一张名为“哈勃极端深场”的著名照片。这张照片上散布着遥远的星系，有些极远，它们的光是在宇宙只有 5 亿岁时发出的。

这张照片证实了天文学家们长久以来的猜测：宇宙本质上是各向同性的，布满了与我们的太阳和银河系相似的恒星和星系。但如果哈勃望远镜能够更深地探入过去，它将看到一个极为不同的宇宙。

现在普遍认为，宇宙始于一个极其微小、致密和炽热的物质能量火球。这时的宇宙并不包含恒星和星系，并且在之后的 5 亿年里都是如此。

我们已知的最古老的星系是 EGSY8p7，它诞生于大爆炸之后约 6 亿年。又过了 5 亿年，宇宙中遍布星系，每个星系都包含着数千亿颗恒星。它是如何从一个极端发展到另一个极端的呢?

要回答这个问题，我们必须回到很久以前，回到大爆炸之后仅仅 $3 \times 10^{-44}$ 秒的时刻。这是暴涨的开端，在不到 1 毫秒的时间里，宇宙发生了指数膨胀。

## 像吹气球一样吹起来

暴涨把宇宙从一个沸腾起伏的物质能量扭结变成了某种更为光滑均质的东西，有点像将皱巴巴的气球吹圆。然而，暴涨并没有导致完全的均一：到处都有微小的差异，这是引起大爆炸的量子涨落的延伸残余。暴涨结束后，宇宙继续以更慢的速度膨胀，差异进一步延伸。导致了恒星和星系的诞生。

我们对这些情况的了解来自于对宇宙背景辐射的观测。宇宙背景辐射是遍布整个空间的微波的隐约迹象，往往被称为大爆炸的“余晖”。起初，宇宙微波背景的温度似乎处处相同：绝对零度以上 2.7℃，极其寒冷。但美国航空航天局的宇宙背景探测器（COBE）卫星在 1992 年绘制了详细的地图，我们发现有些区域比平均值略冷，另一些

## 由一个黑洞构建

一般认为，星系会在引力的影响下逐渐合并，但还有一种更富戏剧性的可能。它们也许是通过高能物质喷流猛烈注入气体云的方式而迅速形成的。这些喷流是从类星体中释放出来的，类星体是一种极为明亮的天体，其能量被认为是由超大质量黑洞赋予的。如果这种理解是正确的，那将意味着大多数星系中心的超大质量黑洞是其周围事物的建筑师，而不是它们的产物。

星系有三种基本类型

区域则略热。

这些差异非常微小，只有十万分之几，但已经足够。

寒冷的斑点对应包含较多物质（主要是氢和氦）的早期宇宙区域，因此比平均值略为致密。引力负责余下的事情，逐渐把这些物质凝结成更大、更致密的斑点，最终在其内部引发核聚变，恒星由此诞生。

引力也可以解释被我们称为星系的恒星群的形成，以及星系团的形成。后者的长度可以达到 1 亿多光年。

我们自己的星系就是以这种方式形成的，而且这个进程仍在继续。例如，银河系正在从它附近的两个星系大小麦哲伦云中吸收物质，也从太空中吸收气体。作为比宇宙中大多数星系都要大和明亮得多的星系，银河系最终会与它附近的仙女星系结合，从而变得更强大。

恒星也在被称为“恒星摇篮”的高密度的星际尘埃中继续形成。哈勃太空望远镜拍摄到了由气体和尘埃构成的巨柱的令人震撼的照片——在那里，新生的恒星带着原行星盘从云中显现出来，原行星盘最终将发展成行星系统。银河系每年会孕育出大约 10 颗恒星。

虽然所有恒星都以相同的方式诞生，但它们彼此却非常不同。有些明亮，有些暗淡；有些是蓝色，有些则是白色、黄色、橙色或红色；有些巨大，有些微小。

## 活得急，死得快

这些差异可归因于质量的随机变化。大约 90% 的恒星是主序星，它们都在做同样的事情：在其中心将氢原子核融合在一起形成氦原子核，这个过程叫作聚变。恒星的质量越大，其中心就越热，氢聚变的过程也越快，因此就越亮。而恒星越亮，看起来就越蓝。

恒星的质量决定了它能活多久。虽然质量更大的恒星有更多的燃料可以燃烧，但它们燃烧得更快，死得也更快。大质量恒星大都在几百万年内就耗尽了自己的氢。与之形成鲜明对比的是，太阳已经燃烧了 46 亿年，并将继续燃烧几十亿年。

每颗主序星都将在某一天耗尽其中心的氢。然后它会开始燃烧它中心之外的氢，同时膨胀和冷却。现在它是一颗巨星或超巨星。

这些巨大的恒星活得短暂而热烈。它们开始聚变形成氦、碳、氖、氧、硅和硫，最后两种元素又聚变成铁。但铁不会聚变成更重的元素，在那一刻恒星注定会作为一颗超新星而爆发。此后，其残余物质会坍缩成一个微小但致密的球体，可能是黑洞，也可能是中子星。

较小的巨星不会爆发，而只是慢慢缩小成炽热而致密的白矮星。经过足够长的时间，白矮星会完全褪色，变成黑矮星。但目前还没有出现过这种情况，因为宇宙还不够老。

# 一闪一闪亮晶晶

如果你根据亮度和颜色来绘制可见的恒星，就会出现一幅图案。这些恒星不是随机分布的，而是聚集成三个团，恒星团揭示了关于恒星的生命及其演化过程的许多信息。

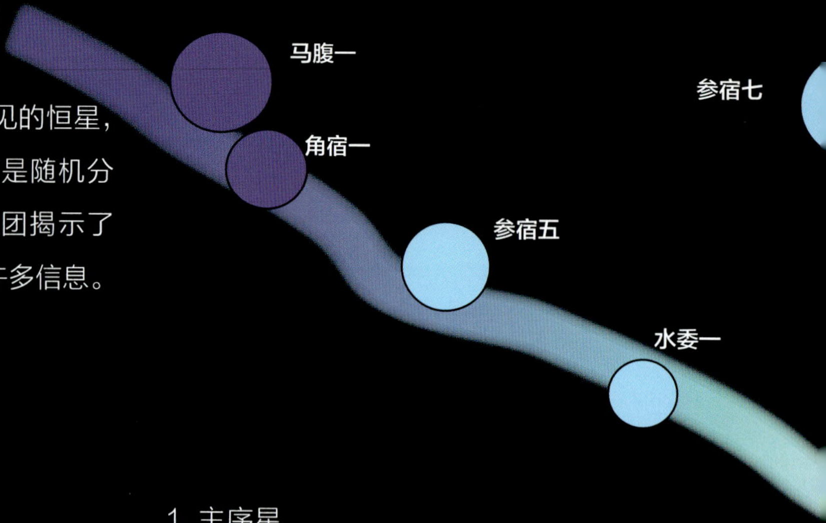


$10^2$

恒星由亮度和颜色这两个通过望远镜可以观测的参数来刻画。用肉眼看过去，它们通常是白色或黄色的，但实际上却介于蓝色与深红色之间。

10

1

0.1

$10^{-2}$

$10^{-3}$

$10^{-4}$

$10^{-5}$

1. 主序星

90% 的恒星都在这条线上。它们属于年轻恒星，做着年轻恒星会做的事情：在其中心处将氢核聚变成氦核。质量最大的恒星在左上角，最小的在右下角。这是因为恒星越大，就越热，越亮。

天狼星 B

3. 白矮星

经历了主序星和巨星的阶段后形成的老年恒星。它们微小、致密、炽热、肉眼看不见。经过足够长的时间，白矮星会完全褪色，变成黑矮星。

**亮度轴**

以太阳光度（L☉）为单位来度量。1 个单位被定义为等于太阳的亮度。

**颜色轴**

代表温度。恒星越蓝就越热。

**太阳光度**

温度升高

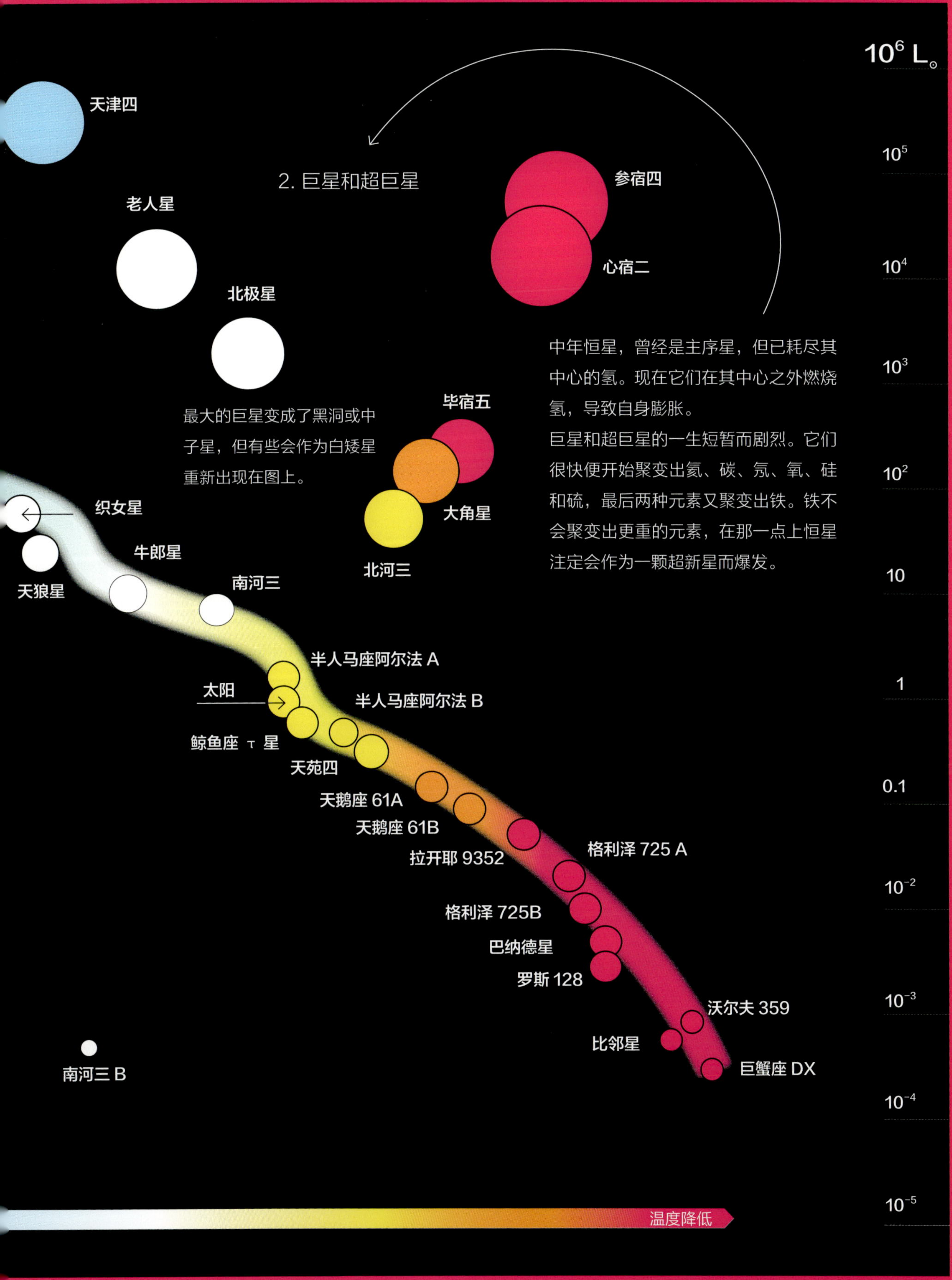


## 2. 巨星和超巨星

最大的巨星变成了黑洞或中子星，但有些会作为白矮星重新出现在图上。

中年恒星，曾经是主序星，但已耗尽其中心的氢。现在它们在其中心之外燃烧氢，导致自身膨胀。

巨星和超巨星的一生短暂而剧烈。它们很快便开始聚变出氦、碳、氖、氧、硅和硫，最后两种元素又聚变出铁。铁不会聚变出更重的元素，在那一点上恒星注定会作为一颗超新星而爆发。

# 物质是由什么构成的?

设想你在1岁生日时收到了一份非常奇怪的礼物:一小瓶氢气。第二年你收到了一些氦,第三年收到了一块锂。21岁生日时,你自豪地拥有了一些钪。而你40岁的生日礼物是一块结晶的锆。到了92岁生日,你会收到铀。若想集齐全套,你需要活得更长。

确切地说,是118年。这正是我们已知的化学元素的数量。化学元素是固体、液体和气体的大杂烩,其中有金属,有非金属,有些罕见,有些常见,有些有用,有些无用。它们是化学和生命的建筑构件。它们是从哪里来的呢?

最容易的回答是大爆炸。但这并不能让人满意,因为大爆炸本身只产生了三种最轻的元素:氢、氦和微量的锂。其余元素呢?

要想获得完整的答案,需要了解原子的组成部分和一些基本的算术知识。最简单的原子是氢,它由一个质子和一个电子构成。接下来是氘和氚,它们是氢加上一个或两个中子。之后是氦,原子序数为2。然后是锂,原子序数为3。常识告诉我们,较小的元素聚合在一起可以形成较大的元素。这正是它们的形成机制。

## 大挤压

但这个过程并不简单。这类反应非常困难,因为需要大量能量才能使两个原子核发生聚变。这需要天文温度:至少1000万摄氏度。宇宙中只有两个地方符合要求:大爆炸后不久,以及恒星内部。

元素形成的第一个阶段是在大爆炸之后不久,被称为“核合成”。在0.01秒内,质子、中子和电子从火球中凝析出来。几秒钟之后,质子和中子开始被火球的巨大能量驱赶到一起,被核力黏住。这些聚变反应最初形成氘核,氘核与更多质子反应产生稳定的氦核。

当氦出现时,温度已经降下来,聚变无法继续。也许会有少量锂产生,但除此以外没有更重的元素生成。核合成几乎刚一开始就结束了。

大约又过了377000年,聚变得以恢复。此时温度下降到3000摄氏度左右,使得原子可以存在。氢原子核和氦原子核获得了自由电子,形成了最

## 很重的金属

直到20世纪40年代初,化学家们用中子轰击铀制造出钚和镎时,人们才知道地球上有比铀重的元素。自那以后,又有24种超铀元素在实验室被合成出来。迄今为止最重的是118号元素oganesson。

超铀元素常被认为完全是人工合成的,但事实并非如此。和普通的重元素一样,它们也是在超新星爆发时被创造出来的。但它们不稳定,往往会迅速瓦解。自太阳系形成以来,天然元素已经完全衰变,因此,它们没有出现在地球上实验室之外的地方。

95 镅，Am
96 锔，Cm
97 锫，Bk
98 锎，Cf
99 锿，Es
100 镄，Fm
101 钔，Md
102 锘，No
103 铹，Lr
104 𬬻，Rf
105 𬭊，Db
106 𬭳，Sg
107 𬭛，Bh
108 𬭶，Hs
109 鿏，Mt
110 𫟼，Ds
111 𬬭，Rg
112 鿔，Cn
113 Nh*
114 𫓧，Fl
115 Mc*
116 鉝，Lv
117 Ts*
118 Og*

初的完整原子，即 1 号元素和 2 号元素。超过 99 % 的可见宇宙是由这两种元素构成的，但宇宙并非仅由它们构成。要想形成更重、更有趣的元素，还需要恒星。

恒星形成时，大量气体在自身引力的作用下发生收缩，使中心的温度升高，原子核开始发生聚变。第一次反应发生在大约 1000 万摄氏度的环境下，氢原子核聚变成氦原子核，直到氢原子核耗尽为止。

| | | | | | | | | | | | | | | | | | |
|---|---|---|---|---|---|---|---|---|---|---|---|---|---|---|---|---|---|
| | | | | | | | H | | | | | | | | | | He |
| Li | Be | | | | | | | | | | | B | C | N | O | F | Ne |
| Na | Mg | | | | | | | | | | | Al | Si | P | S | Cl | Ar |
| K | Ca | Sc | Ti | V | Cr | Mn | Fe | Co | Ni | Cu | Zn | Ga | Ge | As | Se | Br | Kr |
| Rb | Sr | Y | Zr | Nb | Mo | Tc | Ru | Rh | Pd | Ag | Cd | In | Sn | Sb | Te | I | Xe |
| Cs | Ba | La | Hf | Ta | W | Re | Os | Ir | Pt | Au | Hg | Tl | Pb | Bi | Po | At | Rn |
| Fr | Ra | Ac | Rf | Db | Sg | Bh | Hs | Mt | Ds | Rg | Cn | Nh | Fl | Mc | Lv | Ts | Og |

| | | | | | | | | | | | | | |
|---|---|---|---|---|---|---|---|---|---|---|---|---|---|
| Ce | Pr | Nd | Pm | Sm | Eu | Gd | Tb | Dy | Ho | Er | Tm | Yb | Lu |
| Th | Pa | U | Np | Pu | Am | Cm | Bk | Cf | Es | Fm | Md | No | Lr |

* 暂定名称

## 继续聚变

接下来发生的事情取决于恒星的质量。如果它很小，聚变就会停止，其核心会变成一颗白矮星。但如果恒星的质量大于 8 个太阳，聚变将会继续。氦原子核结合形成铍（4 号元素），后者与更多氦发生反应，形成碳和氧。在质量最大的恒星中，核心温度会变得非常高，碳和氧进一步发生聚变，形成像铁（26 号元素）这样的重元素。然后反应停止，因为铁有所有元素中最稳定的原子核，在这些条件下不会发生聚变。但在恒星外层，包括中子俘获在内的其他核反应正逐渐构造出越来越大的原子核，一直到铋（83 号元素）。

随着铁在核心处逐渐积聚，恒星随时可能死亡，它无法继续通过聚变产生能量。但引力是冷酷无情的：它继续挤压核心，把温度提高到数十亿度。恒星的中心突然坍缩；外层塌陷，然后反弹，将恒星内部的物质喷射到太空中，成为一颗超新星。爆发产生的大量中子创造出更重的元素，直到地球上已知最重的天然元素铀（92 号元素）及其他。超新星将其残余物喷入太空，这些残余物最终被纳入后来的一代代恒星和行星中，包括我们的太阳和地球。

恒星起源的一个例外是锂、铍、硼这三种元素。它们的核不稳定，会立即被恒星中的核反应消耗掉。它们很罕见，但（除了大爆炸产生的锂）它们中有很少一部分被认为产生于宇宙射线——高速穿越空间的颇大的原子核。其能量是如此之大，当它们与其他原子发生碰撞时，原子核会分解成较小的碎片。

除人工元素以外，地球上所有原子要么是大爆炸的残留物，要么是早已死亡的恒星或宇宙射线的残留物。当我们的太阳死亡时，它们可能被抛回太空，最终重新凝聚成一个新的太阳系。那是多么壮观的回归啊！

# 你（主要）是由星尘构成的。

人体大约含有 20 种不同的元素，大多是在古老的恒星内部形成的。如果把一个体重 80 千克的人分解成原子，你会得到如下结果：

你体内的氢原子形成于大爆炸。所有其他原子都是很久以前在一颗恒星内部形成的，因为一次超新星爆发被抛入太空。因此，你可能听说过我们都是星尘，但这并非完全正确。

氧 52 千克

你体重的一半以上由这种元素构成，但它只占你身体原子的四分之一。

氢、氧、碳和氮是人体中最丰富的四种元素，人体99%以上的原子都是它们。这四种元素遍布整个人体，主要存在形态是水，但也作为蛋白质、脂肪、脱氧核糖核酸和碳水化合物等生物分子的组成部分而存在。

你体内12%的原子是碳。

碳 14.4 千克

最重要的结构成分，是我们被称作碳基生命形式的原因。

氯 120 克

铜 0.08 克

许多酶的组成部分。缺铜会导致神经疾病和血液疾病。

磷 880 克

锰 0.0136 克

氟 3.0 克

有固齿的作用，但被认为并非生命所必需。

钠 120 克

锶 0.37 克

几乎只见于骨骼，它可能对骨骼的生长和密度有好处。

氮 2.4 千克

铁 4.8 克

见于血红素，即红细胞中血红蛋白分子负责运载氧的部分

钼 0.0104 克

硫 200 克

硅 1.6 克

生物学作用没有得到确证，但主要见于心脏的主动脉。

氢 8 千克

你体内大约有 $7x10^{27}$ 个氢原子，大都是水分子中的氢原子。

钙 1.12 千克

镁 40 克

最重要的解毒酶之一超氧化物歧化酶的关键组成元素。

碘 0.0128 克

锌 2.6 克

甲状腺素的重要组成元素。人体所需的最重的元素。

钾 200 克

# 陨石从何而来？

2013 年 2 月 15 日，俄罗斯南部乌拉尔山脉以东的车里雅宾斯克，天空中有一个巨大的东西爆炸了。它在大气中燃烧殆尽，但一些碎片落到了地球上。其中一块碎片击穿了冰冻的切巴尔库尔湖湖面，留下一个宽约 7 米的洞。2013 年 10 月，一名潜水员重新发现了它——重达 570 千克。其他更小的碎片也聚集在这片区域。

天文学家得出的结论是，这次爆炸源于一颗直径 17 到 20 米、重约 10000 吨的小行星。最初的爆炸发生在海拔约 30 千米的空中，携带的能量相当于 50 万吨 TNT——约 30 颗广岛原子弹。它是人类已知的天外对地球的最大冲击。

车里雅宾斯克陨石是地球表面已被发现的 30000 多颗陨石之一。有的时候，陨石在落地之后很快就被发现，但大多数陨石都是在落地之后很久才被发现的。每颗陨石都有一个有趣的故事。

## 岩石的残留

大多数陨石都是小行星的碎片，这些碎片本身乃是太阳系形成过程中的残留物。小行星通常静静地待在离太阳较近的行星与较远的气体和冰巨星之间的一个碎石带上。但由于某种原因，小行星有时会脱离轨道或者被粉碎，偶尔会在撞向地球的途中结束生命。这些旅行中的太空岩石被称为流星。

陨石一旦着陆或者被发现，立即成为热衷于揭示太阳系历史秘密的行星科学家们的珍贵财产。

首先要查明它是什么种类的陨石，这会揭示它可能来自哪里。陨石的分类很复杂，但粗略地说，可以分为三大类：石陨石、铁陨石、石铁陨石。

事实证明，车里雅宾斯克陨石属于一种被称为“球粒陨石”的相当普通的石陨石，之所以这样命名，是因为它们包含着陨石球粒——小而圆的硅酸盐物质颗粒。

没有人知道陨石球粒的起源，但它们起初可能是产生太阳系的尘埃和气体云中的一团团熔岩。大约 86% 的陨石是球粒陨石。球粒陨石大多是来自小行星带的岩石，这意味着它们是形成太阳系的材料的原始遗迹。

## 行星有机物

碳质球粒陨石是较少见的一种石陨石，叫这个名字是因为它们当中含有像氨基酸这样极高层次的有机化学物质。这些陨石也被认为是形成太阳系的原始材料的原始团块。

还有一种石陨石是无球粒陨石，叫这个名字是因为它们缺乏陨石球粒。8% 左右的陨石属于这一类。无球粒陨石并非原始物质团块，似乎是行星早期形成阶段的产物，那时物质在引力的影响下聚集在一起，形成原行星。随着温度升高，原行星开始熔化。这不仅摧毁了陨石球粒，也导致铁和镍等重元素朝中心下降，留下一个岩质地幔。这个外层似乎是大多数无球粒陨石的来源，它们是未能长成的失败行星的残留物。

少数无球粒陨石有更加明确的起源，它们曾是月球或火星的一部分。

大约 1 / 20 的陨石属于铁陨石，主要由铁和镍构成，同样是行星形成过程中的残留物——富含金属的、后来被撞碎的原行星核的碎片。这些太空金属团块有助于我们了解地球是如何分成地核、地幔和地壳的。

最后一大类陨石是石铁陨石，它们介乎石与铁之间。这些罕见的石块——只有1%的陨石属于这一类——似乎也来自失败行星的内部，靠近铁核与岩质外层之间的边界。

寻找陨石并不容易。在贫瘠的地方最容易找到它们——南极洲尤其多，因为那儿的景观是白色的，而且冰川的搅动使它们聚集在山脉底部。

## 小心你的头

如果你找到了一颗陨石，那么它可能来自大约4亿7000万年前裂成碎片的一颗较大的小行星。这引起了奥陶纪时期落到地球上的一场陨石雨。大多数碎片仍然在那里，即使是现在，它们也占据了坠落到地球上的陨石的大半。

陨石偶尔会击中人，但迄今为止尚无得到确认的死亡案例。1954年11月，一颗陨石击穿了亚拉巴马州一所房子的屋顶，砸中了若干家具和34岁的安·伊丽莎白·霍奇斯。她受了严重的挫伤，但后来痊愈了。1992年8月，乌干达的姆巴莱下了一场陨石雨。一颗陨石击中了一棵树，反弹起来砸中一个男孩的头，但他没有受伤。

## 月球和火星的碎片

从1969年到1976年，美国和苏联的航天任务把重约380千克的月球岩石带回了地球。但这些岩石并非地球上仅有的月球岩石。大量月球岩石以陨石的形式到达地球，也许是因为遭遇撞击飞离月球表面的。

火星也经常把岩石抛到地球。约有130颗陨石来自火星，我们所掌握的这颗红色星球的碎片只有这么多。其中最著名的是在南极洲发现的ALH 84001。1996年，美国宇航局的科学家们宣称它包含着火星细菌的化石遗存，引起轰动。不幸的是，科学界公认，这些证据不足以支持一个关于外星生命的结论。

# 正在下太空石头雨！

有超过 34000 颗陨石在地球表面被发现，或者被观察到正在撞击地球。

更少陨石 ● ● ● ● ● 更多陨石

861 年坠落

**直方，日本**

可以确定坠落年代的最古老的陨石。

1805 年发现

**比特堡，德国**

铁陨石。欧洲有史以来发现的最大陨石（1.6 吨）。

2013 年坠落

**车里雅宾斯克**

球粒陨石。人类已知的最大的陨石。

1922 年坠落

**姆巴莱，乌干达**

击中一棵树，反弹砸中一个男孩的头，但他并未受伤。

1920 年发现

**霍巴，纳米比亚**

铁陨石。目前已知最大的完好无损的陨石，重约 60 千克。

1838 年发现

**吉比恩，纳米比亚**

铁陨石。目前世界上已知的最大的散布区。（275 公里 ×100 公里）

1969 年坠落

**默奇森，维多利亚州**

碳质球粒陨石。世界上被研究最多的陨石。

1954 年坠落
锡拉科加，亚拉巴马州
球粒陨石。第一颗被确认砸伤人的陨石，它击穿屋顶，砸中了 34 岁的安·伊丽莎白·霍奇斯。
1894 年发现
约克角，格陵兰岛
铁陨石。一块 34 吨的陨石在美国自然历史博物馆展出，这是公开展出的最大陨石。
约 50000 年前坠落
代阿布洛峡谷，亚利桑那州
铁陨石。与陨石坑相关的陨石群。
北美
陨石的集中并不能证明它们最有可能在哪里坠落，但可以反映哪里的人找得最积极……
陨石可以被冰川集中起来，特别是在南极洲的艾伦山。
1969 年坠落
阿连德，墨西哥
目前已知最大的碳质球粒陨石。
南美
1982 年发现
ALH A81005
第一块被发现的月球陨石。
1984 年发现
ALH 84001
据称包含着火星生命的证据。
来源：陨石学会

# 宇宙是由什么构成的?

宇宙不只包含我们眼睛看得到的东西，而是比这多得多。事实上，就宇宙的绝大部分而言，人是种怪异的存在，微不足道。构成你以及你所关心的一切事物的普通材料只占宇宙不到 10% 的内容；宇宙的其余部分则是由被称为暗物质和暗能量的神秘物质构成的，这是我们这个时代最伟大的宇宙奥秘之一。至于它们到底是什么，谁也说不准。

这些让人不舒服的东西中首先被注意到的是暗物质。早在 20 世纪 30 年代，荷兰天文学家扬·奥尔特就发现银河系的一些恒星的运行有些反常。要解释这种情形只有设想有些不可见的黑暗物质占据了很大一部分空间。

瑞士天文学家弗里茨 · 兹威基后来观察到，距地球 3.2 亿光年的一个星系团中存在类似的反常情形。他发现各个星系彼此围着旋转的速度要比引力基于星系中恒星的联合质量所推论的速度大得多。这表明，要么星系包含着远多于可见之物的物质，要么牛顿的引力定律是错误的。兹威基选择了前者，并认为这多出来的物质是大量看不见的气体。

## 不知如何是好

20 世纪 70 年代，天文学家们对几个星系做了一次类似的观测，结果发现，这些星系旋转得如此之快，以至于应该分崩离析。他们最初选择了兹威基关于看不见的气体的解释，但遇到了麻烦。如果看不见的东西是由质子、中子和电子组成的正常物质，那我们关于恒星和星系如何形成的理解就必定是错误的：它们永远不会足够快地瓦解，以形成最初的恒星和星系。

因此，他们开始认为有其他东西存在，这种神秘的物质不吸收或发射光和其他电磁辐射，这就是我们看不到它的原因。但它与引力相互作用，因此我们可以看到它对普通物质的影响。他们称它为暗物质。

宇宙学家们现在认为，暗物质是宇宙的一种重要成分，构成了大约 27% 的宇宙。如果没有暗物质提供的额外引力，星系就不会足够快地形成，进而形成我们今天观测到的星系团和超星系团。

暗物质主要集中在星系周围的球形晕轮中。事实上，像我们银河系这样的螺旋星系，大部分质量并不包含在恒星和行星中，而是包含在它们周围看不见的物质中。

## 弱相互作用重粒子

但令人沮丧的是，我们仍然不知道暗物质是什么。根据我们最好的理论，它是由弱相互作用重粒子这种假想的粒子构成的。如果这种说法正确，那么每秒钟必定有数万亿个这样的粒子穿过地球。许多实验都试图探测弱相互作用重粒子，或者在实验室生产它们，但没有一个获得成功。

而且天文观测越详细，物体就变得越暗。有的时候，暗物质似乎太多，比如绕银河系运行的矮星系。它们旋转得如此之快，必定充满了暗物质。但这与我们的星系形成理论告诉我们的正相反，后者说，星系中暗物质的量应当与星系的大小大致成正比。

在其他时候，我们看到的暗物质又太少。整个宇宙中小星系的数量大约是我们星系形成理论预测结果的十分之一到百分之一。还有一些星系似乎不包含任何暗物质，尽管环绕它们的星团似乎承受着额外的引力。

## 引力问题

底线是，我们迫切需要知道暗物质是由什么构成的。如果它不存在，那么我们对引力的理解就是错误的。对于大多数天文学家来说，这都是不可想象的，他们继续把希望寄托在暗物质上，并通过观测星系的移动和旋转路径来推测它的性质。

如果说我们对约占宇宙 27% 的东西近乎一无所知听起来不能令人满意，那么，听到我们对另外 70% 的东西绝对一无所知又该作何反应？这正是宇宙学家们在 1998 年面对的艰难处境，那一年，一种古怪的反引力被发现，人们现在叫它“暗能量”。

这个发现始于一个测量宇宙膨胀率的常规实验，随着引力逐步对大爆炸产生遏制，宇宙的膨胀预计将会放缓。天文学家们正在寻找超新星，即正在爆发的恒星，它们发出的光将会确证这些细节。

超新星有一个不同的故事。事实证明，那些遥远的超新星距离我们比天文学家们根据宇宙膨胀放缓这个假设所预期的要远得多。天文学家们被一个不可避免的结论惊呆了：宇宙的膨胀没有放缓，而是在加速。但为什么会这样？

这已成为天体物理学中最令人头疼的问题，我们对这个问题的研究并没有什么进展。大多数物理学家都认为，解决方案在于设想一种难以捉摸的力——暗能量。它潜伏在空间的空虚地带，约占宇宙中物质和能量的 70%，导致宇宙以不断增长的速度膨胀。

这种暗能量究竟是什么？呃……我们不知道，但并不缺乏想法：它可能是空间自身的结构所固有的一种能量，也可能是一种被称为“第五元素”的以变化的速度扩张的奇异的场，还可能是一种不同形式的引力，在某些情况下排斥他者而不是吸引，甚至可能是一种幻觉。

### 爱因斯坦的非凡错误

现代的暗能量概念被提出还不到 20 年，但阿尔伯特 · 爱因斯坦在 1917 年发明了一个非常相似的东西，作为其广义相对论的一个附加项。他意识到，引力会导致宇宙向内坍缩，于是他补充了一个修正因子——宇宙学常数，这是空虚空间所固有的一种神秘的反引力力量。后来他改变了主意，称这是他一生中“最大的错误”。我们现在知道，他是超前于时代的。

# 为什么宇宙有 95% 沉浸在黑暗中？

如同本页上画的软糖，宇宙大部分是黑暗的：68% 的宇宙是暗能量，27% 的宇宙是暗物质。这意味着，大约 95% 的宇宙是由我们看不到也无法理解的东西构成的。白色软糖代表我们能理解的一小部分宇宙。

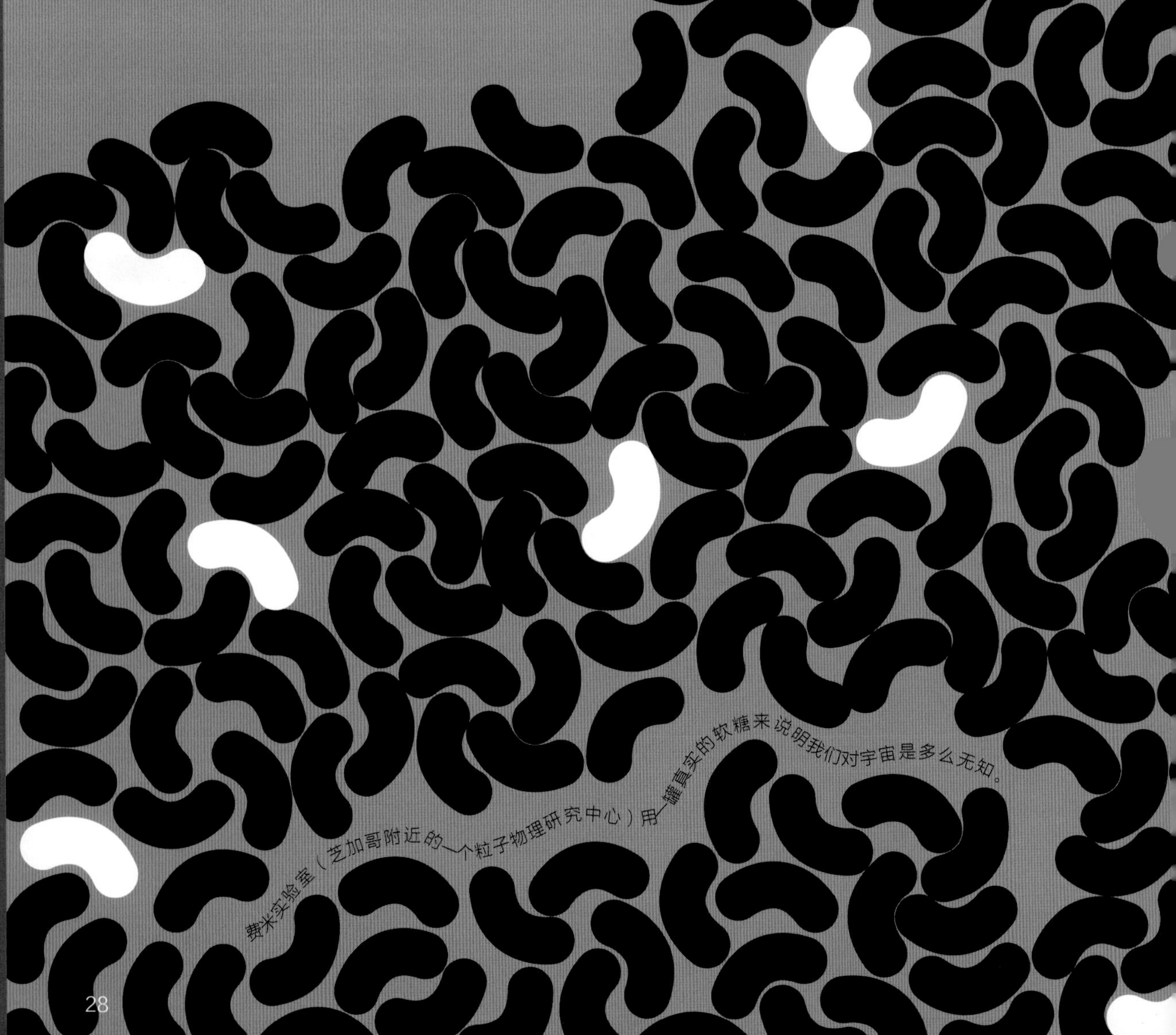

费米实验室（芝加哥附近的一个粒子物理研究中心）用一罐真实的软糖来说明我们对宇宙是多么无知。

### 暗宇宙

我们已知的是，暗物质倾向于把宇宙拉到一起，而暗能量则倾向于把宇宙分开。

### 可观察的宇宙

我们用眼睛和望远镜所能看到的一切。这包括星系间和星际的所有气体和尘埃，以及恒星、行星和生命。

# 黑洞从何而来?

在一个晴朗的夜晚，走到户外寻找射手座。在它之外的某个地方潜藏着一个天界怪物（你不必紧张，离我们非常遥远）：一个超大质量的黑洞。你看不到它；它被尘埃遮住了，况且它本身还是全黑的，离我们有大约 27000 光年之遥。但我们相信它是存在的，就位于我们银河系的中心。

我们怎么能如此肯定呢？它是怎么到那里的?

先来说重要的事情。既然没有人见过黑洞，我们是如何知道它们的?

黑洞通常被视为 20 世纪的一项发现，但这个想法可以追溯到 1783 年，当时约克郡的牧师兼业余哲学家约翰 · 米歇尔向伦敦皇家学会提交了一篇思辨性的论文。

米歇尔正在研究如何测量恒星的距离和大小的问题（即使是现在，这个问题也让天文学家们头疼）。他的出发点是艾萨克 · 牛顿的光的微粒说——光是由无穷小的微粒构成的。米歇尔推理说，恒星发出的光会由于恒星引力的作用而放慢速度。可以借由光速放缓的量来计算恒星的质量，进而算出恒星与地球的距离。

1784 年，米歇尔的长篇论文发表在皇家学会的内部刊物《哲学会刊》上。它主要关注如何在地球上用棱镜测量这些数据，但除此之外还包含着一个遐想。

米歇尔推论说，如果恒星的质量足够大，它的引力将会非常强，甚至连光都无法逃脱它的控制。其计算结果是，恒星的直径需要比太阳的直径大 500 倍左右，才能以这种方式擒获光。他写道，如果存在这样一个天体，那么，“它的光永远也到不了我们这里”。

这个完全原创的想法偏离了米歇尔的目标，遂被搁置起来。“我不会就此做进一步的研究。”他写道。

米歇尔没有食言。他于 1793 年去世，似乎再未提及这个想法。

几年以后，法国学者皮埃尔 - 西蒙 · 拉普拉斯在推测非常大的恒星的性质时提出了同样的想法。它们的引力是如此之大，以至于没有光能够从其表面逸出。因此，宇宙中最大的物体可能是看不见的。

拉普拉斯或许曾打算深入研究这个想法。然而，到了 1804 年，一种新的理论使之变得过时，该理论认为光不是一束粒子，而是一种波。如果是这样，光将不受引力的影响。这个想法于是被遗忘了。

## 回到黑暗

1915 年，阿尔伯特 · 爱因斯坦的广义相对论使情况峰回路转，它将引力定义为像恒星这样的

### 意大利面条化

任何到达黑洞事界的东西都会被吸入，永远不会再被看到。这个过程被称为“意大利面条化”——引力是如此强大，能把可怜的对象（比如飞船或宇航员）拉伸成一条长长的细线，再像吃面条一样将其吞噬。

## 黑洞的故事

没有人能确切地说出“黑洞”一词的由来。人们往往认为它源于物理学家约翰·惠勒，他在 1967 年的一次演讲中提到了这个词。但根据《耶鲁语录》的说法，“黑洞”一词最早出现在 1964 年美国科学促进会的一次会议报告中。情况很可能是，在惠勒提到之前，这个名称已经在天体物理学家中间流传，而惠勒对朗朗上口的短语很敏感，遂将其捡起并加以推广。

大质量物体所引起的时空扭曲。

然而，由广义相对论可以得出一个奇特的预言，爱因斯坦本人并没有发觉。天文学家卡尔·史瓦西在东线服役的业余时间（1914 年，40 岁的史瓦西曾自愿加入德军）发现了这一点，并告诉了爱因斯坦。

史瓦西指出，如果极大的质量集中到一个足够小的空间中，时空曲率将会变成无限大。结果便是时空中会出现一个“奇点”，那里的引力强到连光也逃不掉。爱因斯坦对此印象深刻，但不相信这样的点真实存在。1916 年，史瓦西在战壕里染病去世，他提出的奇点最终被当作一种纯理论的东西。1939 年，爱因斯坦发表了一篇论文，据称“证明”了这一点，这件事至少暂时平静下来。

20 世纪 50 年代，天文学家们开始用无线电波来探测深空，发现了像类星体那样能量极强且非常遥远的天体，只有通过广义相对论才能理解它们的存在。由此，物理学开始重新重视大质量天体，物理学家们渐渐承认，奇点的确可能存在。一个关键突破是“事界”的概念。事界即黑洞的“表面”，时空中的边界，引力在那里变得极大，没有什么东西可以逃脱。

到了 20 世纪 60 年代末，大多数物理学家都承认，黑洞是爱因斯坦理论的一个不可避免的结论。

## 黑洞是如何形成的？

质量约为太阳两倍或两倍以上的任何恒星都注定会成为一个黑洞。这样的恒星拥有巨大的引力场，从而产生向内的压力。恒星一生都在通过其中心的聚变反应来抵制这种压力。当它们耗尽燃料，无力继续抵抗时，便开始在所谓的“引力坍缩”过程中挤压自己。

这有时会直接形成一个黑洞，或导致被称为超新星的大爆发，此爆发吹走了恒星的外层，只留下一个核。如果质量足够大，这个核将继续坍缩。随着坍缩材料变得越来越致密，其引力场也会变得异常强大，等它越过那个连光也无法逃脱的临界点，黑洞便诞生了。

然而，这个过程并不能解释质量至少是太阳 10 万倍的超大质量黑洞的起源。这些黑洞可能纯粹是由于大量物质在极长的时间里螺旋行进到一个普通黑洞中而形成的，或者是由大量普通黑洞合并而成的，还可能是由早期宇宙中极其巨大的恒星坍缩而成的。

有趣的是，虽然大家都逐渐接受了黑洞的存在，但从未有人见过任何一个黑洞。最新成果是我们最近检测到了两个黑洞碰撞所产生的引力波。

人们正计划直接给出黑洞的图像，那时它们的存在将无法逃避，如同囚禁在其中的光。

# 如何在时空中形成黑洞？

我们看不见也无法理解黑洞，但我们知道黑洞必定存在。

恒星一生都在通过其中心处的聚变反应来抵制自身的引力。

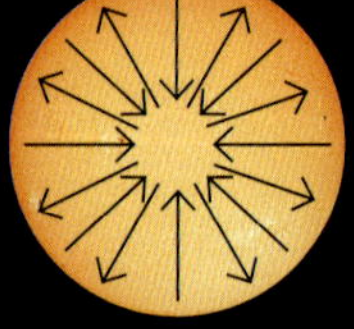

压力的外推……平衡了引力的内拉

然而，当它们耗尽燃料，无法继续抵抗时，便开始挤压自己。

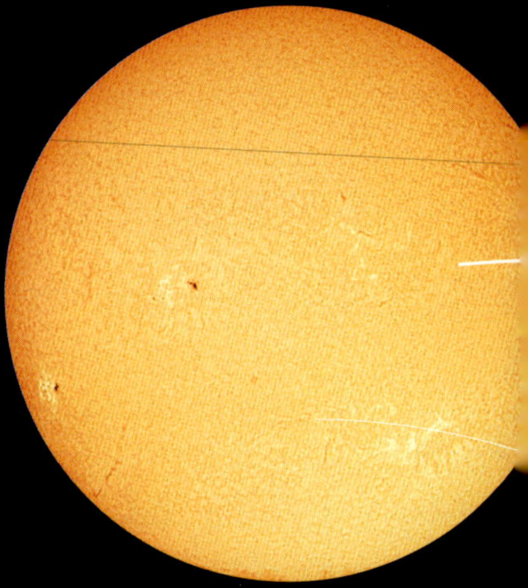

**巨星**

任何超过太阳两倍大的恒星都将成为一个黑洞。

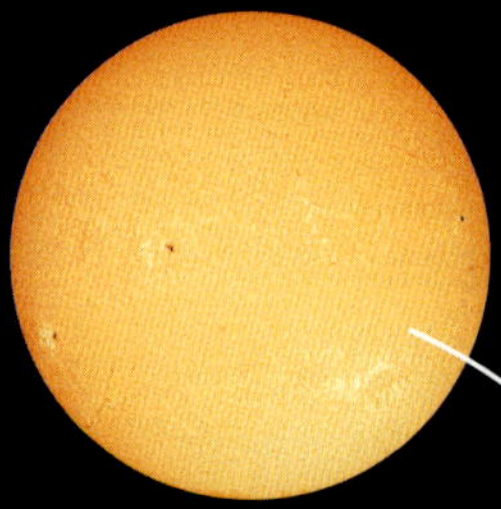

**恒星**

较小的恒星也会坍缩，但它们的引力不足以支持它们走完全程。它们最终会成为一颗白矮星或中子星。

**白矮星**

这种引力坍缩有时会直接形成一个黑洞，或导致被称为超新星的大爆发，此爆发吹走了恒星的外层。

如果剩下的东西质量足够大，它将继续坍缩，直到其引力场变得足够强大，连光也无法逃脱。

**黑洞**

一个无穷小、无限致密和不可见的时空区域。

**超新星**

爆发后喷射出大部分质量、亮度突然增加的恒星。

倘若地球坍缩成黑洞（实际上不会如此），它的事界大约会是这个尺寸，但其重量不会改变。

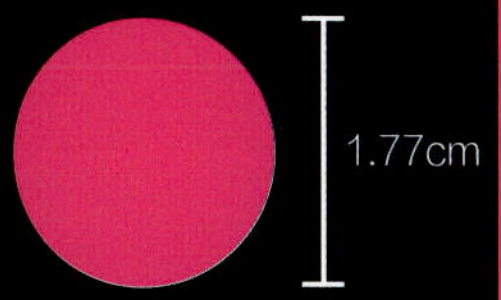

# CHAPTER 2

# 地 球

# 我们为何居住在距太阳第三远的岩石上？

看看太阳系的八颗行星，你很难从中看出某种家族相似性。然而，太阳系起源的故事表明，它们是由相同的原材料造出来的。

你还可能认为，这些天体毫无章法地分散在太阳系中。但如果移动今天太阳系的任何一个组成部分，或者尝试添加什么东西，整个结构将会轰然坍塌。

这种精致的结构究竟是怎么产生的呢？故事始于46亿年前，当时，银河的一湾静水中正在酝酿着某种东西。弥漫在所有星系之间的缥缈之物（氢气、氦气，以及少量尘埃）已经开始凝结。有一团云因无法抵抗自身的引力发生了坍缩。在随之产生的热和混乱中，一颗恒星诞生了，这就是我们的太阳。

## 生于一颗垂死的恒星

我们不知道是什么开启了这个过程。也许是冲击波——来自附近一颗恒星爆发时的死亡阵痛。但这并不是特别罕见的事件。大约80亿年前，银河系诞生，此后这类事件发生了无数次，至今仍在银河系中离我们很远的地方上演。

太阳形成的时候吞噬了云团中大约99.8%的物质。零星的残余被引力塑造成一个扁平的圆盘，环绕着这颗新生的恒星。这一原行星盘的尘埃颗粒在环绕太阳运行的同时相互碰撞，逐渐凝聚成越来越大的天体，即所谓的星子。

一旦直径扩展至约1公里，这些星子的引力就足以开始拖动周围的物质（包括其他星子），这个你拉我逃的过程最终导致行星的形成。

这个过程如何发展取决于星子与太阳的距离。圆盘最内侧的区域非常热，这意味着只有高熔点的金属和矿物才能以固态形式存在。因此，这一区域的星子只能生长到那么大，结果产生了内太阳系的四颗小岩质行星：水星、金星、地球和火星。

## 气体和冰

向外越过甲烷和水也以固态存在的“冰线”，这种限制就不存在了。行星在这里可以长得很大，足以开始聚集氢和其他气体的分子。木星和土星这两颗气态巨行星就是这样形成的。若是再向外一些，在更寒冷的地方，还有天王星和海王星这两颗冰巨星。

目前为止还很简单。但如果究其细节，这个模型就会变得非常模糊。没有人真的知道小石砾是如何凝聚成直径几千公里的星体的。这么小的物体会被周围的气体推来搡去，来不及粘在一起就盘旋着落入了太阳。也许是局部湍流形成了压力较低的旋涡，使岩石可以在其中聚集和凝固。

类似的问题也困扰着气态巨行星。我们可以用在其他行星系统中看到的“热木星”来说明这些行星被弹向太阳的危险。这些“热木星”的体积与我们的木星大致相同，但距离其环绕的恒星非常近，同地球和太阳间的距离差不多，或是更近一些。倘若早期太阳系发生过类似的事情，地球和其他内行星可能会被一并掷出。

太阳诞生数亿年之后，外太阳系似乎的确发生过一次剧变。模型表明，气态巨行星彼此距离更近了。然后发生了一些事情，使这种安排变得不再稳定，并把行星掷到现在的位置。但从那时起，组成太阳系的天体达成了一种宁静而微妙的平衡。

太阳系当然并不仅仅包含太阳和行星。火星与木星之间有一条被称为“小行星带”的碎石带。也许是受到木星的引力影响，这一圈原行星材料没能凝聚起来。这条小行星带主要由岩石组成，但的确包含四个相当大的天体，即谷神星、灶神星、智神星和健神星，它们的质量加起来占了这条小行星带总质量的大约一半。

## 很多卫星

太阳系也充满了卫星，到目前为止已有 180 多颗被命名。只有三颗在内太阳系：我们的月亮以及环绕火星的两颗。其余卫星则围绕着气态巨行星和冰巨星运转。人们认为，大多数卫星要么是吸积盘的残余，要么是被行星引力俘获的路过的小行星。土星和海王星的环也可能是生成太阳系的物质残余，其起源并不明确。

冰巨星以外是柯伊伯带，由大约 10 万个冰体（包括之前的行星冥王星及其卫星卡戎）组成的寒冷区域。这些天体也是太阳系形成过程中的遗留物。柯伊伯带非常大，从海王星轨道——距太阳 30 个天文单位，也就是 30 倍的日地距离——外侧延伸至距太阳 50 个天文单位。

但这仍然没有抵达太阳系的边缘。再往外是奥尔特云，这是一个主要由冰体构成的球形云团，延伸到距离太阳约两光年处。在这里，太阳的引力不再产生任何影响。奥尔特云从未被直接观察到，但一些天文学家推测，它所隐藏的东西，即我们尚未观察到的一颗冰巨星，将从根本上改变我们对太阳系的看法。

谁说太阳底下无新事！

### 什么在吃木星？

我们称木星和土星为气态巨行星，但大多数天文学家都认为它们有岩核。这些行星的形成方式与地球相同，然而，一旦它们的质量达到地球质量的大约 10 倍，其引力就会把气体拉进来，形成厚厚的大气层。

奇怪的是，一些研究表明，木星核的质量小于其应有的质量。这可能是因为它在熔解。木星的核承受着极高的温度和压力。在这些条件下，被认为是木星的核的关键成分的矿物氧化镁可能会溶入大气层。

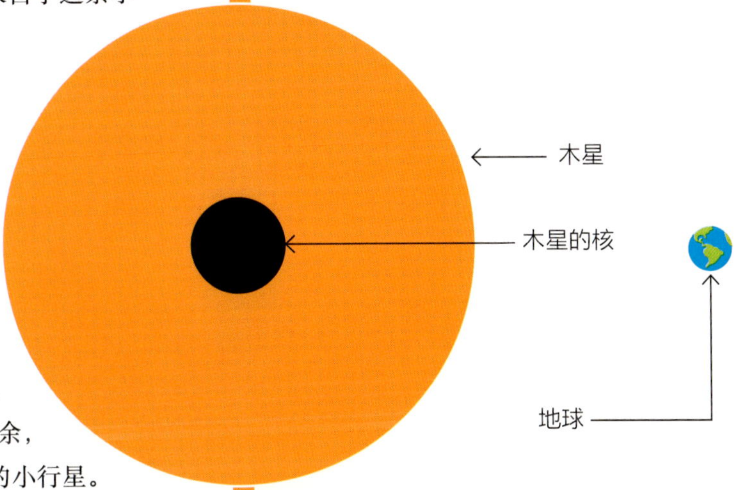

# 其他世界的太阳系

系外行星的发现使我们意识到我们自己的太阳系是多么不同寻常。

0　　　　$1.5 \times 10^8$km

## 我们的太阳系

你在这里

太阳　水星　金星　地球　火星

## 格利泽[1]876：隔壁的太阳系

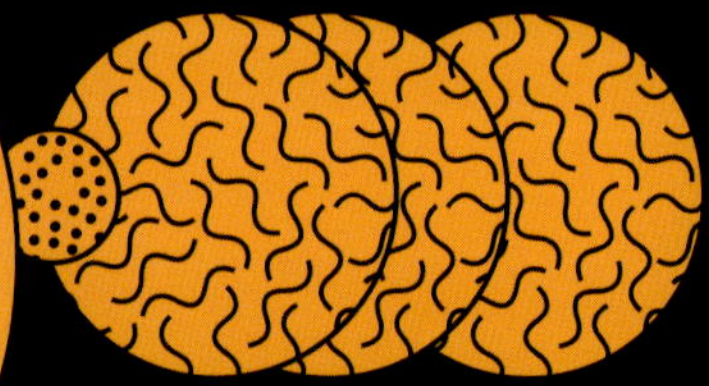

格利泽 876 是一颗距地球仅 15 光年的红矮星，这使之成为我们已知最近的具有多行星系统的恒星。

## HD 1080：目前已知的除我们自己的太阳系以外最大的太阳系

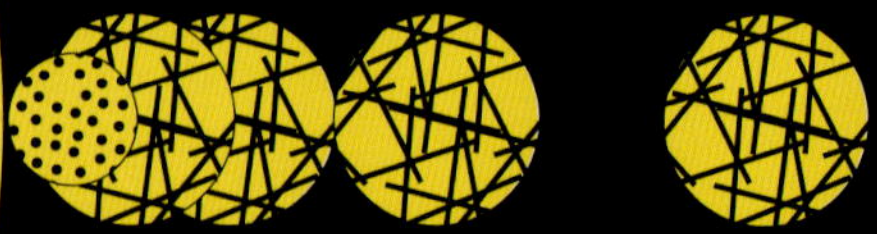

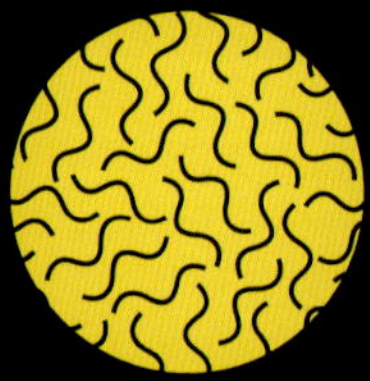

一颗距地球 127 光年的类太阳恒星，至少有 7 颗行星，可能多达 9 颗。

## 格利泽 667 C：一个带行星的三恒星系统

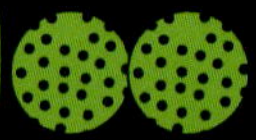

诸行星围绕一颗红矮星运转，这颗红矮星本身则围绕一对双星（未画出）运转。该系统距离我们 23.6 光年。

## 开普勒 80：迄今为止发现的最紧凑的太阳系

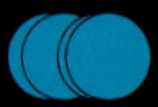

至少 5 颗行星挤在 1100 光年以外的这颗类太阳恒星周围。

[1] 威廉·格利泽（1915—1993），德国天文学家，以研究近距恒星和绘制星表而闻名。

**超级地球**

比地球大，但比海王星小，质量约为地球的 18 倍。

**热海王星**

大小跟海王星或天王星差不多，但距离其恒星更近。

**气态巨行星**

大小和组成成分与木星相当，体积约为地球的 1300 倍。

$3 \times 10^8$km

$4.5 \times 10^8$km

木星距离这里 3 亿公里 ⟶

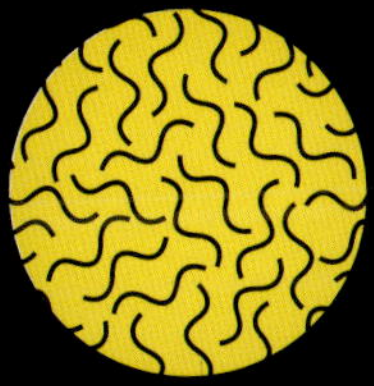

# 月亮真的是行星吗？

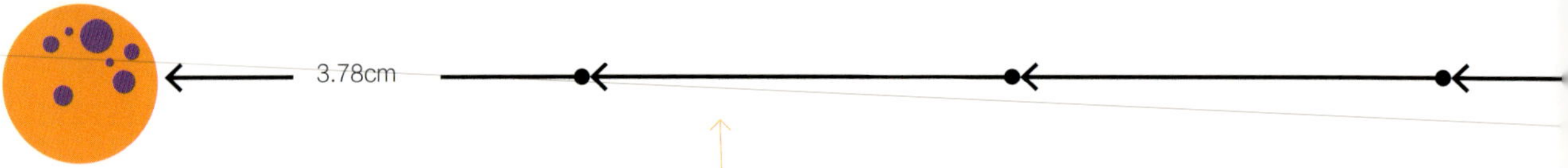


太阳系有 180 多颗卫星，但我们的卫星独一无二。我们的卫星月亮也许不是最大的。与外太阳系的一些冰卫星不同，它没有希望庇护生命。比起它的一些竞争对手，它也许更冷，更寂静，更接近规则的球形。但说到起源，其他任何卫星都没有像它这样引人入胜的曲折故事。

虽然只是太阳系第五大卫星，比之土卫六、木卫一、木卫三和木卫四相形见绌，但月亮依然大得惊人。其直径超过地球直径的四分之一，相对于围绕运行的行星的大小，月亮差不多是太阳系中最大的卫星。

月亮的异常尺寸使其起源成了问题。这样一个天体不可能以跟其他卫星一样的方式形成。其他卫星要么是被俘获的小行星，要么是形成太阳系的由尘埃和气体组成的吸积盘的残余。

1879 年，查尔斯 · 达尔文的天文学家儿子乔治 · 达尔文提出了一个解决方案。他认为，地球和月亮曾经是一个整体，因旋转太快而解体，并将自己的一部分掷入轨道。这块熔岩最终凝固成了月亮。

这个想法一度很受欢迎——曾有人提出太平洋是这一事件留下的疤痕——但在 20 世纪却不再受人青睐，因为数值上说不通。年轻的地球要想吐出一个月亮，就必须以不可能的速度旋转，大约每两小时就得转一圈。

## 大撞击

随着达尔文的想法不再受人青睐，另一个想法取代了它，这就是所谓的“大撞击”假说。它认为，太阳系开始形成之后大约 5000 万年，一个名为忒伊亚的火星大小的天体与地球相撞。忒伊亚斜着撞上地球，由于巨大的冲击而四分五裂，飞出的碎片最终结合成了月亮。

起初，大撞击比起别的解释并没有什么优势。它之所以被提出来，是因为其他解释都说不通。但随着天文学家们对早期太阳系的图景不断进行完善，情况发生了改变。我们现在知道，大撞击是行星形成的一个重要因素。

大撞击是目前接受度最高的解释，但也有自己的问题，这促使某些天文学家回到达尔文思想的一个修改版本。根据大撞击的说法，组成月亮的材料大半来自于忒伊亚，地球只贡献了少量材料。如果是这样，月球岩石和地球岩石在组成上应该有实质性的不同（除非由于某种巨大的巧合，忒伊亚和地球是由完全相同的材料构成的），然而对月亮岩石的分析并不支持这一点。

## 水月亮

事实上，组成月亮的氧、铬、钾和硅等元素同地球上的并没有什么差别。月球岩石也含有大量水。一次大撞击所产生的热量本应将这些水耗光。

研究结果表明，月亮曾是地球的一部分，由于某种原因被掷入太空，而没有被碰撞的行星污染。然而，为了避免困扰达尔文解决方案的那个问题，某处应当有巨大的能量输入。

一种极富戏剧性和猜测性的想法是，这种能量——相当于 4 亿亿颗广岛原子弹——来自于地球内部，通过一次巨大的核爆炸表现出来。

这并不像初看起来那样怪异。我们知道，地球内部曾经包含着自然聚集的铀，它们表现得就像核反应堆。其休眠的遗迹已在世界上许多地方被发现，尤其是在加蓬。

大约 20 亿年前，这些反应堆非常活跃，可能持续燃烧了数十万年，直到耗尽自己的铀供应为止。但它们的直径最多只有 10 米，不足以使地球裂开。

但某种类似的东西仍然可以解释月亮的起源。其基本想法是，像铀、钍和钚这样的放射性元素都集中在致密的岩石中，这些岩石在地球形成后不久沉入地下。它们聚积在外核和地幔的边界处，那里的地质力量将它们彼此拉近，形成一个巨大的核反应堆，最终超过了临界温度，发生爆炸，其威力足以将一块月亮大小的岩石掷入轨道。

## 一次较小的撞击?

还有其他方式可以回避大撞击的问题。比如，一个大小约为忒伊亚一半的天体全力撞上地球，然后深埋其中。计算机模拟表明，这会提供足够的能量将一大股熔化的物质掷入轨道，从而造就一个岩石组成与地球无差别的月亮。

另一种“小撞击”则设想有两颗大小约为地球一半的行星缓慢地发生碰撞，随后结合在一起形成了我们的地球，碰撞的残留物结合形成了月亮。

好消息是，即使核选项是正确的，也没有重复发生的危险。导致爆炸的放射性同位素现已衰变殆尽。等到下一次灾难性的撞击，我们可能就不会这么幸运了。

### 中午的黑暗

如果你目睹过日全食，你就已经历了太阳系最令人惊讶的巧合之一。当月亮同太阳完美吻合时，虽然会完全遮住太阳，但日冕作为一个白热的光环依然可见。这一景象之所以会发生，是因为月亮和太阳在天空中的大小几乎完全相同（太阳直径实际上比月亮直径大 400 倍，但在与地球的距离上，太阳碰巧也比月亮远 400 倍）。

这似乎很有意义，但实际上却是一种巧合。月亮曾经距离地球近得多，目前正以每年 3.78 厘米左右的速度慢慢移开。所以，在遥远的过去和未来，日全食都不会给人留下如此深刻的印象。

# 月亮有多大?

月亮的真实大小很难把握，但它非常大，其表面积超过了俄罗斯、加拿大和中国国土面积的总和。它是内太阳系最大的卫星，仅比土星和木星的几个大卫星稍小一些。

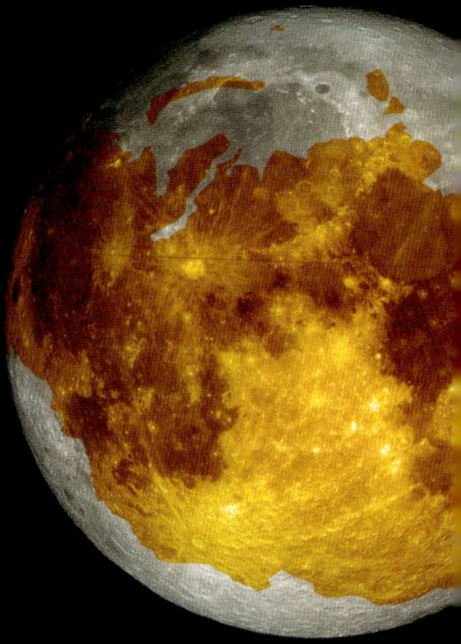

俄罗斯

**火星**

内太阳系第二大的卫星是火卫一，其表面积约等于米兰这样的中等城市的面积。

火星的另一颗卫星火卫二的表面积还不到火卫一的三分之一。

**我们的月亮**

意大利

澳大利亚

加拿大

南极洲

美国

中国

**水月亮**

如果把地球上所有海水都运到月亮上，
月亮的直径将会增加2%。

# 地球上为什么有陆地和海洋?

地球是太阳系中四颗岩石行星之一，其他三颗是火星、金星和水星。但在许多方面，地球都和它们不一样——这不仅仅是因为它庇护着生命。地球表面并不稳定，它通过缓慢但不可阻挡的板块构造过程不断自我调整。更不寻常的是，地球表面大约 70% 被水覆盖。

阿瑟·克拉克曾说：“把这颗显然是海洋星球的行星称为地球是多么不恰当啊。”为了理解地球不断变化的水表面是如何形成的，我们需要回到地球诞生之初。

一般认为，太阳系的时间零点是在 45 亿 6700 万年前。在那个时间点上，地球尚不存在；星子之间的剧烈碰撞正在使地球成形。到了 45 亿 5000 万年前，大约 65% 的地球已经凝聚在一起。这颗胚胎行星非常热，是一个完全由熔岩组成的“岩浆世界”。但据推测，此时它已经开始冷却，形成了岩石地壳。

然后又过了大约 2000 万年，婴儿地球在围绕太阳运转的轨道上逐渐凝固和稳定的进程被粗暴地打断了。一个火星大小的天体斜着撞上了这颗年轻的行星。碰撞产生的碎片被抛入地球的轨道，最终形成了月球。该行星的大气中充满了蒸发岩，凝聚成熔岩雨落下来，以大约每天 1 米的速度沉积成一片熔岩海。

## 地球遭到撞击

碰撞的能量也为再次熔化地球（也许直达地核）提供了足够的热量，重新创造出岩浆之海，抹去了这颗星球以前的地质记录。

然后，大约 41 亿年前，仿佛是雪上加霜，“后期重轰炸期”开始了。也许是被气巨星轨道的一次重新安排所触发，来自小行星带的陨石雨落在地球上，再次熔化了它的部分表面。这些灾难连同后来的板块构造和风化，使我们对地球最初的 5 亿年几乎没什么了解。由于当时的条件如地狱一般恶劣，这个时期被称为“冥古宙”。

在距今 40 亿年前的冥古宙末期，地球上出现了陆地、海洋、板块构造，或许还有生命。它与今天的地球不完全相像，比如大气就非常不同，但与因天体碰撞而形成的熔岩球有着天壤之别。它是如何形成的呢?

今天的地壳几乎完全由年龄不超过 36 亿年的岩石组成，冥古宙时期的环境痕迹在地面上极为稀少。留存至今的真正古老的岩石（大约占地壳的百万分之一）大都被不断熔化和压缩，已经变得面目全非。幸亏还有锆石这种微小的弹性晶体，使业已发生的事情有了一些眉目。

## 和山一样古老

锆石是地球上最古老的矿物，多见于澳大利亚西部的杰克山。它们由极为稳定的硅酸锆晶体组成，并含有高浓度的铀，因此我们可以根据剩余的放射性的强度计算出锆石的年龄。许多锆石的年龄都超过了 40 亿岁，这意味着它们是在冥古宙时期形成的。

锆石不能告诉我们，遭到撞击的地球再次冷

却时究竟发生了什么，但其氧含量表明它们是在水中形成的，这说明地球上的海洋在 40 亿年前就处于适当的位置。这引出了许多新问题，尤其是水来自哪里，以及水为何没有径直蒸发掉。它还告诉我们，地球在冥古宙时期必定已经有了地壳，因为海洋需要依托于一个坚固的表面。

第一层地壳是玄武岩，这是一种目前仍在洋中脊形成的致密的黑色火山岩。玄武岩构成了大部分海底，并聚集成巨大的体积，从海洋中浮现，成为陆地——冰岛和夏威夷都是由从海底喷出的玄武岩聚集而成的。这个过程也发生在早期地球上。在第一个 10 亿年左右的时间里，地球表面由被火山岛链打断的海洋构成。

## 运动的世界

最早的大陆也是在这个时候开始形成的。它们由另一种被称为花岗岩的火山岩组成。这是一种在俯冲带形成的较轻的岩石，在那里，大洋板块相互滑动或者滑动到大陆板块下方。花岗岩的密度比玄武岩小得多，所以会浮在更加致密的岩石上。第一个真正的大陆地壳就是这样形成的。形成于 40 亿年前的一些大陆地壳碎片今天仍然存在。

花岗岩的存在告诉我们，此时构造板块必定已在动来动去，尽管完全不像今天地球表面那种全面（但极其缓慢）的搅动。

甚至有人提出，生命开始于冥古宙。最早的可信的化石来自 34 亿 3000 万年前，但 41 亿岁的锆石中的一些化学标记也许是生物体的遗迹。如果是这样，它们如何在冥古宙幸存下来便成了一个有待解决的新谜题。

## 宇宙混合物

地球上很早就有了海洋，但海洋究竟是如何形成的却是一个谜。地球距离太阳很近，似乎不大可能保住从原行星的建筑材料中得来的水。

标准的解释是，海洋来自彗星和小行星等冰体所承载的水，于后期重轰炸期降临地球。但最近发往 67P 丘留莫夫 – 格拉西缅科彗星的罗塞塔号探测器对这种想法提出了一些质疑。这颗彗星上的水与地球上的水成分并不相同。

事实证明，其他彗星和小行星上的水与地球上的水差异很大。地球上的水似乎是来自整个太阳系中不同来源的混合物，是在 40 多亿年前一次赐予生命的撞击中到达地球的。下次你烧开水时想想这一点。

# 锆石永存

大约 40 亿年前，这些微小而坚硬的晶体是极早期地球唯一幸存的原始碎片。它们表明，大陆和海洋的形成快得令人惊讶。

每隔 5 亿年左右，地球的陆地板块就会集合成一个超大陆。最近的是盘古大陆，但在它之前还有多达 6 个原始大陆。

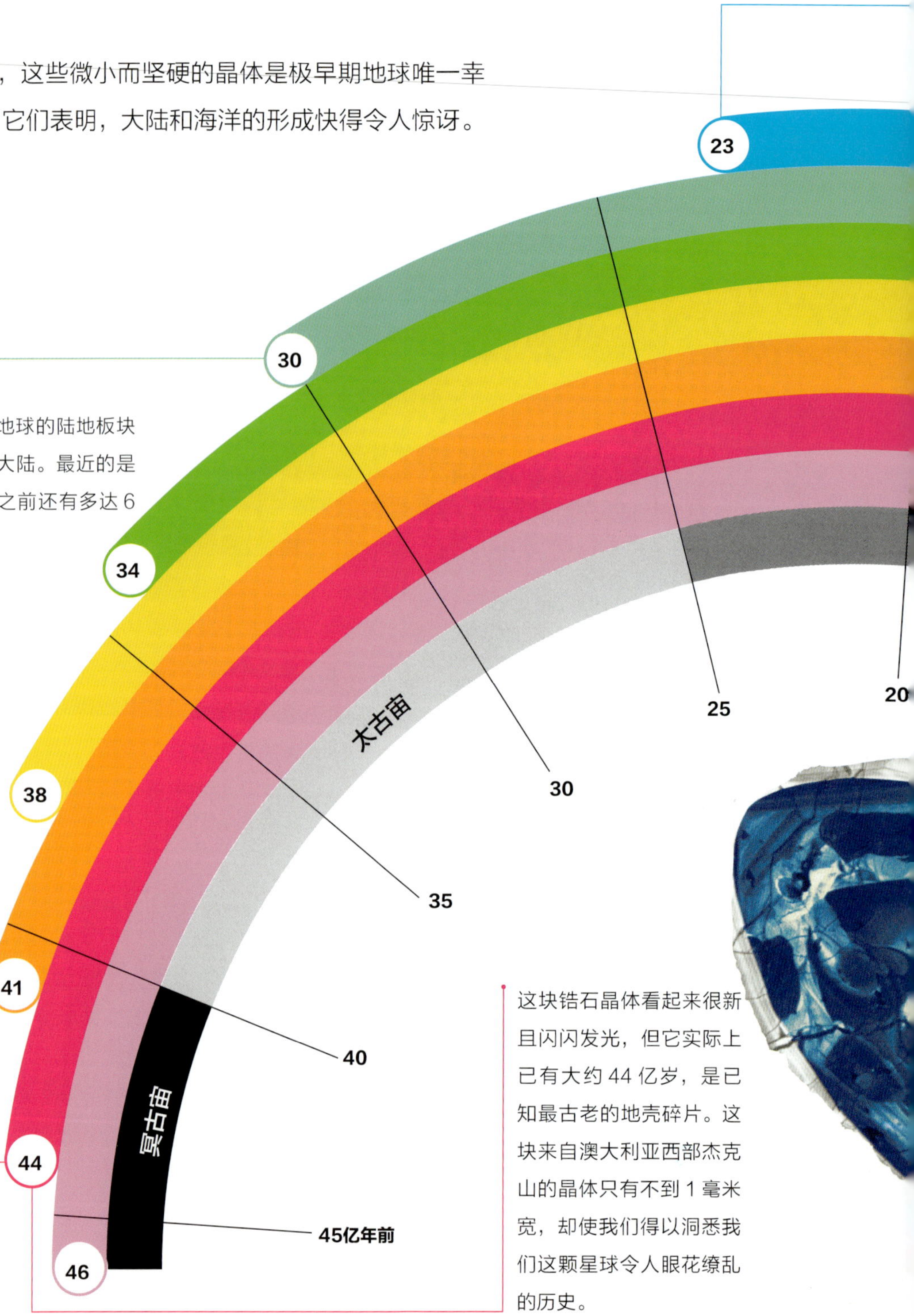


关于月球的形成，主导的理论认为是早期的地球遭到了另一颗原行星的撞击。

这块锆石晶体看起来很新且闪闪发光，但它实际上已有大约 44 亿岁，是已知最古老的地壳碎片。这块来自澳大利亚西部杰克山的晶体只有不到 1 毫米宽，却使我们得以洞悉我们这颗星球令人眼花缭乱的历史。

刚刚进化出来的光合作用将有毒的氧气送入大气，几乎彻底扼杀了生命。

最早的多细胞动物是神秘的埃迪卡拉动物群，统治海洋近 1 亿年，直到“寒武纪大爆发”期间才被消灭。

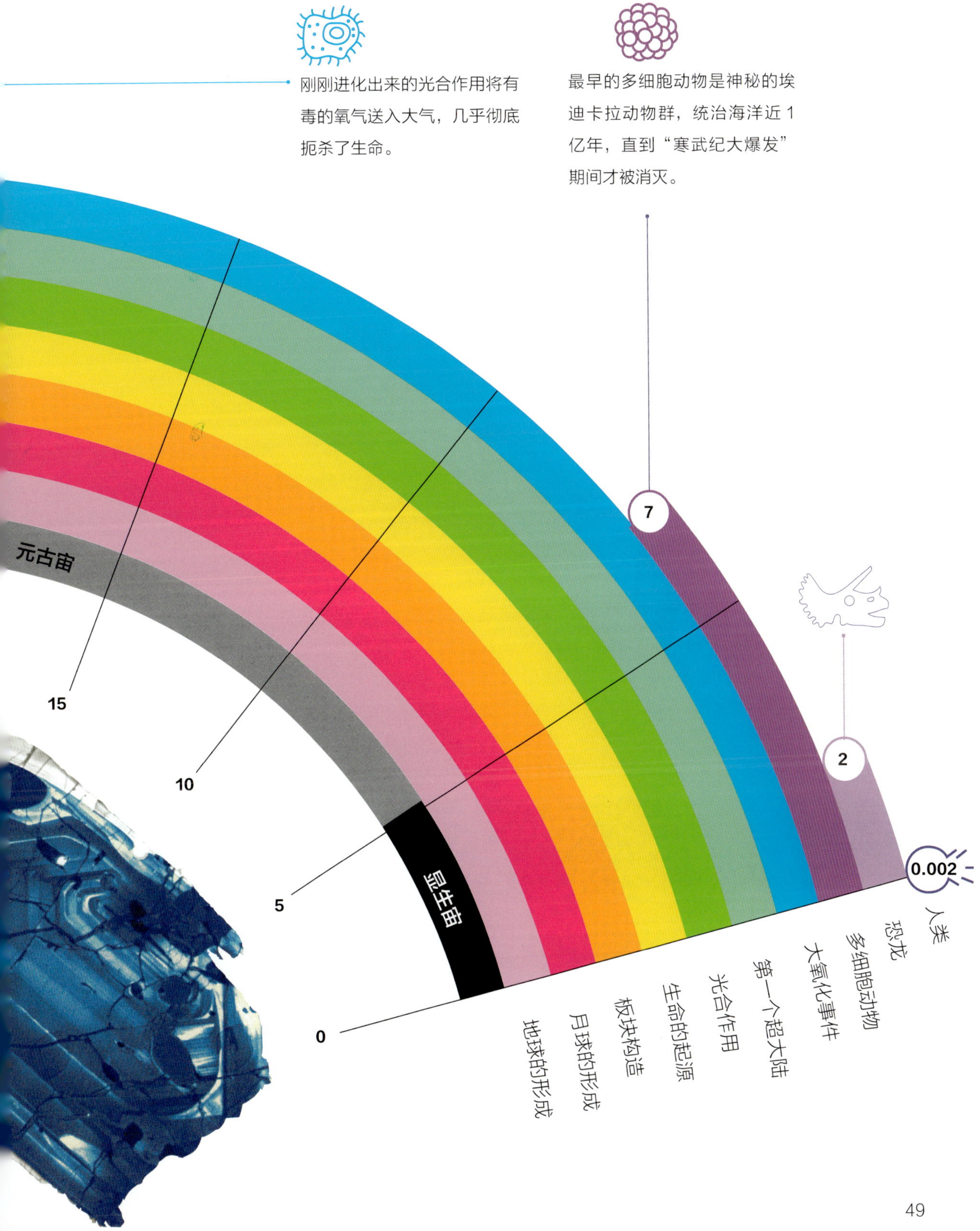

# 为什么天气总在变化？

如果随机在地球表面选一个位置，在那里站上一年，你会经历几乎每一种天气。例如，如果你选择伦敦的特拉法尔加广场，你大概会遇到10个暴雨天，50个寒冷的清晨，5个下雪天，15个雷雨天，一两场大风，1500小时的日照，以及数不胜数的阴天。

为什么在地球的同一个地方可以经历如此不同的天气？答案就在我们头顶，在包裹着地球的薄薄的大气层以及那个距离我们1.5亿公里的巨型热气球中。

## 来自太阳的天气

无论天气是热是冷，原因总是一样的：太阳发出的辐射撞上了一颗带有大气层的近乎球形的旋转的行星。由于这种简单的安排，大气层受热是不均匀的。在赤道，阳光直射到地球上；在两极，阳光则沿一个很大的倾角照射下来。因此，给出同样大小的区域，极地获得的阳光比赤道地区少。这就是两极冷而赤道热的原因。

由于这一差异，天气是流动的。热量自然地从较热的地方转移到较冷的地方，所以大气层和海洋将热量从赤道输送到两极。一颗没有温度差异的行星上不会有天气。

如果这就是全部，那么全球的天气模式会非常简单。热空气从赤道上升，然后向两极移动。在那里它会冷却、下降，然后沿地表回到赤道。于是，地表的风将从热带地区均匀地刮向两极。

但实际情况并非如此，原因很简单：地球在旋转。在这个旋转的球体上，地表及其上方的空气在赤道运动最快，在两极则完全不动。因此，地球的旋转使南北风偏向一边。这种偏向被称为科里奥利效应。

地球旋转产生的科里奥利效应很强，足以扰乱基本的南北气流，形成六个相互关联的地表风带，南北半球各三个：极地东风带、中纬西风带、低纬信风带。信风相遇的地方是一条不规则的气

### 快乐的单调

极端天气能上头条，不列颠群岛的多变天气为其居民带来了谈资。但你有没有想过，地球上哪个地方的天气最温和，变化最少？美国《天气》杂志试图弄清楚这个问题。它指出，比尼亚德尔马（智利瓦尔帕莱索附近的一个沿海城镇）是气候最为单调的地方。此地白天气温终年在15至25摄氏度之间波动，通常有些阴天，下着蒙蒙细雨；很少有大风，从不结冰或下雪，偶尔会有雷暴打破这种单调。

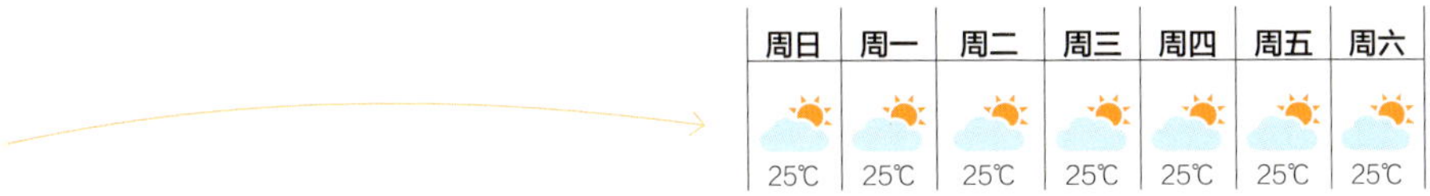


候带，被称为热带辐合带。

科里奥利力还导致了远离地表的风。这些快速移动的东西风带被称为喷流。地球有四个喷流，南北半球各两个：一为极地喷流，一为亚热带喷流。

起主导作用的就是这一基本模式，但实际的风要更为复杂多变。这是因为地球并不是一个规则的球体，上面有海洋、山脉、森林和沙漠，所有这些都会影响空气的运动。

## 大团蓬松的云

除了风，天气的另一个基本要素是水，在我们的经验中表现为云和雨。

云的形成需要两种东西：空气中的水蒸气，以及使水蒸气上升的机制。通过地表水的蒸发和植物的蒸腾作用（从土壤中吸取水分并经由叶片释放出来），水蒸气进入空气中。上升机制可以通过三种方式来实现：第一种是暖气流上升；第二种是不同密度的空气团相遇形成锋，推动空气上升；第三种是空气被吹向山脉，被迫上升。

空气上升时会冷却和膨胀。冷到一定程度，水蒸气将无法保持气态。当气温达到这个露点温度时，水开始凝结，形成小水滴群——也就是云。如果小水滴变得足够大，就会从空中落下，形成雨、雨夹雪、雪或冰雹。

所有这一切都发生在大气层最下方 7 至 20 公里的区间，也就是我们所说的对流层。超过这个高度，由于臭氧吸收紫外线，空气突然开始变暖，这里是平流层的下界。这些因素足以解释我们经验到的所有天气，从风和日丽到狂风暴雨。

## 电闪雷鸣!

雷暴是最狂暴的天气之一。如果太阳足够热烈，上升的温暖气流会形成花椰菜状的积云，这种积云可以到达对流层顶部。上层区域达到凝结点之后会形成冰晶，冰晶之间相互碰撞，将电荷分离开来。当分离达到某个临界水平时，这些电荷将在一次闪电中重新聚在一起。云现在成了一场雷暴——尽管雷声本身产生的原因仍然不清楚。

世界上最猛烈的降雨总是由雷暴引起的。如果风的情况正好合适（或正好不合适，这取决于你怎么看了），雷暴还会引起自然界最猛烈的风暴——龙卷风。1999 年 5 月，在俄克拉何马的一场龙卷风中，雷达测定的风速达到每小时 486 公里，这是有史以来最快的记录。

热带气旋（包括飓风和台风）是另一种极端天气系统。尽管不如龙卷风猛烈，但它极为庞大——直径达 2000 公里，能够产生 10 米以上的风暴潮，日降雨量超过 1 米。

热带气旋形成于海面温度超过 27 摄氏度的海洋上方，会造成海水大量蒸发。当这些水蒸气凝结时，潜热的释放会导致一场热带风暴。如果风暴在风力和科里奥利力的共同作用下开始旋转，就会形成地球上最具破坏性的天气系统。

# 随风流动

天气很难预测，但其背后的模式很简单：由大气旋涡组成的一个相互关联的系统将热量从热带地区转移到两极。

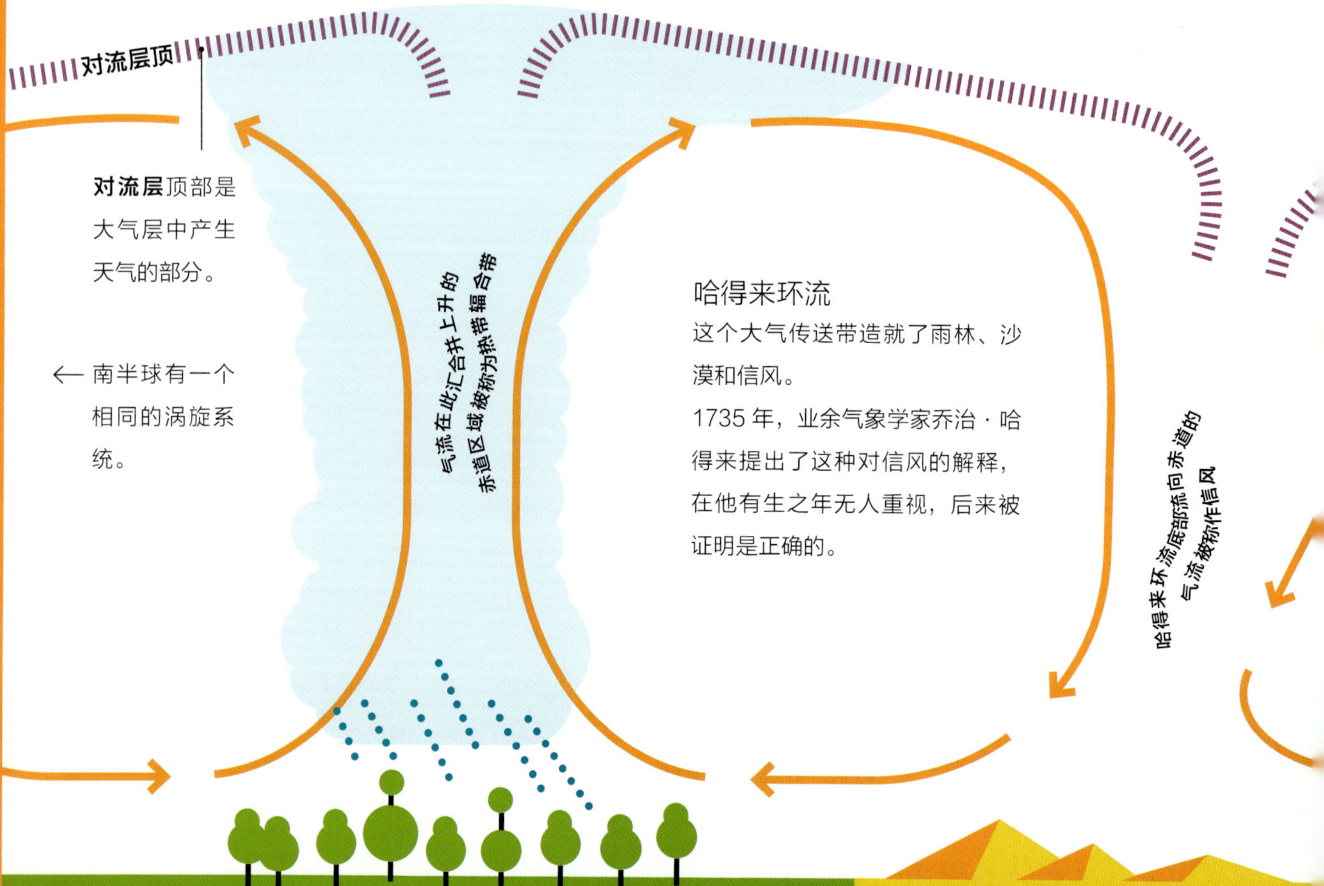


**对流层**顶部是大气层中产生天气的部分。

← 南半球有一个相同的涡旋系统。

哈得来环流

这个大气传送带造就了雨林、沙漠和信风。

1735 年，业余气象学家乔治·哈得来提出了这种对信风的解释，在他有生之年无人重视，后来被证明是正确的。

北极 ⟵ **赤道** ⟶ 南极

在赤道附近，温暖而潮湿的空气上升、冷却，形成降雨，养育着茂密的雨林。空气到达平流层边界时向两极偏移。同时，地表的空气涌向赤道，以替换上升的空气。这些运动的空气因地球旋转而偏移，形成了东风带——信风。

**北纬 30 度**

温暖的空气最终冷却并下沉。在这种干燥、下沉的空气下方几乎没有任何降雨，形成了世界各地的沙漠带。

### 太阳如何给地球带来风？

在赤道地区，阳光当头直射到地球上；在两极地区，阳光沿一个倾角射过来。

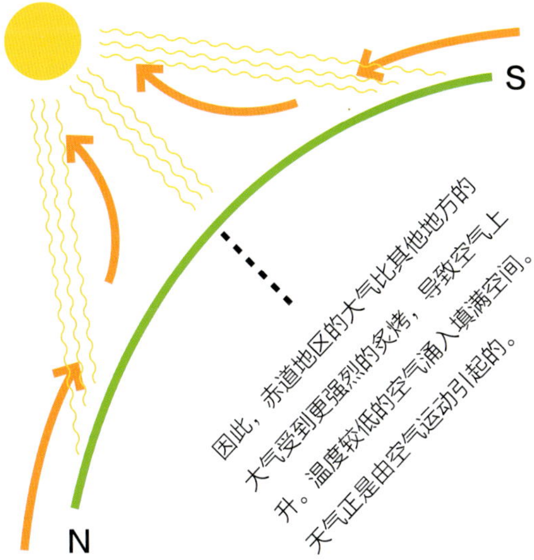


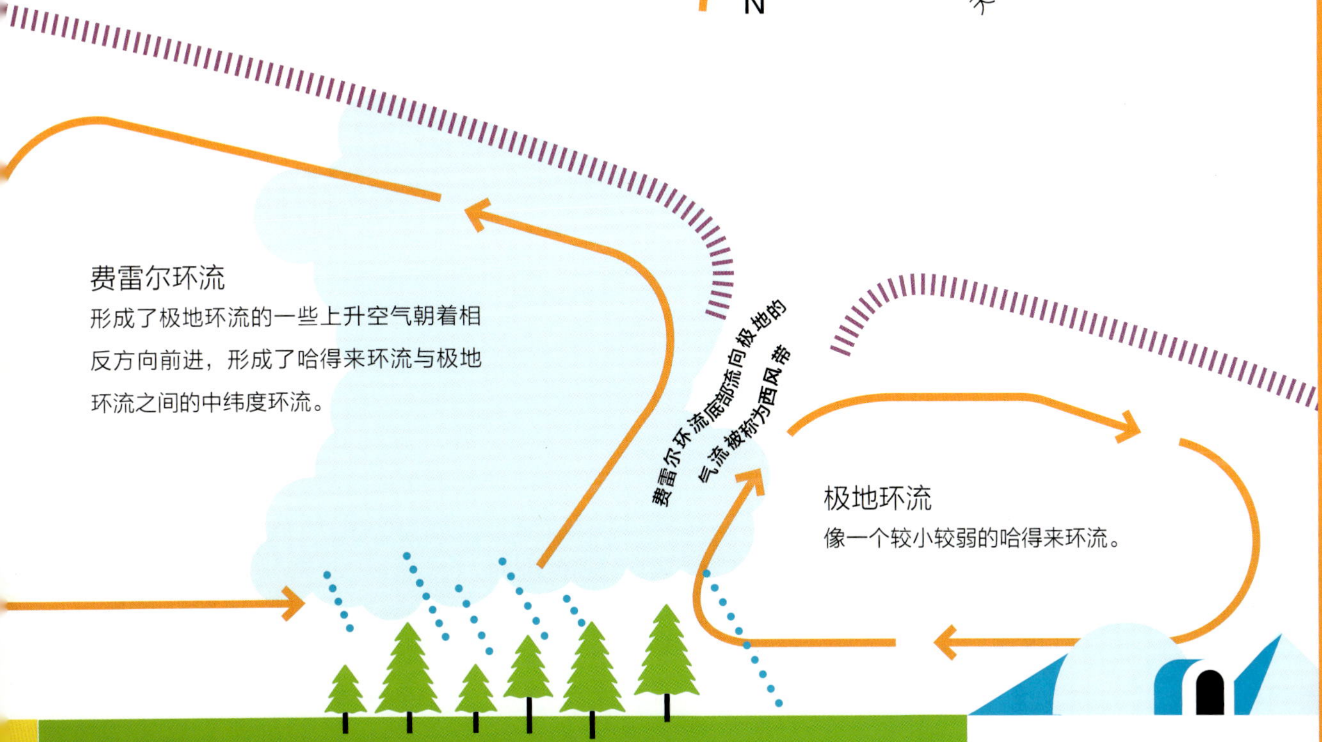


### 北纬 60 度

费雷尔环流沿着与邻近环流相反的方向运动，将副热带的空气拖向地表的两极。这一运动因为地球旋转而发生偏转，从而形成西风，这在很大程度上解释了不列颠群岛和其他中纬度国家的多变天气。

### 北极

极地环流因地球表面受热不均匀而产生。较为温暖的空气上升，抵达对流层顶部，移向两极，然后冷却。

# 土壤来自何处?

土气无教养（common as muck）。像土一样廉价（dirt cheap）。弄脏了（soiled）。我们脚下的土很难让人感受到诗意。但如果细加端详，你会发现它是种美丽的东西。

土壤覆盖了地球的大部分表面。如果没有土，地球将是一个非常不同而且充满敌意的地方。

不同的土壤千差万别，但大体而言，它们都是混合物，固态物质和孔隙各占一半。固态物质主要是小石块和有机物（死的活的都有）。孔隙并不是空的，而是以不同比例充满了水和气体。然而，这张简单的成分清单尚不足以构成土壤。要想得到成品，还需要根据一份复杂而冗长的处方来炮制这些东西。

大多数土壤的起点是裸露的基岩。这些基岩因风化而受到侵蚀，产生了更小的碎片，积聚在表面。“风化”是一个贴切的词。当岩石受到风、雨、冰雹的袭击，又因为周期性的冰冻和融解而变得脆弱易碎时，就会发生风化。温度上升和下降时，热气流的膨胀和收缩也会产生类似的效果。

岩石还会被雨水中的化学物质所侵蚀，这些化学物质会溶解一些矿物。最后是生物风化。裸露的岩石起初被分泌腐蚀酸的细菌和其他微生物占据，接下来是地衣和藻类，它们对岩石的物理附着是强大的腐蚀因素。在夏威夷贫瘠土地上的实验表明，地衣至少能使风化加速 100 倍。

在成熟的土壤中，生物风化更为严重。无脊椎动物、真菌和细菌的呼吸产生了二氧化碳，积聚在土壤颗粒之间。渗入土壤的雨水溶解了二氧化碳，形成碳酸。土壤中的有机物还产生了其他酸性物质。土壤也有类似海绵的作用，在降雨之后延长了其下方岩石保持湿润的时间，这意味着化学风化可以持续更久。如此一来，土壤成了生成自身的催化剂。

最初的微生物殖民者还开启了土壤的有机化。地衣和藻类利用了这些微生物留下的东西，先用活的然后用死的有机物质逐渐覆盖了岩石。当有机物质积聚得足够多，蠕虫和节肢动物这类较大的生物就会搬进来。它们在挖掘洞穴的过程中将有机物质和矿物颗粒混合在一起，形成了孔隙空间。蠕虫分泌的黏液还能将这些东西粘在一起并固定下来。一块土壤就这样诞生了。

## 优雅地老去

随着土壤变厚和成熟，它可能会分化成几层，顶部是表层土，底部是下层土。一块成熟的土壤中充满了各种生命。1 克土壤可能含有 1 亿个细菌和古细菌、1000 万个病毒和 1000 个真菌，更不要说较大的有机物和植物根系了。单是细菌就可能有 100 万种。

毫不奇怪，这一切都需要时间。风化的过程费时费力，地衣生长极为缓慢。对近期夏威夷熔岩流的研究表明，至少需要一百年甚至一万年才能形成原始土壤。一百年前形成的熔岩流现在几乎仍然是不毛之地；甚至一万年前形成的那些熔岩流也只是刚刚形成某种类似土壤的东西。这表明，覆盖地球大部分面积的肥沃土壤需要千万年才能形成。非洲和澳大利亚的一些土壤可以追溯到 1 亿 4400 万年前的白垩纪时期。

## 20000 种褐色

今天的土壤的多样性令人吃惊。基岩、气候、地形、当地生态系统和土壤年代都会影响其组成。就像对生命形态进行分类一样，我们借助于一个详尽的分类系统来把握土壤的多样性。例如，与物种分类相似，美国农业部把土壤分成目、亚目、大群、亚群、族和系。仅在美国，就有 20000 多种土壤被编目。

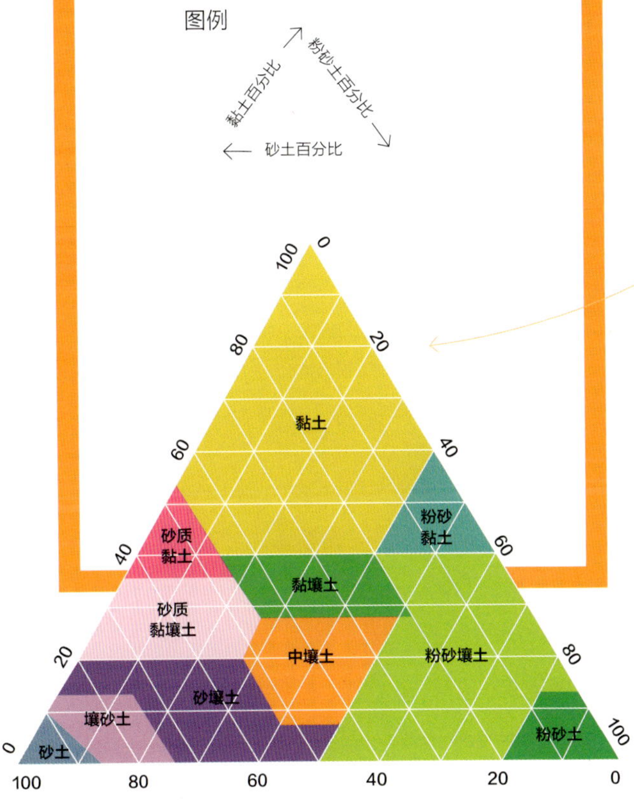


而土壤的出现比那还要早。已知最早的古土壤——化石土壤可以追溯到 20 亿年前，远在植物出现之前，当然更在植物占领陆地之前。这些土壤绝非原始贫瘠，而是肥厚丰腴。其中一些有一半体积是黏土矿物，后者是基岩大规模风化的最终产物。这是至少在数十万年间保持稳定的土壤的典型特征。

## 高地土壤

没有理由认为，古土壤的形成过程与现代土壤截然不同，尽管当时并无多细胞生物——植物、蠕虫和节肢动物——施展其魔力。或许连地衣也没有，有关它们的化石记录太稀少了，无法确知是否如此。最合理的情况是，土壤是在数十亿年前占领地表的耐寒细菌的作用下形成的。

与这个业已逝去的世界情形最接近的是犹他州峡谷地国家公园的沙漠高地。烈日当空，凉风吹拂，细菌、地衣和苔藓在岩石表面竭力生长，共同形成了所谓的隐花植物结皮。与这层结皮混杂在一起的是薄薄一层矿物和有机物的碎屑，换句话说，一种土壤。游客们只能走标记过的小路，以保护这层脆弱的土壤；一脚下去就可能踩碎结皮，使下方的土壤暴露出来遭到侵蚀。侵蚀一旦开始，就会灾难性地蔓延。

我们需要在全球范围内做好保护工作。根据联合国的说法，农业和建筑破坏了世界上超过三分之一的土壤，我们正以每分钟 30 个足球场的速度失去肥沃的表土。鉴于我们 95% 的食物是从土壤中生长出来的，土壤中包含的碳是整个大气层的三倍，其更新换代需要成千上万年，我们真的需要采取行动了。救救我们的土壤！

世界上有三分之一的
土壤受到危害

# 挖土

土壤其实不太像裸眼看到的样子，让我们把镜头移近，来一场土壤中的旅行。

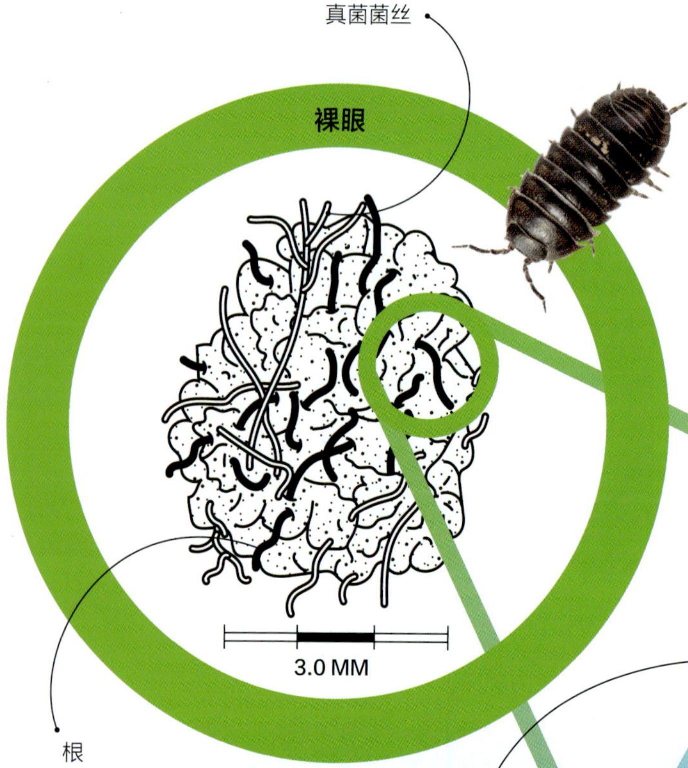


最大的土壤团块被称为大团聚体，它们是被水和土栖生物分泌的黏液粘在一起的矿物团块和有机物质。在里面还可以看到根、真菌丝和线虫。

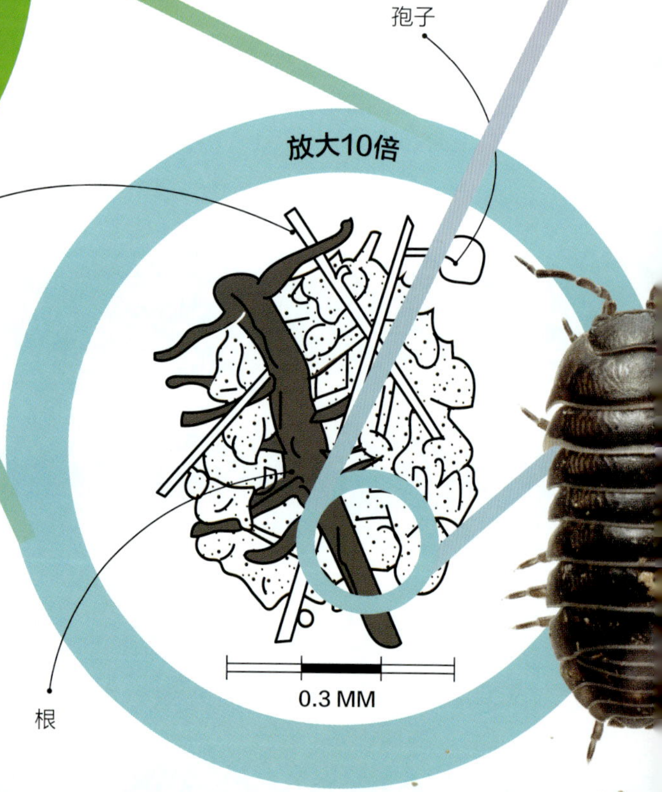


下一层是微团聚体。可以观察到真菌孢子和根毛。根毛上可能覆盖着长满根瘤菌的根瘤，后者与植物形成一种共生关系，为植物提供空气中的氮。

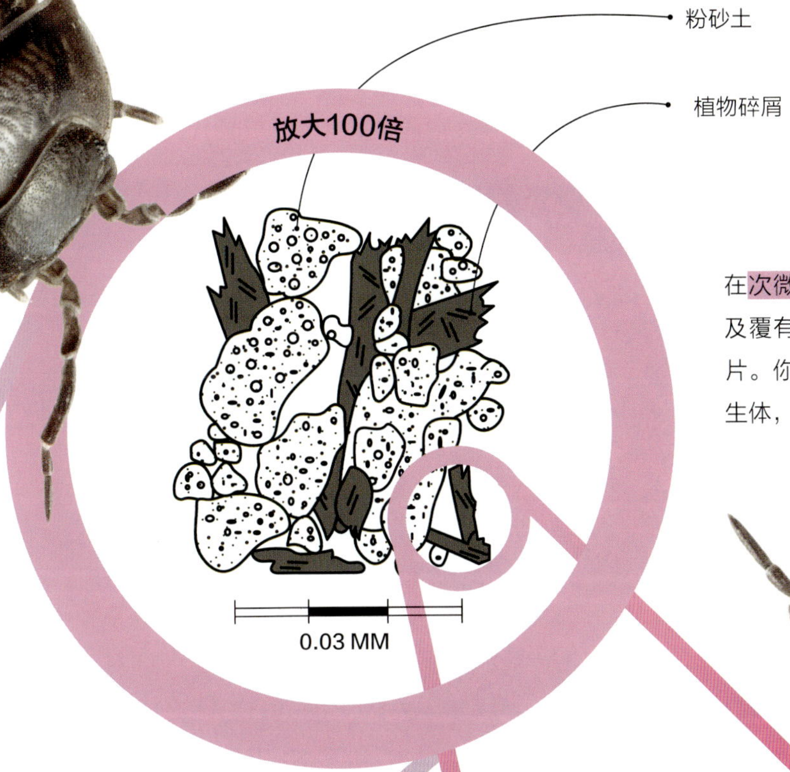


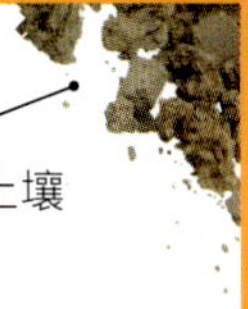

已有两万多种土壤类型被编目

在次微团聚体这一层，你会看到矿物颗粒以及覆有微生物菌群和黏土的死去的植物的碎片。你还可能看到菌根，这是根与真菌的共生体，帮助植物从土壤中汲取营养。

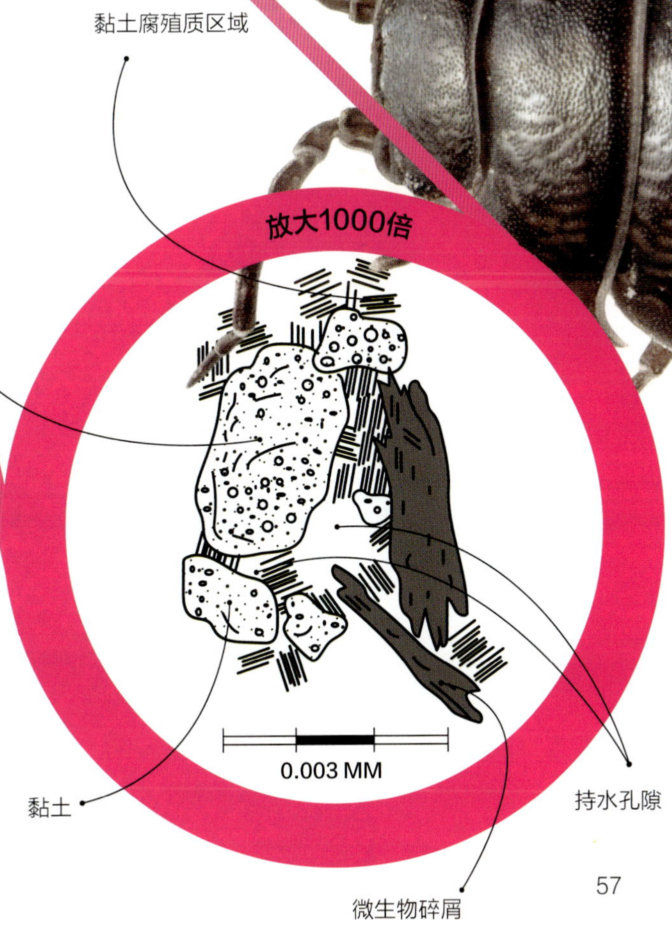


土壤的最小组成部分被称为初级粒子，包括粉砂土、黏土和植物碎屑。它们之间的孔隙充满了空气或水。单细胞微生物也能看得见。1 克土壤可以包含 1 亿个微生物。

资料来源：《土壤的本质与属性》，N.C. 布雷迪、雷蒙德 · R. 韦尔著（普伦蒂斯霍尔出版社，2007 年版）

# 为什么地球有如此非凡的大气？

做一次深呼吸，你刚刚吸入了大约 $2.6\times10^{22}$ 个气体分子，主要是氮和氧。但如果你有机会站在早期地球的表面吸一口气，你将吸入极为不同的 $2.6\times10^{22}$ 个分子，主要是二氧化碳和二氧化硫。（此后你也吸不了很多口了。）空气在很大程度上无法为我们的视觉和心灵所感知，但它的存在是一个奇迹，使地球区别于我们所知的其他星球。

从体积上说，今天地球的大气由大约 78% 的氮气、21% 的氧气、1% 的氩和不定量的水蒸气所组成。此外，还有少量二氧化碳、二氧化硫、一氧化碳、甲烷、氦、氖、氪，和更少量的臭氧、过氧化氢、氙、氡、氮氧化物，以及氯氟烃这类人造的工业污染物。

这一组成迥异于大气刚刚形成时情形。很早以前，地球可能被地球形成时留下的一层稀薄的大气（主要是氢）所包裹。但这种“原初大气”没持续多久就被一阵阵太阳风扫入了太空。因此，在讨论今天的空气的起源时，我们可以将它排除在外。

地球很快就获得了第二种大气，从一个看起来不大可能的来源——它自身之中。火山排出了一些较重的气体，这些气体在地球引力的牵引下无法逸入太空。彗星和小行星的撞击可能也为大气增加了一些气体。因此，今天地球上的大气是从地球放的屁和太空打的嗝演化而来的。

这第二种大气很是稠密，令人窒息，主要由蒸气、二氧化碳和二氧化硫组成。我们知道这一点是因为它们是今天火山喷发出来的主要气体。火山极为活跃，大气压可能是其如今水平的十倍，这解释了为什么早期的海洋没有蒸发进入太空。

随着阳光将二氧化硫和水这类分子分解，氧开始缓慢积聚。但它仍是大气中一种不重要的成分，直到很久以后。

数十亿年来火山喷发出来的碳和二氧化硫混合物是如何演化成一种主要由氮和氧组成的大气的呢？答案有两个：第一，大量二氧化碳溶解在海洋中，最终沉积下来形成石灰石。第二，生命出现了，从根本上改变了大气的成分。

## 原始烟雾

起初，生命对大气的主要贡献是甲烷，这是原始单细胞有机物将能量从氢和二氧化碳中释放出来时产生的一种废物。大约在 37 亿年前，一场“甲烷危机”甫一开始就几乎毁灭了地球上的所有生命。排放甲烷的微生物使大气中充满了一种烟雾，几乎将太阳遮住。

下一个重大变化是发生在约 23 亿年前的大氧化事件。这场剧变在大约 10 亿年前就埋下了种子，当时，一些微生物进化出一种从阳光中获取能量的新方式，被称为光合作用。由此产生的废物之一是此前地球上很罕见的一种毒性很大、反应剧烈的气体——氧气。

最初进行光合作用的生物并未将这种有毒废物直接排入空气，而是将它安全地封存在铁化合物中。结果产生了被称为“条带状铁矿”的铁氧化物层，在世界各地约 15 亿到 30 亿岁的岩石中可以看到。

但随后进化出了能够忍受游离的氧气的光合

生物。它们将有毒废物直接释放到空气中，而不再费力将其封存起来，这样做的一个附加好处是消灭了许多竞争者。氧气开始在大气中积聚，从大约 1 % 上升到了 10 % 或更多。

大氧化事件也被称为氧气大灾难，因为它几乎毒死了所有生命。好在一种被称为呼吸的利用氧气的方法被演化出来，使局面化险为夷。

大氧化事件还导致了另一场灾难。光合作用吸收了大气中的温室气体二氧化碳，并最终将其封存在沉积岩内。与此同时，氧气与威力更大的温室气体甲烷发生反应。这些因素共同使世界进入了被称为“雪球地球”的全球冰河时代，历时约 4 亿年，直到一次火山活动产生的巨大脉冲作用使大气重新充满温室气体。也许是由于光合作用几乎停止，雪球似乎又把氧气含量拉回到很低的水平。但随着冰的融化和生命的反弹，大氧化事件再次发生。

## 生命的呼吸

不过，这也不全是坏消息。大约 10 亿年前，通过形成臭氧保护层，大氧化事件最终使这个星球变得宜居。随着这场大戏的展开，不活泼的氮气不断从火山中喷发出来，由于无所事事，无处可去，逐渐成为大气中占比最大的气体。到了大约 6 亿年前，大气组成已经与我们今天所熟知的大致相同。

受到生物、地质和化学过程复杂的相互作用的影响，大气的组成和密度会随时间而变化。例如，大约 3 亿年前，大气中的氧气含量达到 30% 的峰值，飞虫甚至能长到一米长。但在过去 5 亿年里，空气的成分基本上与我们现在呼吸的一样。

### 其他星球的空气

如果你想要一颗拥有大气的岩石星球，地球可谓尽善尽美。火星几乎没有大气——只有一点二氧化碳，气压不到地球上的百分之一。这在很大程度上是因为火星比地球小，它的引力不足以保有大气层。水星更小，也更缺少大气。而金星则走到了另一个极端：它被包裹在炽热而稠密的火山气体云和硫酸中，那里的气压几乎是地球上的 100 倍。但在金星表面 70 公里以上，大气十分温和——有着充足的阳光和水，同地球类似的气压和温度——也许正好适合生命。

# 你的每一次呼吸

每一次呼吸大约包含 $2.6 \times 10^{22}$ 个气体分子，其中大多数分子曾被吸入和呼出过数十亿次。

那几乎与用茶杯舀干海水的杯数一样多。

**= $10^{19}$ 个气体分子**

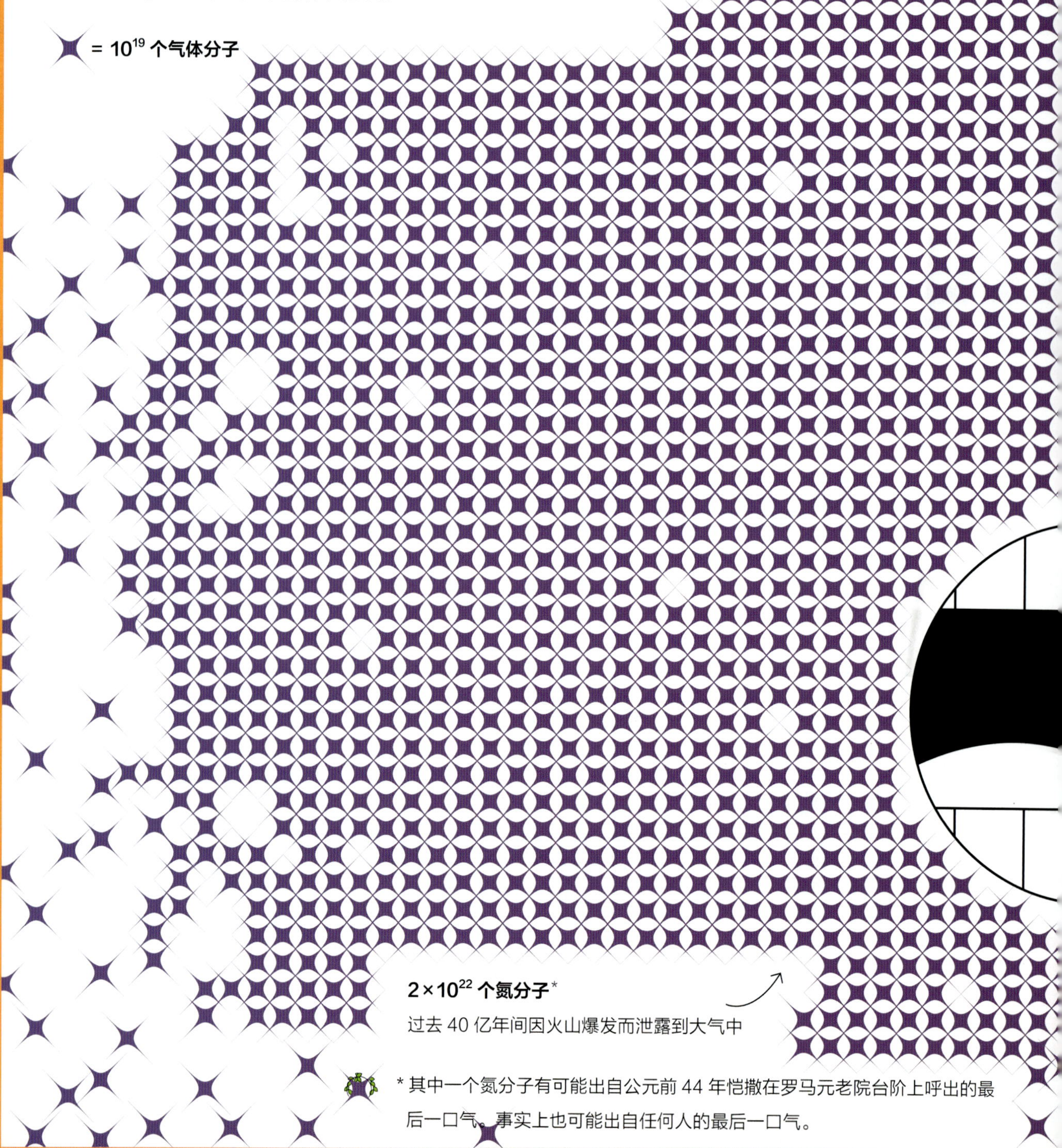

**$2 \times 10^{22}$ 个氮分子***
过去 40 亿年间因火山爆发而泄露到大气中

* 其中一个氮分子有可能出自公元前 44 年恺撒在罗马元老院台阶上呼出的最后一口气。事实上也可能出自任何人的最后一口气。

少量氮溶解在血液中。当潜水员浮出水面太快时，氮气形成气泡，会引发潜涵病。

获得氧气是呼吸的目的，但只有四分之一左右的分子被吸入体内用于呼吸，随后以二氧化碳的形式被呼出。

**$5\times10^{21}$ 个氧分子**

主要是光合作用产生的废物

**$2.6\times10^{20}$ 个氩原子**

地壳中的钾 −40 衰变产生

**$10^{19}$ 个二氧化碳分子**

其中一些由其他人和动物呼出，一些由火山排出，越来越多的二氧化碳是矿物燃料燃烧所释放的。

有数十亿个分子（图中未显示）是甲醛、苯和臭氧等人造**工业污染物**。

# 地球是如何充满石油的？

你下次乘坐轿车、公共汽车或火车旅行时，可以想一想：为你的旅行提供燃料的东西其实是成为化石的阳光，它们已经有数千万年甚至上亿年不见天日了。石油是现代文明的命脉，对于我们的繁荣和安全至关重要。人们一直为争夺石油而战，一旦石油被用光，人类将如何生存，对此我们并没有什么清晰的方案。我们每一天都要用掉近 9000 万桶这种东西，足以装满伦敦的 5 个 O2 体育馆。

## 浮游生物的力量

世界上绝大多数石油都始于漂浮在古老海洋上的浮游生物，它们通过光合作用静静地将阳光转化为有机分子，这一切真是宏伟非凡。浮游生物死后，其尸体沉到海底，那里氧气过于稀少，尸体无法分解。它们富含能量的遗骸积聚成一层厚厚的有机油泥，混杂着粉砂土、砂土和其他无机物，逐渐被一层层沉积物所掩埋。

过了数百万年，随着更多的沉积物堆积其上，油泥被埋得越来越深。一旦深度达到 3 千米，来自下面的热量和来自上面的压力就开始联手压迫有机分子，将它们分解成更为简单的烃链。最早的产物是一种被称为油母岩的蜡状固体。它被进一步分解或“裂解”，形成一种被称为石油的液态烃混合物，此外还有甲烷或天然气。有时温度过高，所有有机物都被分解成了甲烷。如果沉积物深度超过 5 千米，通常就会发生“烘烤过度”的情况。

但如果条件刚刚好，就会形成石油。最终产物的组成取决于初始材料及其受到的热和压力。低温石油厚而黑，像焦油；更高温度的石油薄而清，像汽油。颜色从黑色到棕色、绿色，甚至还有黄色。真正有价值的化合物——可以加工为燃料的煤油所占的比例从 15% 到 60% 不等。

这还不是故事的结局。石油很少淤积在地下水库中，而是常常和水一起，与岩石合为一体，我们必须将其分离出来。不仅如此，它只有在特定条件下才能形成可开采的油池。含有石油的岩石必须是多孔的，这样液体和气体才能穿过它向表面迸发。含油岩上方还必须有一个储油圈闭——可能是一层致密、少孔的岩石或者是地质断层——以阻止石油渗到表面。盖岩的形状也必须正确，以便石油和天然气能在其下方积聚。然后，石油和天然气才会形成我们称之为油田的大型矿床。

## 矿井，矿井，矿井

幸运的是——也可能是不幸，这取决于你如何看待它——石油储量丰富，地球很大，可开采的石油和天然气矿床很常见。地球上已知的油田和气田大约有 65000 个，而地质学家们还在不断发现新的油气田。从这些矿井中开采出来的东西被称为原油，它是一系列产品的起点，从你加入油箱的汽油到现代世界所特有的塑料，不一而足。

确定石油的确切起源相当困难，因为石油常常在地下做远距离迁徙，无法根据它所处的岩石来确定其形成年代。但知道石油的形成年代可以帮助石油地质学家了解地下有什么东西，从而判断应当在何处集中开采。

一般是用不同生命时期所特有的生物标志物、有机化合物来确定石油的形成年代。例如，一种名为齐墩果烷的化合物只有开花植物才能产生，因此，含有这种化合物的石油的形成年代不会早于白垩纪（对于最终变成石油的有机物来说，花粉是一种虽小但并非无足轻重的东西）。

对生物标志物的分析表明，某些石油的形成年代的确极为久远，可以追溯到5亿4000万年前复杂生命演化出来之前。另一些石油则比较年轻，只有500万年左右的历史。一般认为，石油需要几百万年才能形成，但近来发现了一些很新的矿床，表明情况并非总是如此。加利福尼亚湾发现了仅有5000年历史的成熟石油，俄罗斯地质学家声称在堪察加半岛发现了只有50年历史的石油。

有些石油的起源可能是非生物，由地球形成时就已存在的碳或彗星带来的碳转化而成，但即便存在这样的石油，在我们的石油储量中所占的比例也可以忽略不计。

## 来自消失的大洋底部

如果说石油的形成有一个黄金时代，那很可能是侏罗纪时代，即距今约2亿年到1.45亿年之间。曾将冈瓦纳古陆和劳亚古陆隔开的特提斯海底部形成了大量石油。特提斯海最后由于大陆漂移而消失了，但还留有部分遗迹——地中海、黑海、里海和咸海都是特提斯海的一部分。但它遗留下来的最重要的东西是在大约六个中东国家地下发现的巨大能储，全世界石油供应的三分之二都来自那里。

## 从油泥到石油

世界上第一口油井是1859年在宾夕法尼亚州泰特斯维尔附近的一个被称为油溪的地方钻探的，因为这里有含沥青的物质从地下汩汩冒出。居民们拿它当药用，但宾夕法尼亚岩油公司有更好的主意：他们打算发展一项全新的产业。

其产品是光。公司意识到，“岩油”含有煤油，而煤油是一种可用于油灯的极好的燃料。煤油很快就成了大买卖。

当时汽油是一种几乎无用的副产品，往往直接被扔掉。但是在世纪之交，托马斯·爱迪生的灯泡扼杀了煤油生意之际，石油商发现了新的有利可图的东西。亨利·福特开始制造作为现代生活典型特征的内燃机，汽油骤然获得了一个巨大的、不断扩张的市场。

侏罗纪时代还形成了北海石油。因此，驱动你汽车的能量有可能是一个2亿年前死去的浮游生物从阳光中提取的。

# 文明的命脉

化石燃料使我们消耗的能量可以达到一名狩猎－采集者的100倍。换句话说，拥有这些燃料就相当于拥有100名奴隶。

**一个狩猎－采集者的每日能耗**

1900千卡，来自饲养和猎取的食物

**一个西方人的每日能耗**

196000 千卡，主要来自煤、石油和天然气

我们把能量用于：

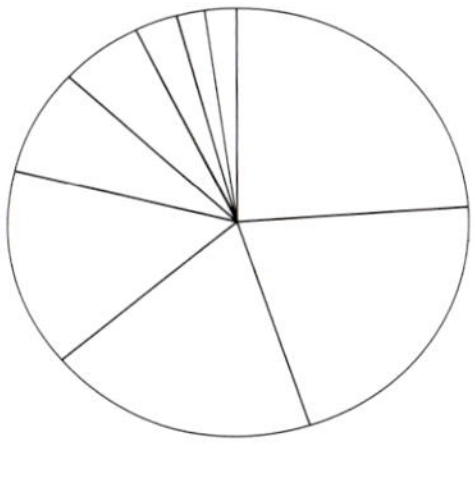

- **24%** 制作我们购买的消费品
- **21%** 个人交通
- **19%** 给家里和工作场所增温或降温
- **15%** 飞行
- **8%** 生产和烹饪食物
- **6%** 运输货物，包括天然气和石油管道
- **3%** 为电视、电脑、电话等设备供电
- **2%** 照明
- **2%** 防御

# CHAPTER ❸

# 生 命

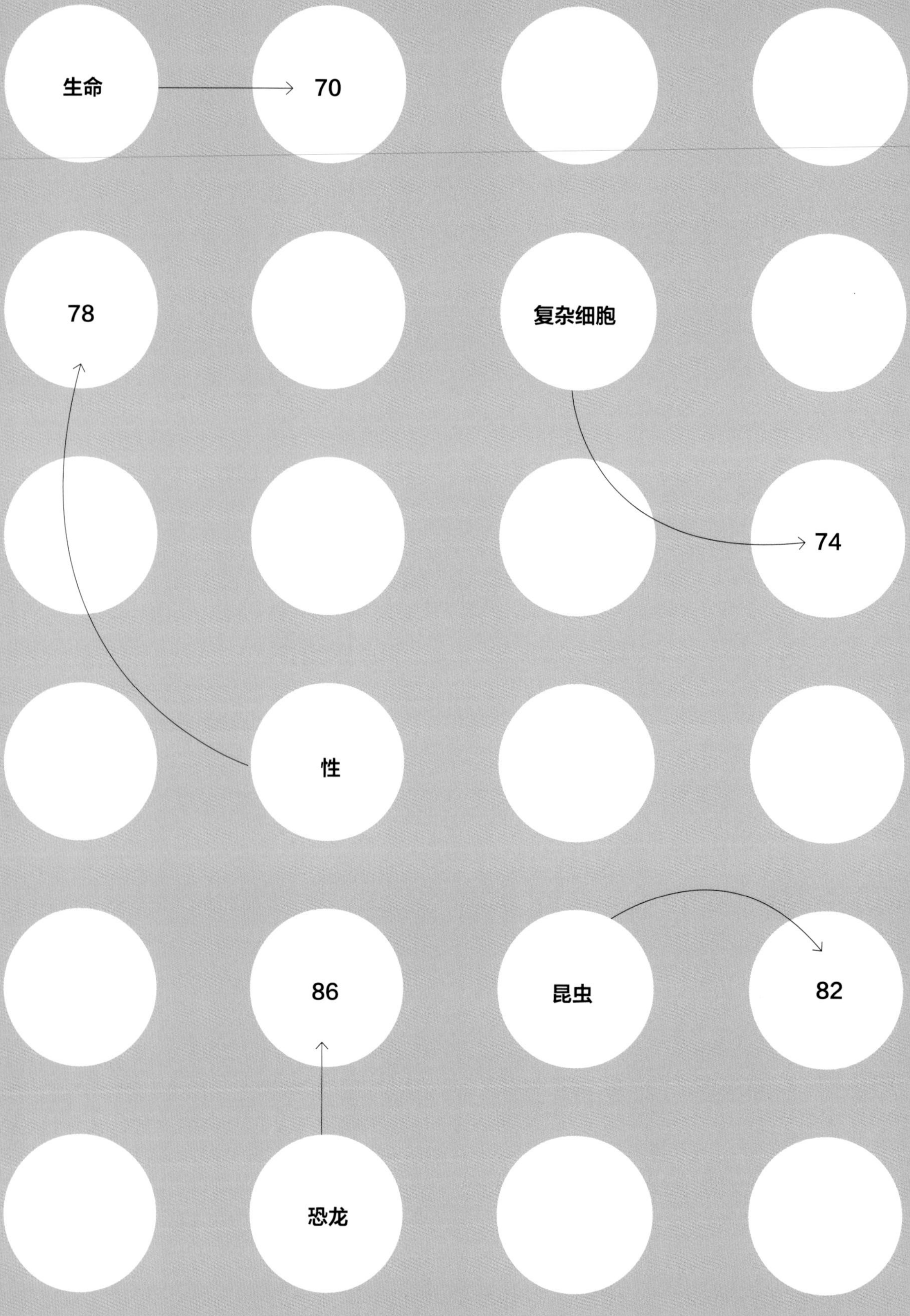
生命
70
78
复杂细胞
74
性
86
昆虫
82
恐龙

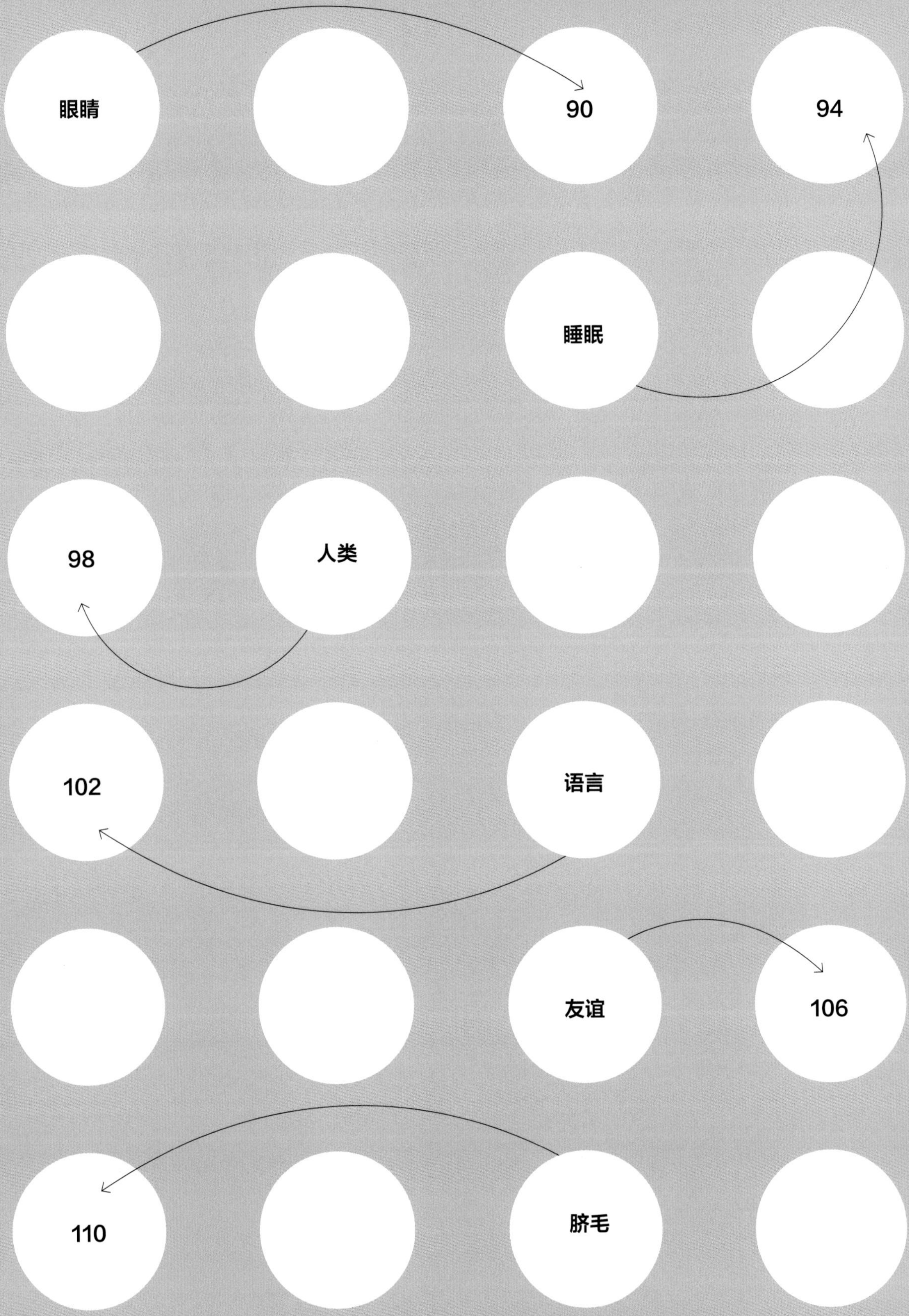
眼睛
90
94
睡眠
98
人类
102
语言
友谊
106
110
脐毛

# 生命从何时开始?

四十亿年前，地球表面开始冷却。陨石撞击、火山喷发，以及有毒大气的笼罩，使地球上一片狼藉。尽管环境恶劣，还是有一些不寻常的事情发生了。出现了一个或一组具有自我复制能力的分子。在我们这颗年轻的星球上发生的所有令人惊叹的事件中，这是最让人惊叹的。

这些自我复制者一出现，自然选择便开始了。有些后代发生的变异更有利于它们自我复制，这些后代受到偏爱。很快，最早的一批简单细胞出现了。生命开始了。

达尔文是最早思索生命如何开始的人之一。他设想有一个“温暖的小池塘，其中充满氨和磷酸盐、光、热、电等各种东西”。

如今这个温暖的池塘已不再被视为可能孕育生命的摇篮。但也有关于远海带、深海裂口、放射性海滩和黏土块的起源假说被提出。最重要的是，我们不知道生命从哪里开始以及如何开始。但我们凭借已知的东西足以给出一个合理的猜想。

## 大事件开启

最早的无可争议的细菌化石可以追溯到大约30亿年前，但大家倾向于认为，生命在更早之前就已经开始了，至少是35亿年前，但具体时间很难确定。许多古岩石都包含着据说是生命证据的物理结构和化学特征。其中最早的可以追溯到41亿年前，考虑到当时地球正在经历“后期重轰炸”，这个年代似乎太早了点。对生命起源时间最合理的猜测也许是38亿年前。

如果说何时开始很难确定，那么如何开始就更难确定了。任何关于生命起源的理论都需要解释三件事：基本构件是如何组装成复杂分子的；这些复杂分子是如何被包进一个类似细胞的封闭空间里的；驱动这一过程的能量源自哪里。海床上那些被称为碱性热液喷口的地方最能帮助我们针对这三点形成理论。它们与众所周知的火山热液喷口或“黑烟囱——即热水从火山裂缝涌出的地方——迥然不同。

我们今天在地球上发现的并且假定在早期地球上普遍存在的碱性喷口远没有那么动荡，它们其实是缓慢渗出温热碱液的海床裂缝，是在海水

### 生命来自外太空

关于地球上生命的起源，泛种论是一种极富思辨性的想法。它提出生命起源于银河系的其他某个地方，可能是火星，然后被某颗彗星或流星带到地球。如果是这样，我们都是天外来客，生命必定比地球上存在生命的大约40亿年更古老。然而，泛种论并没有回答“生命是如何开始以及何时开始”这个基本问题，而只是将问题移到了别的地方。

渗入海床并与一种被称为橄榄石的矿物发生反应时形成的。上述反应从氢中富集水并产生热，使热液升回海床。当热液遇到冷海水时，矿物析出，逐渐形成高达 60 米的精致易碎的石烟囱。这种结构为孕育生命提供了一切所需。

## 基本构件

首先得有化学物质。烟囱壁上富含的矿物质能够催化喷口热液中含量很高的二氧化碳和氢，合成复杂的有机物。这使作为生命基本构件（包括氨基酸、糖，尤其是 RNA）的分子能够自发形成。

作为 DNA 的近亲，RNA 对于我们思考生命的起源至关重要。当生物学家们刚开始思考这个问题时，它似乎令人困惑。所有生命有机体都依靠蛋白质来完成各种生命活动。蛋白质可以折叠成各种形状，因此几乎可以做任何事情，包括对生命的化学反应起催化作用。然而，制造蛋白质所需的信息存储在 DNA 中。没有 DNA 就不能制造新的蛋白质，同样，没有蛋白质就不能制造新的 DNA。那么，它们哪一个先出现？

RNA 既能像蛋白质那样折叠，又能对反应起催化作用，这项发现解决了“先有鸡还是先有蛋”的问题。大约 25 年前，它引出了一个想法，即第一个生命体是由可催化自我复制的 RNA 分子构成的。而碱性喷口似乎是这个 RNA 世界发生演化的一个理想场所。

接下来要阻止分子到处扩散，这一点喷口本身就能做到。其多孔结构内部是微小而相互连接的细胞一样的空间，被轻薄的矿壁所包围。这些矿壁可以容纳并聚集 RNA 以及在矿壁表面形成的其他复杂分子。

RNA 的世界还需要能量，以便在热液与海水相遇的地方形成天然“电池”，而热液喷口就能提供这种能量。海水是酸性的（质子富集），而喷口的热液是碱性的（质子贫乏），两者相遇处存在极大的质子浓度差。由于质子带一个正电荷，这种梯度差异在整个界面产生了一种电势。

这种能量将进一步驱动二氧化碳与氢之间的反应，加速复杂分子和更长的 RNA 链的形成。在某一时刻，原细胞演化出了一种利用梯度的方法。演化中这关键一步的最佳证据之一是，活细胞仍然被整个细胞膜上的质子梯度赋予动力。

## 简易处方

有许多步骤需要填补，但碱性热液喷口对 RNA 世界来说是一个绝佳的地方。碱性热液喷口并非唯一的选项，但却是我们关于生命摇篮的最佳猜想。

此外还有许多问题。生命是如何摆脱这些喷口的束缚的？从 RNA 向 DNA 和蛋白质的转变又是如何发生的？

我们可能永远无法知晓。但如果热液理论站得住脚，那么它揭示了某种相当深刻的东西。生命的出现远非深不可测的奥秘，而是一个拥有岩石、海水和二氧化碳这三种基本成分的行星系统近乎必然的结果。

# 生命的三种成分

生命的起源过程看似复杂，但可能只需要三种简单的成分汇聚在古老海床上一个被称为碱性热液喷口的地方即可。

尤其是一种名为橄榄石的火山岩，它与海水发生反应，使其富含氢并产生热量。橄榄石在海床上很常见。

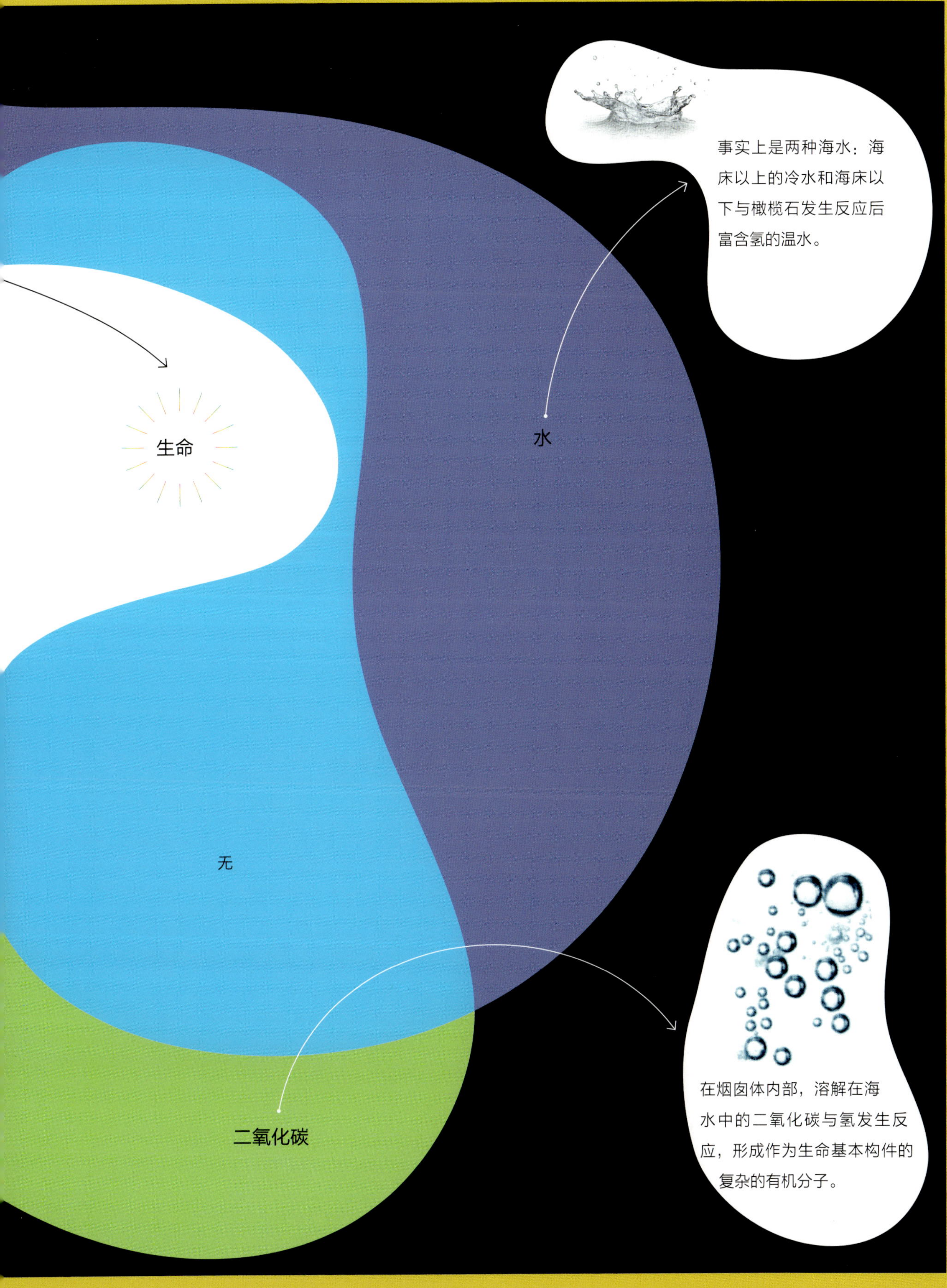
事实上是两种海水：海
床以上的冷水和海床以
下与橄榄石发生反应后
富含氢的温水。
生命
水
无
二氧化碳
在烟囱体内部，溶解在海
水中的二氧化碳与氢发生反
应，形成作为生命基本构件的
复杂的有机分子。

# 复杂生命是如何演化出来的?

正如达尔文在《物种起源》中所说，我们生活的这个星球是“无数最美丽形态”之一。但如果回到几十亿年前，事情看起来就会非常不同。尽管那时地球已经存在了20多亿年，但生命仍然极为原始——只有细菌以及与之表面相似实则非常不同的古生菌。当时最复杂的生命体是诸如叠层石和微生物席这样的微生物群落。没有植物，没有动物，只有由岩石、河流和海洋组成的贫瘠景象。

那无数最美丽形态的出现可谓是自生命出现以来地球上发生的最重大的事件。它肯定是看起来最不可能发生的事情之一。

多年以来，生物学家们一直假定复杂生命的出现是演化的必然结果。简单的生命一旦出现，就会逐渐演化成更复杂的形态，最终导致动物和植物的出现。实际情况似乎并非如此。从简单细胞首次出现到演化出复杂细胞，其间存在着一个极其漫长的间断——接近地球年龄的一半。事实上，在40亿年的演化过程中，简单细胞演化出复杂细胞似乎只发生了一次，这暗示生命的出现是一个不寻常的偶然事件。

## 缺失的环节

如果简单细胞经过数十亿年才逐渐演化成更为复杂的细胞，那么应该存在各种中间形态的细胞，并且其中一些存留至今。但实际上一个也没有，而是存在着一道巨大的鸿沟。一边是微小的细菌和古生菌，统称为原核生物；另一边则是庞大笨重的真核生物，这是第三个大的生命域。一个典型的单细胞真核生物，如变形虫，其基因组要比细菌的大15000倍。

原核生物只不过是微小的化学材料包——此包固然复杂，但与拥有细胞器、内膜、骨架和运输系统等微型器官的真核细胞无法相提并论。真核细胞之于原核细胞就如同人之于变形虫。

细菌永远不会形成比相同细胞链或菌落更复杂的东西，真核细胞却可以聚集起来，形成从海藻到红杉、从土豚到斑马的一切事物。所有复杂的多细胞生命形态，或者说你在你周围所能看到的几乎所有生物，都是真核生物。

### 乏味的地球

如果生命有时显得单调乏味，不妨想一想距今17亿至7亿年间生活在地球上的居民。这段极为漫长的时间太平无事，以至于生物学家称之为“乏味的10亿年”。其原因似乎是地质的，而非生物的。那时，虽然地壳已经凝固了，但板块构造并没有开始，由此导致了一段漫长的地质停滞期，没有发生裂陷、火山活动、造山运动、大陆漂移等往往会驱动演化的剧变。

活得急
死得快
优雅地老去
为什么我们要有性？
占统治地位的爬行动物
社交孤立对你的危害
相当于每天抽15支烟
并非
只有人类喜欢饮酒
你＝你所拥有的
黑猩猩没有财产一样过得很好

所有真核生物都是从同一个祖先演化而来的。如果没有那起“一次性事件”，生命将仍然囿于其单调乏味的微生物形态。细菌和古生菌的细胞只是不具备演化成更复杂形态的能力罢了。

那么到底发生了什么？这个决定性的事件似乎发生在大约20亿年前，那时一个简单细胞不知怎的进到了另一个里面。宿主细胞的身份并不明确，但我们知道它吞噬了一个细菌，该细菌便鸠占鹊巢，开始在其内部生活。两者渐渐找到了和平共处的方式，最终形成一种被称为“内共生”的共生关系。

通过无数代的协同演化，这些内共生体最终变成了一种被称为“线粒体”的细胞器。之前细菌解体后留下的这些遗迹逐渐演化出了一项重要功能：为细胞提供能量。这是使生命摆脱其微生物枷锁并且演化出无数最美丽形态的关键一步。

## 快速增大

一旦有了线粒体，细胞就可以克服阻止细菌和古生菌长大的一个基本障碍。简而言之，微生物所能产生的能量是有限的。细胞的通用能量货币三磷酸腺苷是在细胞膜上制造的。随着细胞越长越大，它们的表面积与体积之比开始下降，膜相对来说不够用了，其能量需求很快超过了供给。含有线粒体的细胞自身有用来制造三磷酸腺苷的膜，只需增加线粒体就能解决能量问题——做到这一点并不难，因为线粒体保有其细菌祖先自我克隆的能力。

早期的真核生物富含生产能量的线粒体，因此可以不受约束地长大，逐渐形成更大更复杂的基因组。得到扩展的基因组则提供了遗传的原材料，允许演化出更复杂的生命。

## 由太阳提供能量

故事并没有到此结束。新一轮内共生被认为创造了叶绿体，这种细胞器使植物和海藻能通过光合作用把太阳光转化为糖。这里的内共生体是一种光合细菌，它大约在28亿年前第一次出现在地球上。细胞核是另一项关键发明，真核生物将其大部分DNA储存在这里。它可能是通过又一次内共生（也许是一个病毒）创造的。真核细胞还获得了其他细胞器，比如合成蛋白质的内质网，以及可能是通过细胞膜的折叠将蛋白质配送到目的地的高尔基体。

所有这一切都为复杂的多细胞生命形态的出现做好了准备。不可否认，这花了不少时间。最早的大型多细胞生物是埃迪卡拉动物群，它们是在大约7亿年前出现的海洋生命形态，最后消失于大约5亿4000万年前那场所谓的寒武纪生命大爆发，我们熟知的大多数动物形态都是在这个时候第一次出现。

不过，埃迪卡拉动物群的起源可以追溯到线粒体的演化。这似乎取决于当初的一个偶然事件，即一个简单细胞吞噬了另一个。关键在于，简单生命看起来近乎必然，而演化出你我这样的复杂生命却让人难以置信。这正是地球上真正的生命奇迹。

# 生命的攀升

复杂细胞的出现使生命从微观的池塘泡沫演变成我们今天看到的千姿百态。

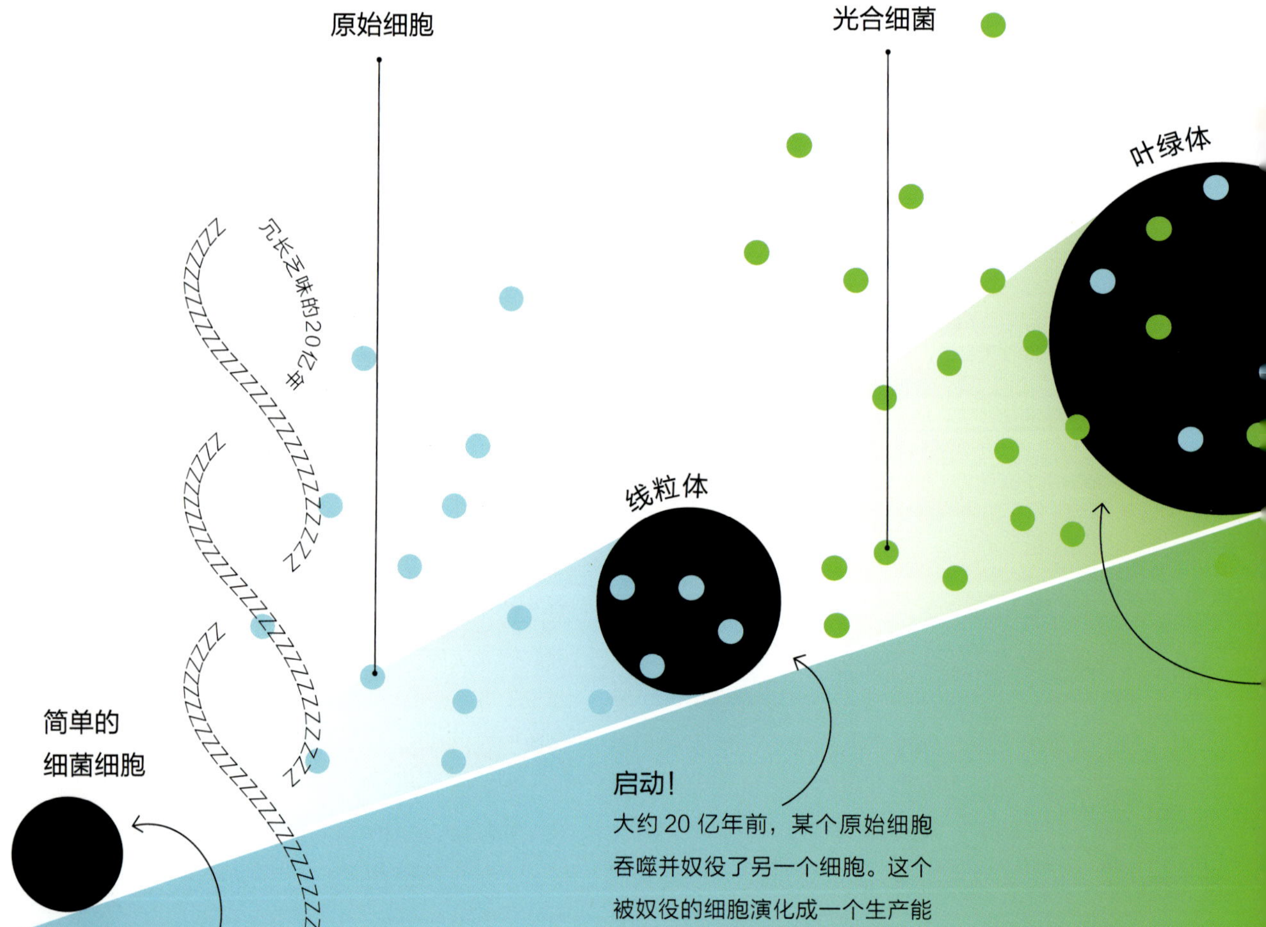


**启动！**

大约 20 亿年前，某个原始细胞吞噬并奴役了另一个细胞。这个被奴役的细胞演化成一个生产能量的单元，即所谓的线粒体。

**38 亿年前**

地球上的生命几乎都是微生物，最复杂的生物是菌落。

**7 亿年前**

这些能量超载的细胞能够结合在一起，形成植物、动物和真菌等复杂的多细胞生物。

**指挥中心**

细胞核可能同样源自对一个细胞或病毒的奴役。

**太阳能**

有一类细胞也吞噬了一个光合细菌，后者演化成捕捉阳光的叶绿体，从阳光中获取能量。

# 为什么我们要有性（除了很明显的原因）？

鸟类、蜜蜂和跳蚤都有性，植物、真菌和变形虫也是如此。性似乎无处不在。但如果从生物学的角度来看，它只是少数物种的追求。生命在地球上出现后的头 20 亿年，性并不存在。即使是现在，主宰地球的生物——细菌和古生菌——依然是无性生殖。

**有些家伙的生殖器比其他物种的大**

| | |
|---|---|
| 大猩猩的阴茎 | 3.8 厘米 |
| 人的阴茎 | 13厘米 |
| 马的阴茎 | 45厘米 |
| 犀牛的阴茎 | 61厘米 |

因此，性的起源有点神秘。如果说性的起源难以理解，那性的功能就更令人困惑了。

乍一看这似乎有些可笑。可以肯定的是，性有一个明显的功能：它可以造成变异，为演化提供原材料。遗传信息的排列重组有助于物种适应自然环境，促进有益基因在种群中的传播，消除有害基因。

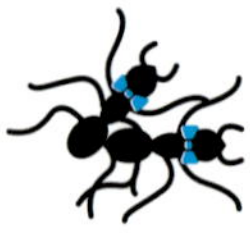

但这种常识性的观点有很大问题。首先，性是非常低效的。相比而言，克隆自己的效率要高得多。比起性，克隆能产生更多后代，这意味着无性生殖的物种能凭借生产更多的后代来争夺相同的资源，从而迅速推动有性物种的灭绝。

不仅如此，每一个无性生殖的物种都有一套能够适应环境的基因组合。而性则创造出新的、未经检验的、可能较为低劣的基因组合。事实上，性所导致的重新组合往往会破坏而非产生有利的基因组合。

当然，长期来看，比如在千百万年的时间里，性是一个优势。无性的物种最终会积累无法消除的突变，导致该物种灭绝。但演化并不像那样起作用。它事先没有计划，它所关心的只是此时此地。

考验和磨难并未到此为止。有性生殖的物种必须找到配偶，击退竞争对手，还要冒着染上性传播疾病的风险。

最后，如果性的好处那么突出，为什么细菌和古生菌不停地交换 DNA，也没有演化出性呢？反过来，如果无性生殖这么了不起，为什么几乎所有真核生物都会至少在某些时候进行有性生殖？所有这些疑问都使性成为生物学中最让人头疼的问题之一。

多年以来，这个问题的最佳答案是“红皇后假说”，它是“性意味着变异”这种观点的一个微妙的变体。它设想寄生者与其宿主之间在进行一场军备竞赛。寄生者的传代时间是如此之短，以至于能够淘汰宿主。通过使基因与每一代产生新的混合，性至少能使一些个体存活下来。它之所以被命名为“红皇后”，是因为就像《镜中世界》里的爱丽丝一样，我们只有不停地奔跑，才能待在原地不动。

不幸的是，这个假说并没有解决问题。只有当寄生者的基因传递非常迅速、效果非常显著时，寄生者才会赐予性以决定性的优势。在正常情况下，无性生殖仍然占据优势。

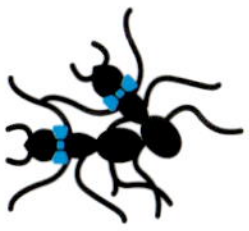

## 纠缠的三角恋

从人类的视角来看，有性生殖是一对一的事情：既有男性，又有女性，才能生出孩子。其他许多动物和植物也是如此，但这绝非普遍适用。一些蠕虫、海绵动物、软体动物和植物是雌雄同体，这意味着任何个体都可以与另一个个体或它自身进行交配。人们发现，有一类蚂蚁有三种性别——蚁后和两种雄蚁。蚁后与一种雄蚁交配生出工蚁，与另一种雄蚁交配生出蚁后。所以整个蚁群是三种性别的产物。

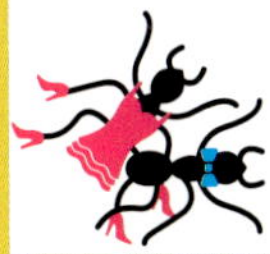

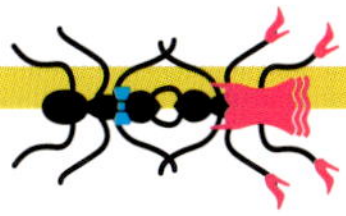

近年来，一种新的解释开始引起关注。它主要基于一项发现，即所有真核生物都是（或至少过去是）有性生殖（虽然有大量物种是无性生殖，但它们演化出孤雌生殖是最近的事情）。逻辑结论是，性很早就在真核生物的谱系中，在大约20亿年前所有真核生物的共同祖先那里演化出来了。

除了性，将所有真核生物联合在一起的另一点是它们都拥有为细胞供应能量的线粒体。新的解释声称这绝非巧合：线粒体使性的演化变得不可避免。为什么会这样？关键是线粒体有自己的基因组。这是在真核生物演化之初被吞噬的完整细菌基因组的残余。我们知道，随着二者的共同演化，大部分基因被转移到宿主的基因组中。共生体也用寄生的跳跃基因轰击宿主。

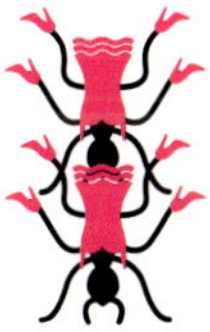

## 爱战胜了一切

换句话说，线粒体的出现释放了一次动荡的遗传分裂。在这么高的突变压力下，平衡被打破，有性生殖变得比无性生殖更有利。任何演化出线粒体的早期真核生物都会淘汰其无性生殖的竞争对手。

线粒体也能解释为什么性在今天仍然有优势。线粒体基因组可以编码重要的基因，但却不能对自己的基因做任何事情。例如，它依赖于核基因组来合成蛋白质和复制其DNA。因此，细胞的两个基因组的密切合作对于细胞的功能至关重要，特别是在生产能量这项关键任务中。

这种合作是性所保证的。由于线粒体基因组的突变率比核基因组的高（在哺乳动物中大约高10倍），两个基因组之间的一致性渐渐被瓦解了。我们和我们的线粒体日益疏远，虽然这是线粒体之过，但受苦的却是我们。性通过产生更符合线粒体需求的新的核基因组合来解决这种不和谐。

这就是为什么要有性。但性是如何发生的，我们仍然知之甚少。最简单的真核生物变形虫的有性生殖是通过把基因组分成两半，然后把自身一分为二，每一部分包含一半基因组；随后，这些半变形虫再彼此结合，形成新的个体。第一次有性生殖也许是这样发生的。

以上叙述虽然粗略，但有性生殖大体上就是这样。性仅仅意味着把一个基因组分成两半，使它与来自他者的另一个半基因组相结合，产生一个新的完整的基因组。人和其他大多数动物是通过两性交配使其半基因组与另一个半基因组相结合而做到这一点的。

谁说浪漫已死？

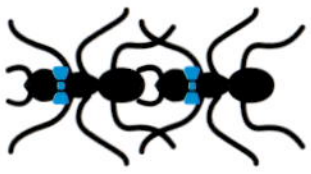

# 精子邂逅卵子

生命发展出了各种怪异而奇妙的方式来完成性的基本目标：配子相遇，从而创造出新的个体。

### 传粉

植物无法移动，所以借助蜜蜂、蝙蝠及其他传粉者或风来传递配子。

◀ 接上页

马的阴茎 45厘米

犀牛的阴茎 61厘米

### 特快专递！

头足类动物——章鱼、鱿鱼、乌贼、鹦鹉螺也会用到精荚，但雄性会用一个被称为“茎化腕”的特化腕足主动把精荚插入雌性生殖道内。某些物种的茎化腕会折断，留在雌性体内，另一些则不会，可以重复使用。

### 精荚

精荚是包裹精子的囊袋，雄性通过把精荚置于雌性附近的方式把精子传递给雌性，该行为通常伴随着一场精心准备的求爱仪式。雌性也许会接受，也许不会。采用这种方式的主要是蝾螈，昆虫和蜘蛛用的也比较多。

## 交配

哺乳动物和一些鸟类的阴茎，还有鱼、爬行动物、昆虫的各种“插入式器官”，这些特化的雄性器官插入雌性的阴道或泄殖腔中。包括灵长类（但不包括人类）在内的大多数哺乳动物都有一块被称为“阴茎骨”的骨头，使阴茎永远是硬的，可以说一直处于勃起状态。

## 性食同类

某些种类的昆虫和蜘蛛，其雌性会在交配期间或之后吃掉雄性。众所周知，某些螳螂便是如此。

## 体外受精

虽然细节各不相同，但基本上是雌性在水中或海底产卵，雄性随后到来，在其上释放精子。许多鱼类和两栖类动物就是这样做的。大规模排出精子和卵子是体外受精的一种方式，比如在珊瑚丛中，成群的雌雄个体同时向水中释放大量精子和卵子。

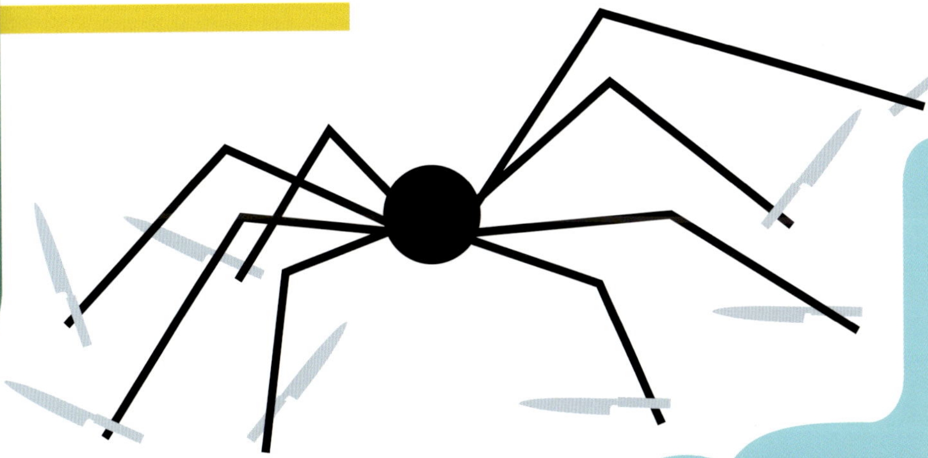

## 创伤式受精

某些雄性昆虫、蠕虫和海蛞蝓会将自己的性器官径直刺入雌性的身体，将精液直接注入雌性的体腔。捕潮虫蛛使用这种技巧的方式尤为残忍，雄性捕潮虫蛛会用它特化的针状器官刺雌蛛多达 8 次。

## 泄殖腔之吻

大多数没有阴茎的脊椎动物会采用这种听起来很恶心的方式，将它们的泄殖腔孔直接对在一起来传递精子。泄殖腔也被用来排出尿液和粪便。Cloaca（泄殖腔）是个拉丁词，意思是“排水沟、下水道”。

# 为什么会有这么多种令人头皮发麻的小爬虫？

如果你想通过发现一个新的动物物种而名留青史，那你实际上只能从一个地方起步：沙发底下，或者布满灰尘的窗台。如果仔细观察，你可能真会发现一种以前没人知道的昆虫。

科学家们每年大约会对 2 万个新的物种做出描述——大多数是无脊椎动物，其中有大约 1 万个是昆虫。

不管你喜欢还是讨厌，昆虫都是动物王国的成功传奇。在已知的动物中，有四分之三是昆虫，达到 100 万种的惊人数目，此外还有四五百万种尚未被发现。而脊椎动物的种类只有不到 7 万种。当今地球上活着的昆虫数量可能有 1000 亿亿之多，也就是说，地球上每一个人都能分到 10 亿多只。它们是第一批征服陆地的动物，大量分布在包括南极洲在内的每一片大陆上，似乎根本不会灭绝。简而言之，昆虫是地球上最成功的动物，无论是在陆上还是在空中。

## 石化的迷你森林

已发现的最古老的昆虫化石距今有 4 亿 1000 万年，那时生命正第一次尝试登陆。

这些化石埋藏在苏格兰莱尼村附近一片田野下面。莱尼燧石层是受到特殊保护的矿床或化石沉积层。当灼热而富含矿物质的水从火山泉中涌出并将途经的一切瞬间石化时，地层中包裹的那些东西便成了化石。

莱尼燧石层中充满了变成化石的生命，大多是微小的植物，但也有一些长着坚硬外甲的早期节肢动物，包括甲壳类、蜘蛛、螨、跳虫等。人们曾认为其中没有昆虫，但在 2004 年，古生物学家们在显微镜下发现了一些保存完好的口器，它们只可能来自昆虫。

而且不是随便哪种昆虫；这些口器看起来极为现代，这意味着当莱尼燧石层形成时，这些昆虫已经相当先进了。这将它们的起源回推到更早的时候。

至于它们是从什么东西演化而来，最初的猜测是多足纲节肢动物——该群体包括千足虫、蜈蚣等。如今则认为是多足甲壳类动物，即今天只

### 这里有怪物

大约 3 亿年前，昆虫的体型突然激增。例如，捕食动物的巨脉蜻蜓双翅张开可达 70 厘米。触发这一变化的是氧气。树木已经出现，由于没有什么生物能分解木材，所以它们不会腐烂。氧含量因此上升到31%，是当今世界的一半。昆虫通过微型气管呼吸，将氧气运送到它们的组织中，这决定了它们所能达到的体型。有了更多氧气，它们就能长得更大。

巨型昆虫一直延续到大约 1 亿 5000 万年前，当时它们的翼展突然缩小到一半。原因可能是一种新的捕食昆虫的飞行物种——鸟类出现了。

35cm

生活在海岸洞穴中的水生盲眼甲壳动物。它们在大脑、神经系统和蛋白质等方面的相似之处表明，它们拥有一个古老的共同祖先。这暗示昆虫是在海陆的交界处演化出来的。

## 爬上陆地

这种想法得到了一项关于昆虫和其他节肢动物的大型基因研究的支持，该研究将昆虫纲的位置确定为紧挨着甲壳纲，并把它们的起源时间定于大约 4 亿 8000 万年前。这使它们成为最早在陆地上行走的生物之一。

登陆是一项艰巨的挑战，需要应对包括脱水、重力效应、呼吸、每日温度骤变和阳光等问题。尽管有坚韧的外甲，它们仍然花费了数百万年才演化成真正的陆生昆虫。当今一些最原始的物种，比如石蛃目，仍然需要在潮湿的土壤中生存。

但陆地也提供了巨大的机遇。陆地上比海里食物更多，天敌更少。昆虫的演化实际上开始于大约 4 亿 4000 万年前的物种大爆炸。

随后的发展将它们带到了另一个层次：飞行。最古老的昆虫翅膀化石距今已有 3 亿 2400 万年，但在莱尼燧石层中发现的口器几乎可以肯定来自一类会飞的昆虫，由此可知，飞行很早就演化出来了。

在长达 2 亿年的时间里，昆虫一直统治着天空，直到翼龙出现。翅膀给了它们极大的推动，帮助它们寻找食物和配偶，拓殖新的栖息地，躲避天敌，调节体温。

昆虫正在酝酿一次更彻底的转变——也许是最重要的一次。大约 3 亿年前覆盖地球的沼泽森林的化石遗迹中有目前已知最早的经历完全变态的昆虫——正是经由这个过程，现代的毛虫变成了飞蛾和蝴蝶，蛆变成了丽蝇。

昆虫从根本上受制于它们坚韧的外甲。在完全变态之前，昆虫已经经历了一系列成长阶段，每个阶段都伴随着一次蜕皮，使类似于成体的幼虫能够逐渐变大。完全变态使昆虫的生命周期可以划分为不同阶段，幼虫专注于进食，成虫则专注于繁殖。这种革新卓有成效，如今超过八成的昆虫种类都是如此，包括某些极为成功的物种，比如甲虫、跳蚤、黄蜂、蜜蜂和蚂蚁等。

## 顽强的家伙

昆虫似乎也因为变态而不致灭绝。与其他东西一样，在毁灭了所有已知物种的 90% 的二叠纪生物大灭绝期间，昆虫也遭到重创。约有一半昆虫科消失了，但大都是非变态昆虫。变态昆虫几乎未受影响。二者的差异也许在于幼虫与成虫之间的过渡阶段，那时昆虫变成了蛹。蛹能忍受结冰、干燥等各种环境侵袭，面对环境压力非常坚强。

6500 万年前，小行星撞击地球导致恐龙灭绝，而昆虫却轻松地度过了这一劫。或许，即使我们这些脆弱的人都消失了，顽强的昆虫也能安然度过我们所遭遇的任何事情，作为世界上最成功的动物继续其统治。

# 虫子星球

昆虫种类约占现存所有生物种类的一半，这使它们成为世界上已知最成功的生命形态。

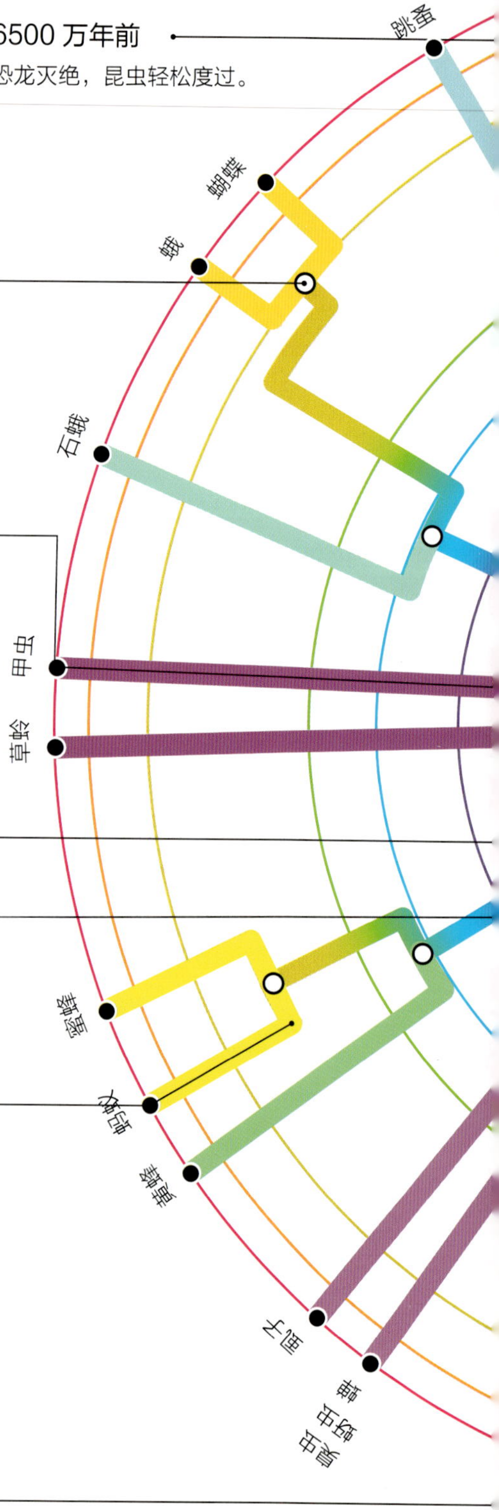


**6500 万年前**
恐龙灭绝，昆虫轻松度过。

昆虫演化中最新的重大事件。可能是迫于蝙蝠的捕食压力，蝴蝶从蛾中分化出来。

大约 40% 的昆虫是甲虫。在被问到通过研究生命可以得出什么有关上帝的结论时，J. B. S. 霍尔丹回答说：“过分喜爱甲虫。”

**约 3.5 亿年前**
演化出了变态——从幼虫到成虫阶段的过渡——使得昆虫几乎不会灭绝。

**约 4.4 亿年前**
昆虫统治了陆地。

有些种类的蚂蚁形成了有数十亿个体的大型蚁群。一个由具有侵略性的阿根廷蚂蚁组成的蚁群沿着欧洲南部海岸绵延了 6000 多公里。

生活在冰川及其他寒冷环境中的夜间活动的昆虫。

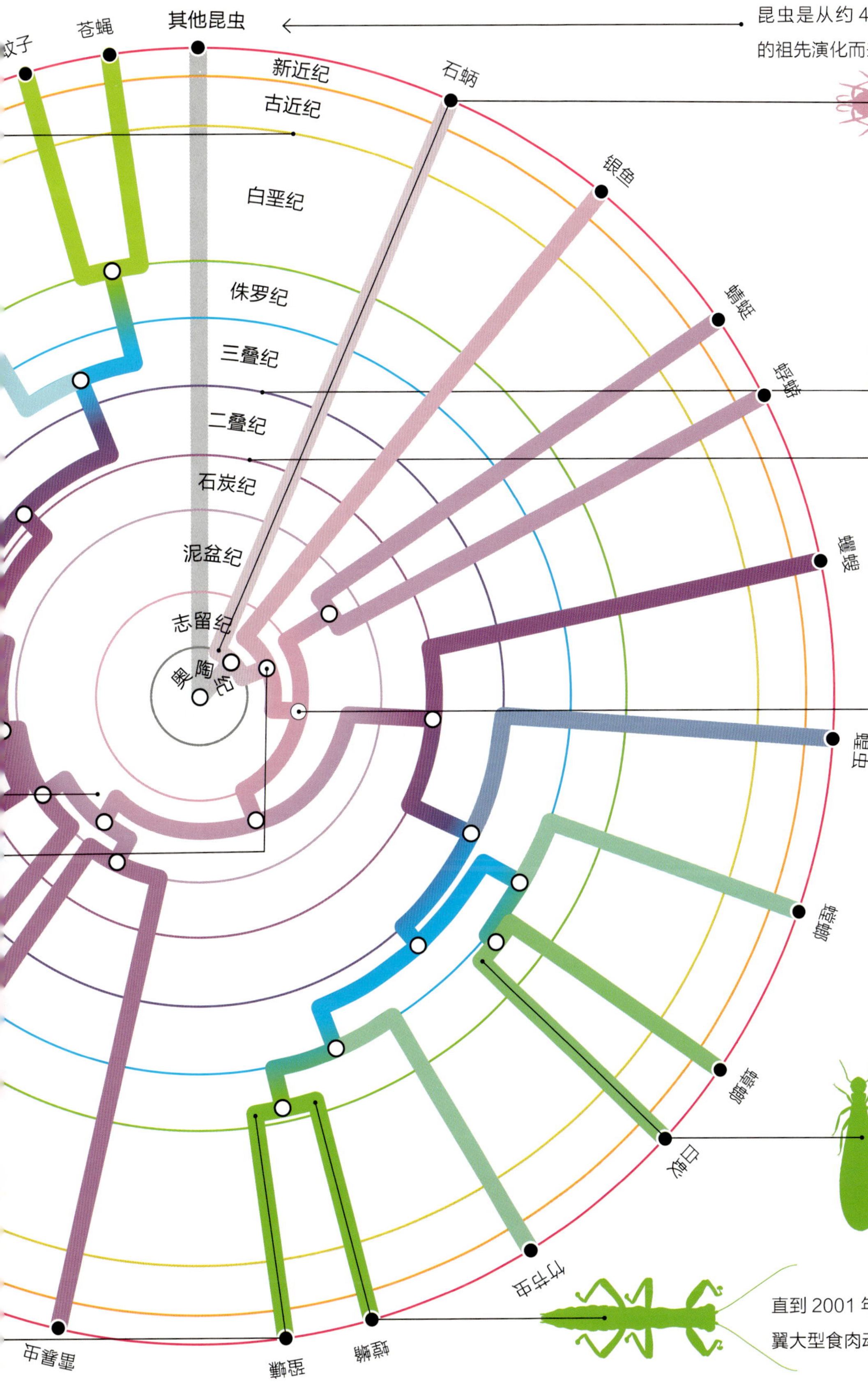


昆虫是从约 4.8 亿年前一个六条腿的祖先演化而来的。

最原始的昆虫。从泥盆纪以来几乎没有什么改变。

**2.5 亿年前**

二叠纪生物大灭绝，昆虫基本未遭受损失。

**3 到 1.5 亿年前**

巨生物时代。高含氧量使昆虫能拥有巨大的体型。

**4 亿年前**

演化出了动力飞行；在接下来的 2 亿年间，昆虫有了自己的天空。

最早以群居方式生活的昆虫。蚂蚁、蜜蜂、黄蜂和蚜虫也演化出了高度社会化的组织形式。

直到 2001 年才发现的一种无翼大型食肉动物。

# 恐龙时代始于何时?

末日是突然降临的。一颗直径 10 公里的小行星或彗星猛烈撞击墨西哥湾，砸出一个直径约 180 公里的陨石坑，引发了全球范围的大火、火山喷发和巨型海啸，产生的余烬遮天蔽日长达数年。恐龙——以及同它们一起灭绝的另外 75%的生命——气数已尽。

6500 万年前恐龙灭绝的故事众所周知，但了解恐龙起源的人就没那么多了。在至少 1 亿 3500 万年的时间里，恐龙一直是陆地上的霸主，其统治时间是所有物种中最长的。倘若碰撞没有发生，它们也许仍然统治着地球。这些高大威猛的野兽是从哪里来的呢?

多年以来，古生物学家一直认为恐龙是凭借演化上的优势在 2 亿年前迅速崛起的。恐龙开始出现的三叠纪时期被认为仅仅是真正的恐龙时代的一次彩排—— “简化版侏罗纪”。

如今我们知道事实并非如此。恐龙成功靠的是运气：它们在正确的时间出现在正确的地方。同其灭亡一样，它们的起源和全盛时期也是由灾难性的大灭绝所引发的。

在 2 亿 5100 万年前，二叠纪结束的时候，超过 90%的生命突然消失了。灭绝的原因仍存在很大争议，但其灾难性的影响却毋庸置疑。生命几乎完全灭绝，只留下荒凉空旷的盘古大陆。少数植物和大型陆地动物不知以何种方式幸存下来，在接下来的 5000 万年里，逐渐用生命重新填满了这颗空旷的星球。

第一批是现在被称为“下孔类”的似哺乳类爬行动物。它们主导着三叠纪早期，并演化出了哺乳动物。第二批是从二叠纪幸存下来的“双孔类”爬行动物，到了三叠纪中期，它们开始占据统治地位。从此以后，动物就开始变得巨大而可怕了。

## 占统治地位的爬行动物

其中一些动物向水生发展，演化成少儿恐龙图书中常见的鱼龙、蛇颈龙以及其他各种海洋爬行动物（虽然它们并不是恐龙），另一些则演化成蛇和蜥蜴。但最有趣的演化行为发生在被称为主龙类的陆生动物身上。

### 走出阴影

恐龙在三叠纪末期的崛起类似于哺乳动物在白垩纪末期的崛起。在阴影中生活了数百万年之后，它们忽然发现自己占据了优势，这个世界已经基本上为它们所独享。化石表明，虽然恐龙在三叠纪晚期为数稀少，但在侏罗纪早期却占据了统治地位。在短短 3 万年间，最大的恐龙足迹就从 25 厘米跃升至 35 厘米。这意味着有某种东西使这些足迹的尺寸在此期间增加了一倍。这的确是恐龙时代真正的黎明。

经典的看法是，主龙类出现于三叠纪中期，并迅速演化出了鳄鱼、恐龙和会飞的翼龙。它们也演化出了少数其他类别，但都不太重要。恐龙几乎是刚一出现就摆出一副气势汹汹的姿态。得益于优越的演化适应性，它们很快便成为陆上动物的霸主，使三叠纪成为“恐龙时代的发端”。

事实真是如此吗？最早的恐龙化石的确可见于三叠纪中期的岩石，最古老的来自于安第斯山脉阿根廷段的丘陵地带的一个有 2 亿 3000 万年历史的岩层。

## 最早的鸟类

首先得到确认的是埃雷拉龙，一种非常原始的两足肉食动物。埃雷拉龙于 1959 年被发现，之后被归入所谓的兽脚亚目，从兽脚亚目最终演化出了霸王龙、伶盗龙和现代鸟类。

几年以后，始盗龙被确认，它所属的谱系最终演化出了巨大的长颈蜥脚草食恐龙，比如梁龙和迷惑龙等。

皮萨诺龙的发现补全了恐龙演化的图景。它是鸭嘴龙的前身，这表明甚至在这个早期阶段，恐龙就已经分成了两大家族：包括兽脚类、蜥脚类在内的“蜥臀目”恐龙，和像鸭嘴龙和剑龙这样的“鸟臀目”恐龙。

然而，近年来的发现挑战了这一观点，即恐龙的统治地位是一个既成事实。其他各种生物远非配角，实际上是这场表演的明星。直到三叠纪结束时另一场灭绝来临，恐龙才开始走到舞台中央。无论出于何种原因，这场大灾难给别的生物造成了毁灭性的打击。各种奇形怪状的巨型爬行动物永远消失了。一如恐龙灭绝为哺乳动物的崛起扫清了道路，三叠纪爬行动物的灭绝也预示了恐龙时代的到来。三叠纪晚期是恐龙的鼎盛时期。

有关恐龙统治的错误观念源于这样一个事实，即三叠纪陆生动物的化石很罕见，而且通常是不完整的。当科学家们发现三叠纪化石看起来像恐龙时，便在逻辑上假定它们就是恐龙。

这些化石包括劳氏鳄目，它们是体型像熊和狮子的长腿食肉动物，最大的身长可达 7 米。其中一些形态很奇特，比如长有背帆的亚利桑那龙。另一组占统治地位的食肉动物是植龙目，这些大型爬行动物长着鳄鱼那样狭长的嘴，看起来有点像现代恒河鳄。

最常见的草食性主龙是坚蜥目，这些低矮的动物身躯长达 5 米，头很小，像恐龙时代的甲龙一样浑身覆盖着鳞甲。

在接下来的 1000 万年里，世界属于这些鲜为人知的动物，恐龙的角色毫不起眼。之后发生了 2 亿年前的三叠纪 - 侏罗纪大灭绝，这是过去 5 亿年间地球上发生的五次最具破坏性的灭绝之一，但很少受到关注。这既因为没有明显的触发原因，也因为被它夺去生命的受害者缺乏魅力。

由于一些尚不清楚的原因，主龙类遭遇了灭顶之灾，剩下恐龙继承了地球的统治权。

# 恐龙，或是……

恐龙时代并不仅仅属于恐龙，还有许多爬行动物漫游在大地、海洋和天空中，包括揭示恐龙如何演化为鸟类的长着羽毛的爬行动物。

**后鳄龙**

劳氏鳄目的成员，和恐龙一起生活在三叠纪的巨型食肉动物

**擅攀鸟龙**

看起来不像恐龙的恐龙

看起来像恐龙的非恐龙

**链鳄**

生活在三叠纪的一种食草的坚蜥目动物

**滑齿龙**

不是恐龙，而是蛇颈龙

**小盗龙**

一种长有四只翅膀的会飞的恐龙

**翼指龙**

**波波龙**

另一种不是恐龙的三叠纪食肉动物

古神翼龙
翼龙，不是恐龙
真双齿翼龙
帝鳄
一种 12 米长的
白垩纪鳄
鸟鳄
另一种不是恐龙的
三叠纪食肉动物
近鸟龙
中国鸟龙
巨盗龙
最大的似鸟恐龙
沧龙
白垩纪占主导地位
的海生爬行动物
始祖鸟
通常被归为鸟类，但鸟类也是恐龙

# 眼睛是如何演化出来的？

眼睛的出现在生物演化过程中只是一瞬间，却永远改变了生命的规则。在眼睛出现之前，生命更为温顺，行动迟缓的软体动物懒洋洋地待在海里，统治着生命世界。眼睛的出现引出了一个更加凶残和充满竞争的世界。视觉使动物得以变成活跃的猎食者，它所引发的演化上的“军备竞赛”改变了整个地球。

第一双眼睛出现在大约5亿4100万年前，那时寒武纪刚刚开始，复杂的多细胞生命纷纷出现。这种拥有眼睛的动物被称为三叶虫，现已灭绝，看起来有点像大个的海潮虫。它们的眼睛是复眼，与现在的昆虫相似。从化石记录看，眼睛是突然出现的。5亿4400万年前的三叶虫祖先根本没有眼睛。

那么，在这神奇的几百万年间究竟发生了什么？眼睛将视网膜、晶状体、瞳孔和视神经巧妙地组合在一起，这样复杂的器官怎么突然就出现了呢？

## 自然的设计

长期以来，眼睛的复杂性一直是演化论中的争议焦点。自从1802年威廉·佩利提出了钟表匠类比，声称像钟表这样复杂的东西背后一定有一个设计者，神创论者就常常套用它来提出自己的“设计论证”。他们说，眼睛是如此精致和复杂，让人难以相信它们是通过自然选择和随机突变的积累演化而来的。

达尔文很熟悉这个论证。他在《物种起源》中承认，认为如此复杂的眼睛是演化出来的，这似乎“荒谬至极”。但他进而令人信服地论证说，这只是看起来荒谬罢了。只要每一次渐变都有用，复杂的眼睛是能够通过自然选择从非常简单的眼睛演化而来的。达尔文说，问题的关键在于，要在动物王国中找到复杂性处于中间阶段的眼睛，以展示一条从简单到复杂的可能的路径。

如今，这些中间形态已经被发现。根据演化生物学家的说法，从最原始的眼睛演化成像我们这样复杂的“相机”眼睛需要不到50万年的时间。

第一步是演化出感光细胞。这似乎是一件无足轻重的事情。许多单细胞生物都有由光敏色素组成的眼点，有些甚至可以游向光或远离光。这种基本的光感应能力赋予了它们明显的生存优势。

对于多细胞生物而言，接下来的一步是把它们的感光细胞集中到一起。感光细胞构成的斑块也许远在寒武纪之前就已经普遍存在，它们能让早期动物探测到光，感知到光来自什么方向。这种发展不完全的视觉器官现在仍然被水母、扁形虫和其他原始物种所使用，显然总比没有好。

## 走出黑暗

带有感光斑块的最简单的有机体是与水母有关的淡水生物——水螅。它们没有眼睛，但如果暴露在亮光之下则会缩成一个球。从演化的角度来看，水螅很有趣，它们基本的感光设备很像我们在包括哺乳动物在内的其他演化谱系中看到的。它基于两种类型的蛋白质：光照射时会改变形状的视蛋白，以及通过产生电信号来响应形状变化的离子通道蛋白。遗传研究表明，所有视蛋白／离子通道蛋白系

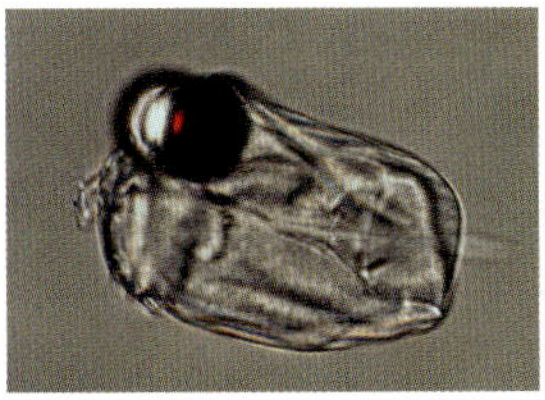

我用我的小眼睛侦察，一只 Erythropsidinium

统都是从一个类似于水螅的共同祖先演化而来的，所有视觉系统共有一个演化开端。

下一步是演化出一个包含感光细胞的小凹陷，这使它更容易辨别光的方向，从而感知到运动。凹陷越深，辨别力就越敏锐。

要想做进一步的改进，可以缩窄凹陷的口径，使光经由一个小孔进入，就像针孔照相机那样。有了这种设备，视网膜就能分辨图像——这是对之前模式的巨大改进。缺少晶状体和角膜的针孔成像眼如今可见于鹦鹉螺。

最后一个大的变化是演化出了晶状体。起初它可能是覆盖开口的皮肤保护层，后来却演化成一种能把光聚焦到视网膜上的光学仪器。这件事情一旦发生，眼睛作为成像系统的效率便会暴涨，从大约 1% 跃升到 100%。

这种类型的眼睛依然可见于方水母，这是一种快速移动的、有毒性的、类似于水母的海洋食肉动物。它的 24 只眼睛排列成四簇；其中 16 只仅仅是感光凹陷，但每一簇中有一对眼睛包含复杂的晶状体、视网膜、虹膜和角膜。

## 浮游生物的眼睛

眼睛是不同寻常的器官，但最不同寻常的眼睛也许为一种被称为 Erythropsidinium 的单细胞动物所拥有。这种动物微小的身体有三分之一左右被所谓的单眼状结构占据，此结构虽然十分微小，却与脊椎动物复杂的照相机似的眼睛极为相似。单眼状结构的前方是一个很像角膜的透明球体，背后则是一个可以探测到光的黑暗的半球结构。Erythropsidinium 虽然没有神经系统，却似乎能用眼睛定位猎物。至于它究竟“看到”了什么，我们就只能猜测了。

## 追踪与捕食

三叶虫走了一条略微不同的路线，演化出了带有多个晶状体的复眼。但基本的事件序列是相同的。

并非只有三叶虫偶然演化出了眼睛，尽管它们是最早的。生物学家们相信，眼睛是在许多（可能有数百个）情境下独立演化出来的。

眼睛带来的变化多大啊！在寒武纪早期的黑暗世界里，视觉就等同于一种超级力量。三叶虫成为最早的主动捕食者，第一次能够追踪并找到猎物。当然，它们的猎物也在反抗中演化。仅仅过了几百万年，眼睛就随处可见了。动物们变得更加积极主动，并且穿上了厚厚的盔甲。这次集中发生的演化革新就是我们现在所知的寒武纪生命大爆发。

然而，视觉并非普遍的东西。在多细胞动物的 37 个门中，只有 6 个门演化出了视觉。但这 6 个门——包括我们人类、脊索动物、节肢动物和软体动物等——是地球上数量最多、分布最广和最为成功的动物。

# 开始看到光

眼睛是极为复杂的器官，但只花了大约一百万年的时间就演化出来了：从感光细胞开始，经过一系列越来越有用的阶段，一步步演化成今天的眼睛。所有这些中间阶段仍然可以在现存的动物中找到。

**视觉水平**

## 阶段 1：眼点

仍可见于水母

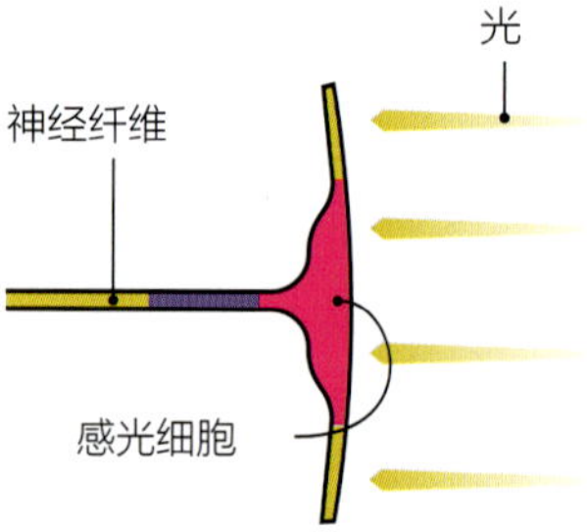


由感光细胞组成的斑块，也被称为眼点，能够感知光的有无，但无法分辨图像。

## 阶段 2：杯状眼点

仍可见于扁形虫

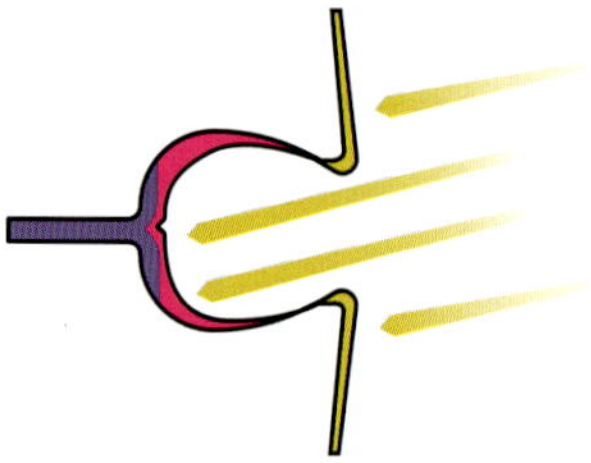

将眼点置于一个小凹陷中可以使动物觉知光的方向，从而探测到运动。

大约 5 亿 4000 万年前，三叶虫演化出了最初的眼睛。自那以后，眼睛在包括人类在内的至少六个其他谱系中独立演化。

## 阶段 3：针孔相机

仍可见于鹦鹉螺

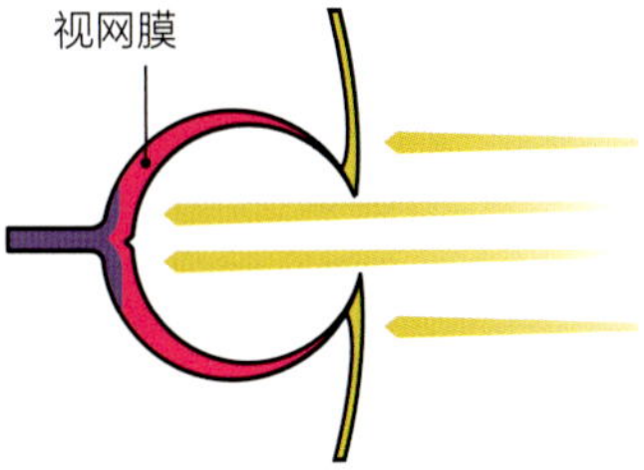


加深凹陷和缩窄口径能够更好地辨别方向和运动，实现初步的图像分辨。

## 阶段 4：原始相机

仍可见于蠕虫

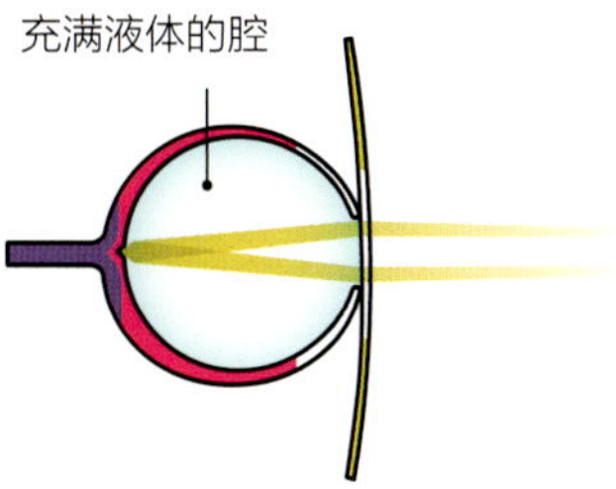


一层皮肤覆盖了开口，形成一个充满液体的腔。由这个腔演化出角膜和房水，两者都有助于分辨图像。

## 阶段 5：复杂的眼睛

仍可见于章鱼

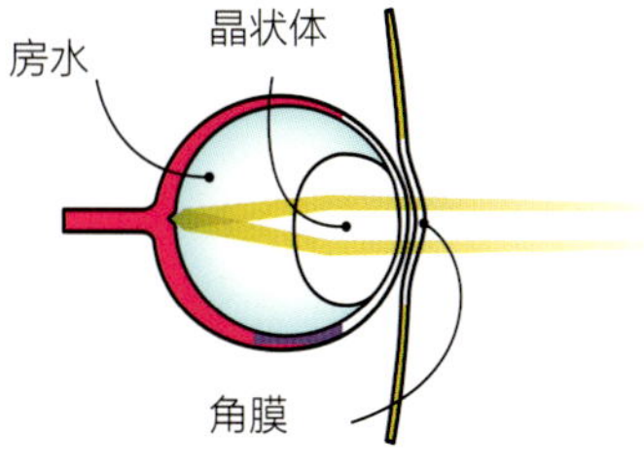


角膜最终使得晶状体能把光聚焦到视网膜上，形成清晰的图像。

# 我们为什么要睡觉？

阅读本书几小时之后，你会意识涣散，思维迟滞。接下来的几小时，你的大脑会在深度睡眠和快速眼动睡眠这两种完全不同的状态之间循环。其中大部分时间，你并非全无意识，而是处于一种被称为“做梦”的古怪的睡眠状态中。

我们的生命差不多有三分之一在睡眠中度过，睡眠显然非常重要。如果太长时间不睡觉，我们就会生病；如果让老鼠一直不睡觉，它们三周之内就会死亡。但尽管认真研究了60多年，我们实际上仍然不清楚睡眠的作用。

这并非因为不够努力。研究睡眠的科学家们已经提出了数十个关于睡眠功能的假说，从使我们不受伤害到节约能量、修复身体和大脑、调整免疫系统、处理信息、调节情绪以及加强记忆，不一而足。每种假说都各有优劣。大多数研究者都认为睡眠有许多功能，所有这些假说在某种程度上都可能是真的。

然而，缺乏一种公认的解释不仅让睡眠研究者感到沮丧，也使睡眠的演化起源难以辨别。它必定非常古老：所有具有复杂神经系统的动物，包括哺乳动物、鸟类、爬行动物和鱼类，都会睡觉。我们知道恐龙也会睡觉：2004年，古生物学家在中国发现了一具1亿2500万年前的恐龙骨架，头掩在前肢之下，就像一只沉睡的鸟将头掩在翅膀下。在不具有复杂神经系统的动物比如昆虫、蝎子、蠕虫和一些甲壳类动物那里，也可以看到类似睡眠的状态。

睡眠甚至可能是神经元的一种固有特性。在陪替氏培养皿中生长的一组组神经元会自发进入一种类似睡眠的状态。如果“睡眠”被剥夺，它们就会失去控制，很快陷入癫痫发作般的狂乱。

即使是没有神经系统的微生物，也有由内在生物钟驱动的每日“活动与休息”周期。这样说来，睡眠的起源也许可以追溯到大约40亿年前生命开始的时候。

另一个障碍在于，睡眠不止一种，而是两种。第一种被称为深度睡眠或慢波睡眠，因其脑电图呈现为同步化的、长而缓的慢波。第二种是快速眼动睡眠，与前者截然不同。其特征是大脑活动

### 夜间的旅行

快速眼动睡眠常被称为“有梦睡眠”，大多数梦都出现在这个时段。但在其他睡眠阶段，我们也会做梦。研究者在监测睡着的人的大脑时发现，人在非快速眼动睡眠阶段也会做梦，但这些梦要比快速眼动睡眠阶段的梦短，且没有那么生动和复杂。

另一种梦出现在沉睡与清醒的交界处。这些转瞬即逝、让人昏昏沉沉的梦有点像幻觉，有时可能会通向另一种梦，即清醒的梦。这是一种激动人心、令人向往的意识状态，这时你会意识到自己正在做梦，并且对梦境有一定的控制力，即所谓白日梦。

我们每天晚上花大约2个小时做梦，但几乎立刻就忘得一干二净。

剧烈，很像清醒的时候。它也有明显的身体迹象：眼球快速颤动，几乎全部肌肉都陷入麻痹状态，这样可以阻止梦游。

快速眼动睡眠仅见于哺乳动物和鸟类。它们共同的祖先生活在大约3亿年前，这可能意味着快速眼动睡眠在此之前就已经出现了。然而，这个共同祖先也演化出了不具有快速眼动睡眠的爬行动物，这暗示鸟类和哺乳动物独立演化出了快速眼动睡眠。

## 夜晚你的心灵去了哪里？

做梦大都发生在快速眼动睡眠阶段，如今睡眠科学家们对梦的功能和来源的了解深入了许多。

西格蒙德·弗洛伊德最先提出梦的内容会受到醒时经验的影响，他把梦称为“日间残余”。弗洛伊德关于梦的理论如今已经没多少人关注了，但这个现在被称为连续性假说的观点仍然很有影响。

梦似乎是我们醒时生活的写照。它们往往会反映我们近来的经历，特别是最新的体验。例如，第一次玩俄罗斯方块的人可能会梦见长方形图块从天上掉落。

醒时与梦境之间的联系也曾被大脑扫描仪直接观测到，结果表明，正在做梦的大脑会重演早先醒时大脑的活动模式。

醒时的经历似乎会分两个阶段进入我们的梦境：首先在事件发生的当晚重现，接着在五到七天之后。这支持了一种观点，即睡眠的功能之一是处理记忆，并将其长期储存。

然而，梦并不是现实事件的简单重演。梦支离破碎，混杂着之前的记忆，将不可能的事件、地点和人物编织成虚妄离奇、充满感情的叙事。梦可能单纯缘于处理记忆所需的大脑活动。做梦时，大脑的视觉区非常活跃，位于杏仁核、丘脑和脑干中的情感中心也是如此。与此同时，处理理性思维和注意力的区域却很平静。

但记忆处理并非事情的全部。天生残疾者的梦境记录就包含着他们从未实际经验过的东西。许多聋人都曾梦到自己能听到并听懂口语，那些在现实中说不了话的人在梦中能发出声音，天生瘫痪的人往往会梦到走路、奔跑或游泳。这暗示，出于某种原因，大脑天生就会编排、生产我们预期会在生活中遭遇的经历。

类似的理论也能解释噩梦的形成。约有三分之二的梦涉及身陷险境，往往是一场令人神经紧绷的遭遇，比如躲避攻击或陷入争斗。这样的遭遇在孩童的梦境中更为常见，他们常会梦到凶恶的动物。对此有一种解释是，大脑通过做梦来模拟我们在现实生活中可能遇到的或我们遥远的祖先经历过的困境，以便我们练习如何应对。

所以，当你今晚沉入梦乡时，请务必当心。那个朦胧的梦中世界充满了神秘和危险。

# 动物的睡眠

不同动物的睡眠时间和模式大相径庭，这使睡眠的作用更添神秘。

马、长颈鹿和其他大型食草动物都是站着睡觉，每次只有几分钟，一天总计不到 5 个小时。

尽管快速眼动睡眠占了亚洲象一半的睡眠时间，但没有快速眼动睡眠的非洲象也活得很好。

人类完全不睡觉会比完全不进食死得更快。但奇怪的是，只剥夺快速眼动睡眠似乎不会造成很大伤害。

1967 年的一项研究发现，牛蛙从不睡觉，但还需要更多研究来证实这一点。

南海狮可以进行半脑睡眠，这意味着当它们的一半大脑入睡时，另一半可以保持清醒。这使它们能够长时间出海狩猎。

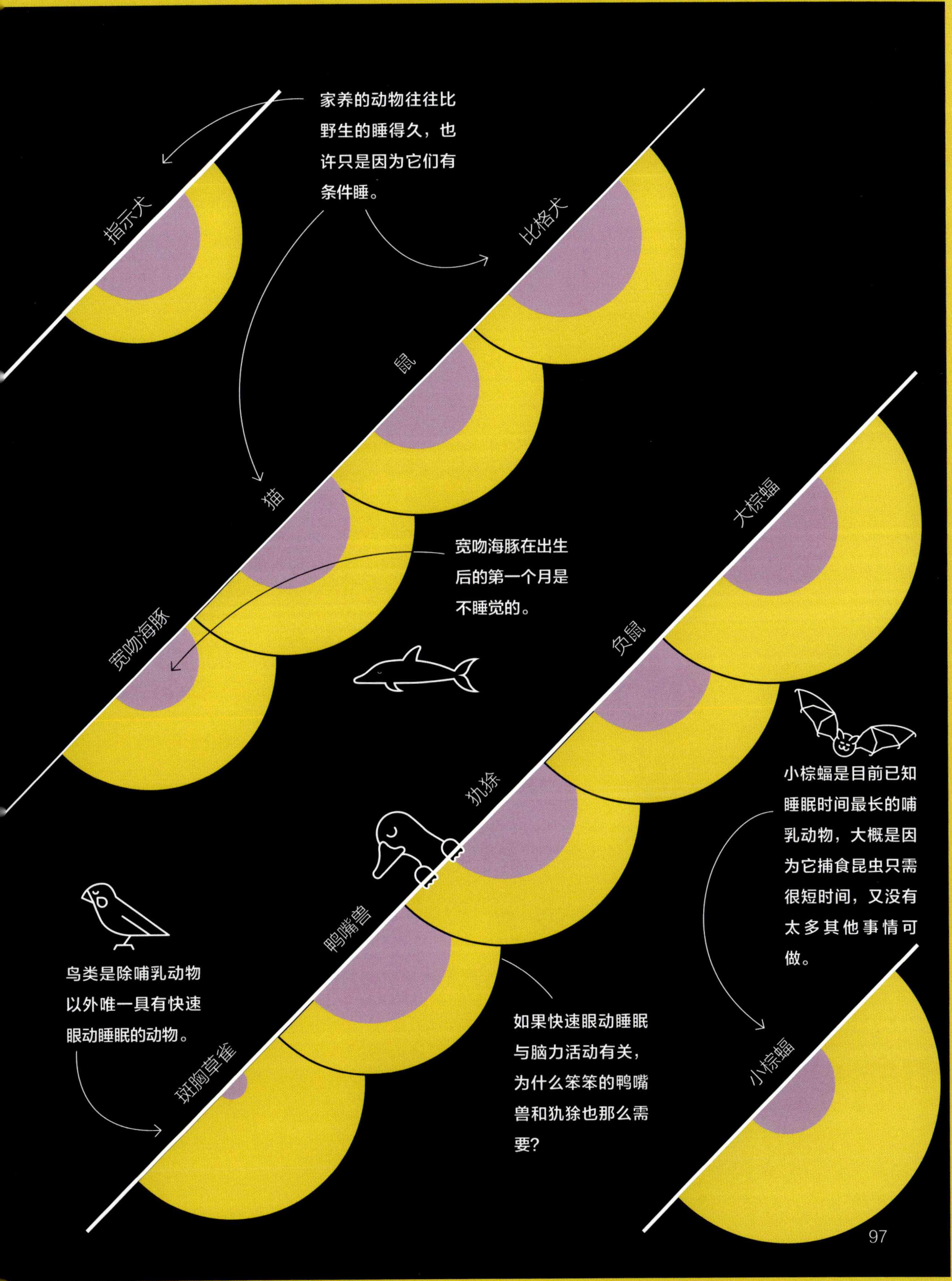
家养的动物往往比野生的睡得久，也许只是因为它们有条件睡。
指示犬
比格犬
鼠
猫
宽吻海豚在出生后的第一个月是不睡觉的。
宽吻海豚
大棕蝠
负鼠
小棕蝠是目前已知睡眠时间最长的哺乳动物，大概是因为它捕食昆虫只需很短时间，又没有太多其他事情可做。
犰狳
鸭嘴兽
鸟类是除哺乳动物以外唯一具有快速眼动睡眠的动物。
斑胸草雀
如果快速眼动睡眠与脑力活动有关，为什么笨笨的鸭嘴兽和犰狳也那么需要？
小棕蝠

# 猿是怎么变成人的?

当孩子问父母自己是从哪里来的，大多数父母都会显得手足无措。达尔文也觉得这个话题很棘手：在《物种起源》一书中，他几乎没有提到人类的演化。

达尔文当时表现得很谨慎。在19世纪中叶，任何形式的演化思想都会引起很大争议。他在1871年出版了一本书，详细阐述人类是演化的产物，随即掀起了轩然大波。

这在科学上也存在障碍。达尔文几乎没有看到任何化石证据表明人类是如何、何时甚至从何地演化而来的。

达尔文之后，人类，或者严格地说，古人类的化石证据已经得到了极大的扩充。虽然还有许多记录有待发现，但人类演化的大致图景已经基本确定下来。我们知道人类的演化树最初萌芽于非洲。我们确信与人类亲缘关系最近的物种是黑猩猩。大约700万年前，人类的世系与黑猩猩的世系分离开来。

但人类的演化之路依然漫长。又过了近400万年，我们的祖先仍然非常像猿。露西是在埃塞俄比亚发现的一个距今320万年的著名的人类祖先。她的大脑很小，与黑猩猩的大脑尺寸相近；手臂很长，表明她所属的人种仍然长时间在树上活动，可能和今天的黑猩猩一样，夜晚回到树上休息。但她的确有一项明显的人类特征：双足直立行走。

露西属于南方古猿。自她的部分骨骼被发现以来，人们在40年间又发现了更加古老的化石遗存，其中一些可以追溯到700万年前。这些化石有着相同的特点：相貌像猿，大脑很小，但也许用双足直立行走。

我们还知道，南方古猿可能会制作一些简单的石器。除去这些进步，南方古猿与其他猿类并没有太大区别。

只有真正的人——人属——出现之后，古人类的相貌和行为才开始更像现代人类了。如今很少有人怀疑人属是从南方古猿的一支演化而来的，但具体是哪一支还有争议：有可能是露西那一支，即南方古猿阿法种，也可能是南非的南方古猿源泉种。该转变可能发生在200至300万年前，这一时段的古人类化石记录非常稀少，几乎起不到什么作用。

最早的人种仅有少量骨头碎片可供了解，对他们的研究因此极为困难。有人怀疑是否可以把

## 两条腿的好处

两足行走是我们这个物种最明显的特征之一。我们的祖先究竟是从什么时候开始两足行走的，仍然是一个谜，但两足行走有很多好处，它促使人类走向世界各地。长途跋涉时，两条腿行走效率更高；采用直立的姿势视野更佳，有助于躲避天敌，还可以减少在正午太阳底下的曝晒。也许最重要的是，它解放了我们的双手，使之成为多用途的、对生拇指的工具。拇指能与其他手指相对放置，这对于我们在演化上的成功同样至关重要。

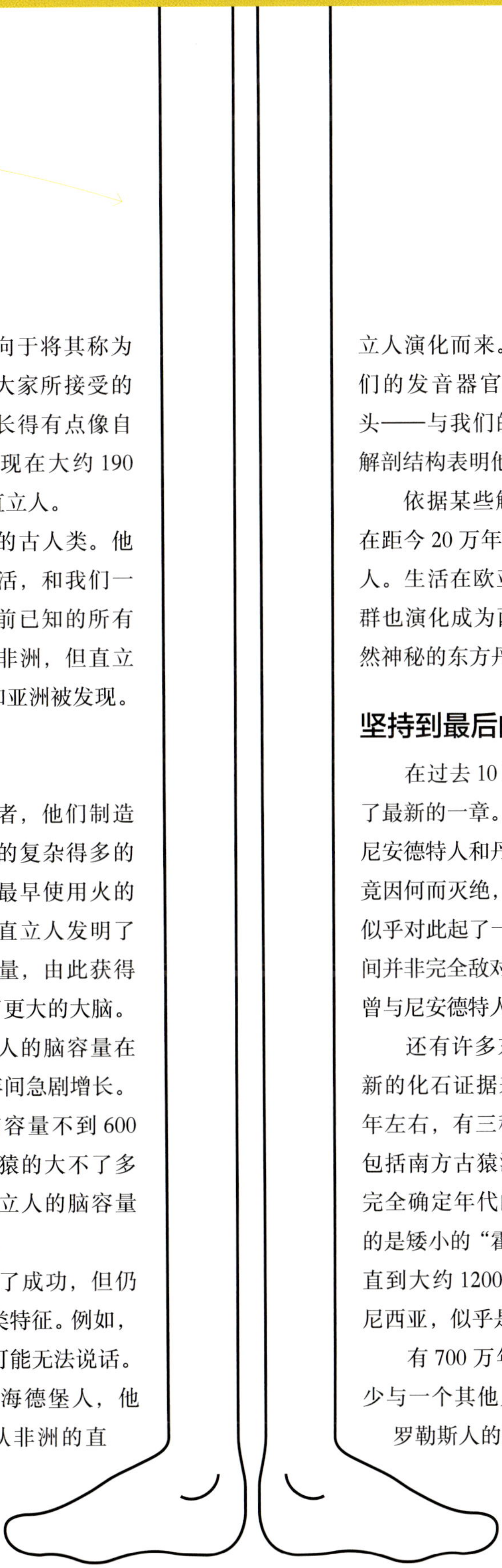

他们归入人属，更倾向于将其称为南方古猿。第一个为大家所接受的人种，也是我们认为长得有点像自己的第一个人种，出现在大约 190 万年前。我们称之为直立人。

直立人不像更早的古人类。他们完全放弃了树栖生活，和我们一样喜欢四处漫游。目前已知的所有更早的古人类都来自非洲，但直立人的化石也曾在欧洲和亚洲被发现。

## 工具制造者

直立人也是创新者，他们制造出了比他们祖先使用的复杂得多的工具，他们可能也是最早使用火的人。一些研究者认为直立人发明了烹饪，提高了饮食质量，由此获得多余的能量，演化出了更大的大脑。可以肯定的是，直立人的脑容量在该物种存在的 150 万年间急剧增长。最早的一些直立人脑容量不到 600 立方厘米，比南方古猿的大不了多少。但晚期的一些直立人的脑容量已达到 900 立方厘米。

直立人虽然取得了成功，但仍然缺乏某些关键的人类特征。例如，其解剖结构表明他们可能无法说话。

接下来出现的是海德堡人，他们在距今 60 万年前从非洲的直立人演化而来。海德堡人的舌骨——在我们的发音器官中起重要作用的一小块骨头——与我们的几乎没有区别，其耳部的解剖结构表明他们对语音已经很敏感了。

依据某些解释，非洲的海德堡人大约在距今 20 万年前演化成了现代人类——智人。生活在欧亚大陆的海德堡人的不同种群也演化成为西方的尼安德特人和至今仍然神秘的东方丹尼索瓦人。

## 坚持到最后的人

在过去 10 万年左右，人类的演化开启了最新的一章。现代人类遍布世界各地，而尼安德特人和丹尼索瓦人却灭绝了。他们究竟因何而灭绝，这是一个巨大的谜，但智人似乎对此起了一定作用。不过，他们相互之间并非完全敌对：DNA 证据显示，现代人类曾与尼安德特人和丹尼索瓦人杂交。

还有许多东西尚待查明，只能期待用新的化石证据来完善整个故事。在过去十年左右，有三种已灭绝的古人类被发现，包括南方古猿源泉种以及同在南非、尚未完全确定年代的神秘的纳莱迪人。最奇特的是矮小的“霍比特人”——佛罗勒斯人。直到大约 12000 年前，他们都生活在印度尼西亚，似乎是一个独立的人种。

有 700 万年的时间，我们这一世系至少与一个其他人种在地球上共存。随着佛罗勒斯人的灭绝，地球上就只剩智人了。

# 人类的足迹

65000 年前，我们的祖先开始走出非洲，走向世界各地。化石、文物和遗传学向我们讲述了一个故事，关于两条可能的路线和一次史诗般的旅程。

在上一个冰河时期，从距今约 80000 年到 11000 年前，随着冰盖的形成，海平面不断下降，如今淹没在水下的陆地裸露出来，如今被大海隔开的区域连成一体。

# 最初的语词是什么？

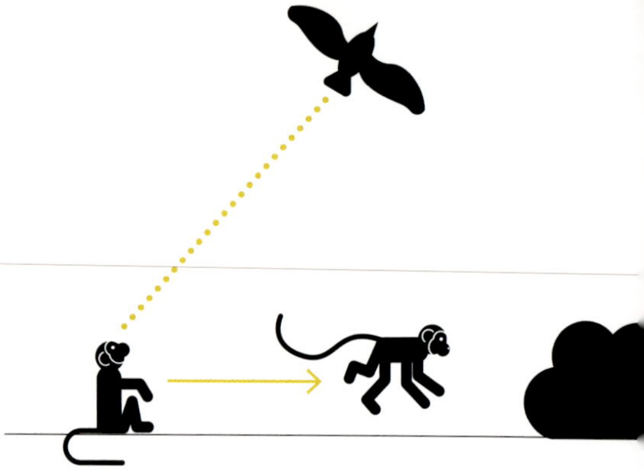

如果你随机碰到另一个人，那么除了发出哼哼声和使用一些手势，你可能无法与他交流。根据最新的统计，全世界有将近7000种语言。最常用的普通话也只有14%的人在说。使用最罕见语言的人屈指可数。

纵然有此差异，各种语言之间仍然存在着共性。所有文化都有语言，语言学家们认为，究其深处，它们本质上都是相同的。人的大脑天生就为语言做好了准备，它里面有一个内置的程序，能够学习人出生时碰巧接触到的任何母语。

这种特殊技能的起源显然是一个重大事件，但它极难确定。语言不会成为化石，最古老的书面语言仅有6000年的历史。但这并不意味着语言的起源是一个无法解开的谜。

## 说出你的想法

语言学家将语言定义为能将思想自由地表达为符号且能将符号重新转换成思想的任何系统。这使人类的语言区别于其他所有动物的交流系统。虽然许多动物都拥有语言的某些要素，但只有人才拥有全部要素：使用符号和学习新符号的能力，把作为语词的符号清楚地读出来的能力，以及根据句法和语法规则将语词串在一起传递关于世间万物的想法的能力。

许多理论家认为，早期人类获得这些能力并非一蹴而就，而是经由多个阶段才发展出了现代语言。在人类史前时期的很长一段时间里，我们的祖先拥有语言的一些要素，但并非全部。这样一个系统被称为原始母语。

一种显而易见的可能是：原始母语是由语词构成的。这种“词汇原始语言”的模型表明，早期人类虽然使用语词，但并未把它们排列成句子。这类似于儿童的语言发展，即从单词语句开始，发展到双词语句阶段，而后开始组织更复杂的句子。

但这样一来，最初的语词是从哪里来的呢？两个说不同语言的人很快就会发现，语词只有在拥有共同的含义时才是有用的。

### 与动物交流

许多动物都有和语言不无相似的交流系统。例如，黑长尾猴面对不同的捕食者会用不同的声音来报警，如“鹰”（让同伴躲藏起来）和“豹”（让同伴爬上最近的树）。但黑长尾猴并没有发明新的报警声，因此其交流系统不能被视为一种语言。

同样，许多物种也能发出一连串复杂的声音。但这并不等于拥有语言。会说话的鹦鹉不懂自己在说什么，也不理解我们的应答。尽管鸟儿和鲸的发声在复杂程度上堪比人的言语，但它们通常只能传达一种非常简单的信息：“我在这里，我唱歌很好听，我在寻找伴侣。”

另一种假说聚焦于语词学习的起源——产生一连串复杂声音的能力。包括鲸鱼和燕雀在内的许多动物都能做到这一点，但它们的发声并不交流具体信息。相反，它们展示精湛技艺旨在求偶或宣示地盘。语言学家们基于这些提出，原始母语就像鲸鱼或鸟的鸣叫，演化出来是为了性选择或宣示领土权。直到后来，音符和音节才有了意义。这种理论有一个优点，它也解释了音乐的起源，这是我们人类的另一个普遍特征。

第三种可能是，语言是从手势开始的。这方面的证据来自猿类。它们用手势来传递信息，可以把人类的符号语言学习到相当高的水平。但手势模型难以解释我们后来为什么会转向语言。也许是因为需要在黑暗中交流，或者是因为手被工具占住了。

关于语言是什么时候出现的，我们同样无法确知，但可以做一些合理的猜测。比较确定的是，我们的近亲尼安德特人已经有成熟的语言。在他们身上，连接舌头、隔膜和胸部的神经与我们的相同，这些神经关联使我们得以控制呼吸，清晰地发出复杂的声音。他们也有与我们一样的FOXP2 基因，该基因对于形成语言所需的复杂动作记忆至关重要。假定这个基因变异只出现了一次，那么语言的出现必定早于大约 50 万年前智人与尼安德特人的分离。

对于年代更久远的祖先而言，化石记录不是很充分。60 万年前，当海德堡人出现在欧洲时，我们的祖先可能就会说话了。化石遗骸表明，海德堡人已经失去了一个连接到喉的球状器官——该器官使其他灵长类能够发出吼声来恐吓对手。这应该为语言的产生扫除了一个重大障碍。

## 像真正的人那样说话

语言甚至可能更古老。你必须回到 160 万年前才能找到一个缺乏与人类相似的神经连接的祖先，这表明即便是很早期的人类也有语言能力。但原始母语假说把水搅浑了。如果语言始于手势，那么人类应该从更早的时候就开始使用符号语言了。相反，如果语言始于音乐，那么“言语”适应就应该是为了发出像鲸鱼的歌声那样几乎不传递任何具体信息的东西。

即便如此，海德堡人和尼安德特人都能制造复杂的工具和追捕危险的动物——如果没有某种语言，这样的活动是很难协调进行的。

对直立人而言大概也是如此，他们的大脑并不比我们小多少，这暗示他们也有智力和文化。他们的石器远比他们祖先的精致复杂。但很明显，他们的工具制作陷入了停滞状态——多用途手斧在一百万年的时间里没有任何变化。这表明，他们没有成熟的语言来加速文化和技术变迁。因此，他们可能拥有现代人的一部分语言能力，而非全部，换句话说，一种原始母语。

# 用某种语言说话

今天人们使用的语言大约有 6900 种，其中 20 多种是世界上绝大多数人的母语。以下是世界上使用人数最多的几十种语言。*

* 其中一些是彼此之间并不能完全理解的密切相关的语族。

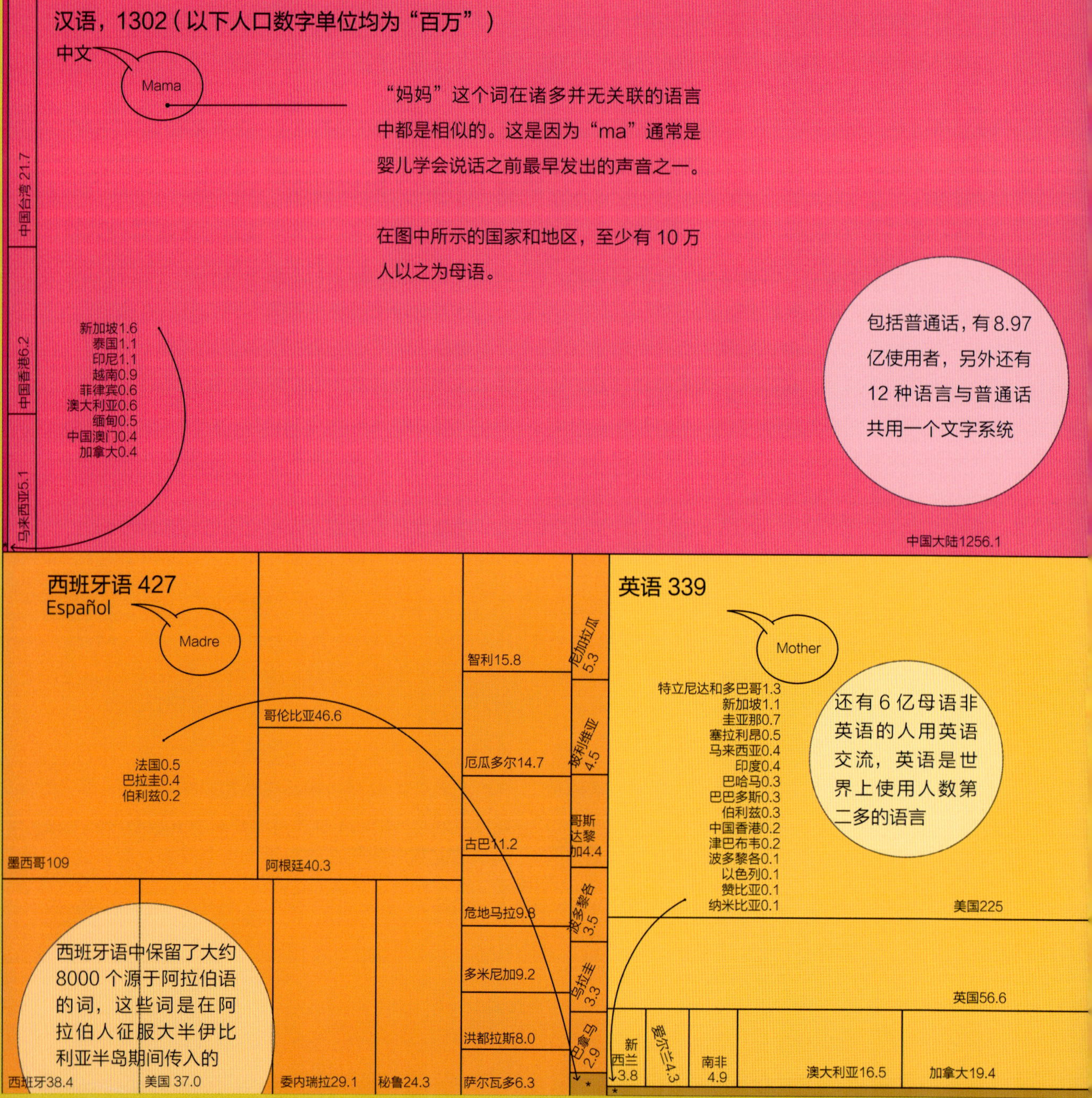

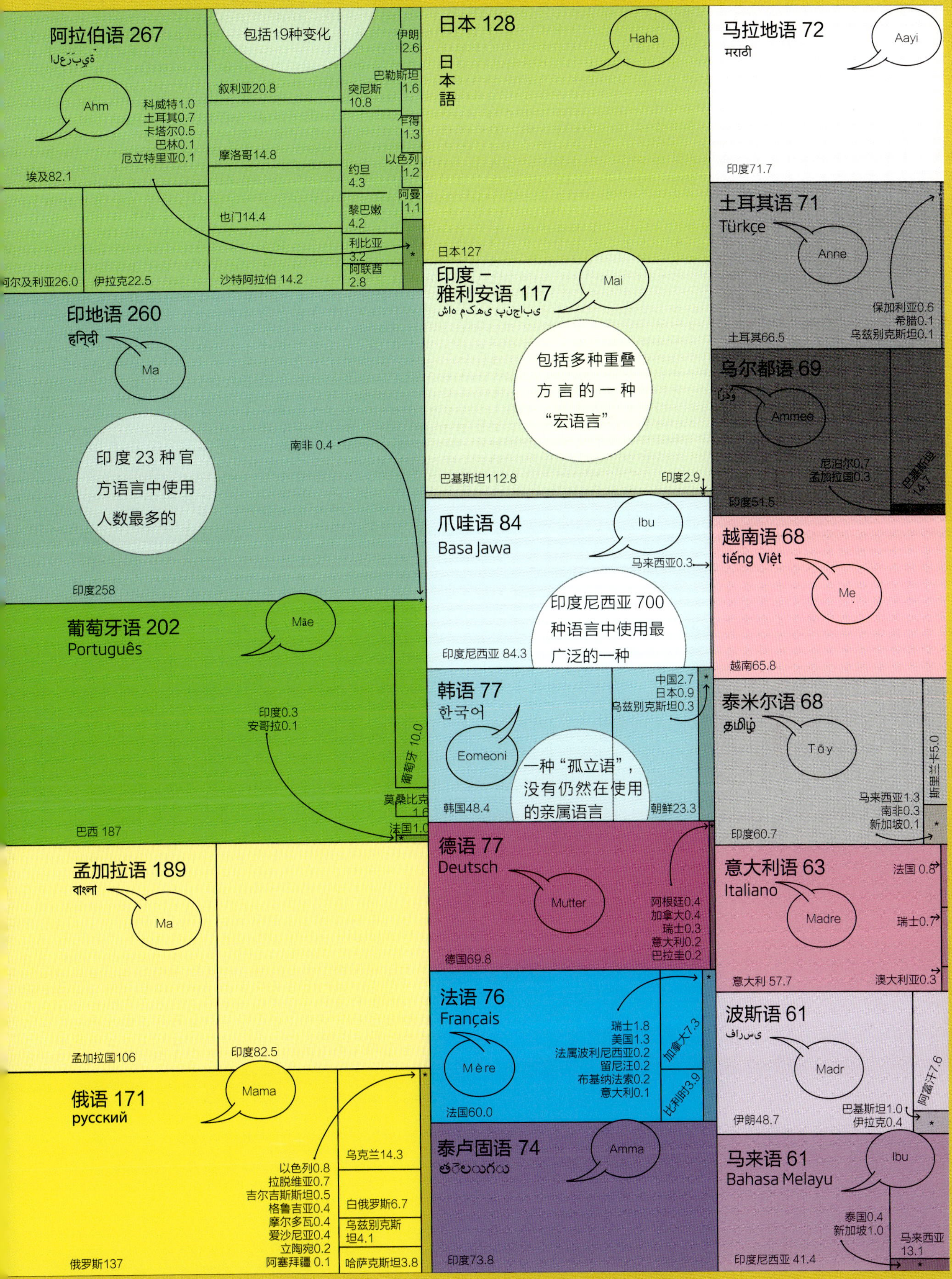

阿拉伯语 267
العربية
Ahm
包括19种变化
埃及82.1
科威特1.0
土耳其0.7
卡塔尔0.5
巴林0.1
厄立特里亚0.1
阿尔及利亚26.0
伊拉克22.5
叙利亚20.8
摩洛哥14.8
也门14.4
沙特阿拉伯 14.2
伊朗 2.6
巴勒斯坦 1.6
突尼斯 10.8
乍得 1.3
约旦 4.3
以色列 1.2
阿曼 1.1
黎巴嫩 4.2
利比亚 3.2
阿联酋 2.8
日本 128
日本語
Haha
日本127
马拉地语 72
मराठी
Aayi
印度71.7
印地语 260
हिन्दी
Ma
印度 23 种官方语言中使用人数最多的
南非 0.4
印度258
印度－雅利安语 117
شاہ مکھی پنجابی
Mai
包括多种重叠方言的一种“宏语言”
巴基斯坦112.8
印度2.9
土耳其语 71
Türkçe
Anne
保加利亚0.6
希腊0.1
乌兹别克斯坦0.1
土耳其66.5
乌尔都语 69
اردو
Ammee
尼泊尔0.7
孟加拉国0.3
巴基斯坦 14.7
印度51.5
爪哇语 84
Basa Jawa
Ibu
马来西亚0.3
印度尼西亚 700 种语言中使用最广泛的一种
印度尼西亚 84.3
越南语 68
tiếng Việt
Me
越南65.8
葡萄牙语 202
Português
Mãe
印度0.3
安哥拉0.1
葡萄牙 10.0
莫桑比克 1.6
法国1.0
巴西 187
韩语 77
한국어
Eomeoni
一种“孤立语”，没有仍然在使用的亲属语言
中国2.7
日本0.9
乌兹别克斯坦0.3
韩国48.4
朝鲜23.3
泰米尔语 68
தமிழ்
Tāy
马来西亚1.3
南非0.3
新加坡0.1
斯里兰卡5.0
印度60.7
孟加拉语 189
বাংলা
Ma
孟加拉国106
印度82.5
德语 77
Deutsch
Mutter
阿根廷0.4
加拿大0.4
瑞士0.3
意大利0.2
巴拉圭0.2
德国69.8
意大利语 63
Italiano
Madre
法国 0.8
瑞士0.7
意大利 57.7
澳大利亚0.3
法语 76
Français
Mère
瑞士1.8
美国1.3
法属波利尼西亚0.2
留尼汪0.2
布基纳法索0.2
意大利0.1
加拿大7.3
比利时3.9
法国60.0
波斯语 61
فارسی
Madr
巴基斯坦1.0
伊拉克0.4
阿富汗7.6
伊朗48.7
俄语 171
русский
Mama
以色列0.8
拉脱维亚0.7
吉尔吉斯斯坦0.5
格鲁吉亚0.4
摩尔多瓦0.4
爱沙尼亚0.4
立陶宛0.2
阿塞拜疆 0.1
乌克兰14.3
白俄罗斯6.7
乌兹别克斯坦4.1
哈萨克斯坦3.8
俄罗斯 137
泰卢固语 74
తెలుగు
Amma
印度73.8
马来语 61
Bahasa Melayu
Ibu
泰国0.4
新加坡1.0
马来西亚 13.1
印度尼西亚 41.4

# 我们为什么要交朋友？

你的朋友圈有多大？普通人的朋友圈有 1500 人左右。

这就是你社交网络的规模，顺便说一句，这也是对你来说不是陌生人的总人数。这包括你的家人、同事、熟人、你认识但并不了解的人，当然，还有朋友。在这 1500 个非陌生人当中，只有大约 50 个算是你真正的朋友，其中较亲近的大概有 10 个，十分亲密的大概 5 个。

在我们所有的社会关系中，朋友关系是最独特的。你无法选择家人或同事，泛泛之交无足轻重，但朋友却不一样。大多数动物都只与近亲合作，我们人为什么要花这么多时间和精力去跟与自己不相干的人培养亲密关系呢？我们又是如何决定和谁交朋友的呢？

友谊似乎为人类所独有，但实际上却有深刻的演化根源。其他许多种类的哺乳动物也会跟和自己不相干的个体建立密切的关系，比如巨猿和其他许多灵长类动物，还有大象、马、鲸、骆驼和海豚等。

这些动物的共同点是，它们都生活在具有复杂等级结构的大型社会群体中。生活在这样的群体中有很多好处，但也会造成紧张，这时就需要朋友了。说得坦率一点，朋友是一支个人护卫队，在我们需要帮助时会伸出援手。一个大的群体当中相互重叠的朋友圈结成联盟，有助于维护整个群体的稳定。

对于人类和生活在大的社会群体中的其他动物而言，朋友并非可有可无，锦上添花，而是本能的需要。良好的社交生活有助于维持我们的身心健康，而与社会隔绝则会让我们感受更多压力，容易生病。

因此，毫不奇怪，我们天生就有强烈的意愿想要去结交朋友和保持友谊。这种本能就像食欲和性欲一样，都由大脑的奖励中枢控制，在对友好的行为做出反应时，该中枢会释放各种令人愉悦的化学物质。

其中一种是催产素，即所谓的“抱抱化学物质”，对加强母婴亲情很关键。在回应与他人的有益的社会交往时，身体也会释放催产素。由此产生的温暖感觉是一种奖励，鼓励你再次去见那个人。

此外，还有一类被称为内啡肽的神经递质。在对温和的压力（如运动）做出反应时，大脑会分泌这类东西，以缓解疼痛，产生愉悦感。而社交，尤其是与人协作，也会刺激内啡肽的释放。

如果让某个人上船从 A 划到 B，他的大脑将会释放内啡肽来回应体力消耗。但如果让两个人一起划，即便体力消耗更少，他们大脑释放的内啡肽也会更多。

## 我为你挠背……

许多动物都会通过互相梳理毛发来建立和维持友谊。例如，狒狒每天会花大量时间爬梳彼此的皮毛找出寄生虫和污垢，这会刺激对方大脑释放催产素和内啡肽等引起愉悦和信任感的化学物质。

但梳理毛发需要时间，这限制了个体能够维持的社会关系的数量。在猴子和猿中间，此上限约为 50。这一数值也受脑容量的限制。应对错综复杂、不断变化的关系需要脑力，尤其是理解别

## 消失的朋友

交朋友是一回事，维持友谊是另一回事。如果不好好维护，友谊极易衰退。一个朋友一年不见，友谊的质量就会下降约三分之一，亲密度也会随之下降。而家庭关系则更有弹性。因此，我们社交网络的家庭部分基本上终生保持不变，而友情这部分则会经历相当大的变动，每过几年就会有大约 20% 的调整。

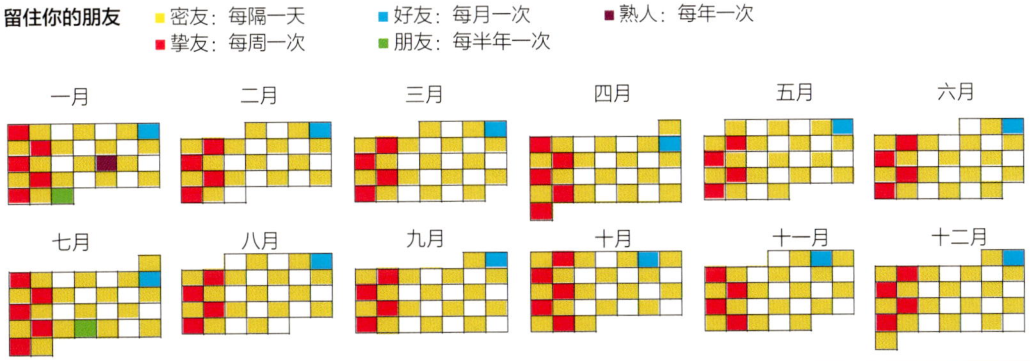


人精神状态的能力。

猿在一定程度上可以做到这一点，它们能够产生类似“我知道她和她是朋友”这样的想法，即所谓的“三阶意向性”。人要聪明得多，能够应对五阶甚至六阶意向性：“我知道你在想，他想知道她是不是怕他在生我的气。”

这种读心的能力使我们得以超越猴子的上限，维持 150 人左右的社交圈，即著名的“邓巴数”，由牛津大学的进化生物学家罗宾·邓巴计算得出。凭借智力，我们逐渐获得了新的技能以替代实际梳理毛发和捉虱子，能够一次“梳理”不止一个朋友。这些替代品包括大笑、唱歌和讲笑话，最关键的是，八卦闲谈。

## 聪明的社交家

脑容量与社交圈大小之间的这种关联有时被称为“社会脑假说”，也适用于个体。拥有更大脑容量的猕猴和人都倾向于交更多的朋友。对单个人来说，社交圈的绝对上限约为 250 人。

你社交圈里具体有谁在很大程度上是偶然的，取决于你在哪里生活，在哪里上学，在哪里工作。但我们最终是如何从这 150 个人里挑选出少数几个作为至交好友的呢？

从表面上看，答案非常简单。我们与那些同我们相似的人建立起亲密的友谊，比如相似的性格、兴趣、信仰、品味、幽默感等。但这种简单解释掩盖了更深层的联系。事实证明，与任意一个陌生人相比，人们与亲密好友之间的基因联系要更紧密。一般来说，你和你的一个亲密好友的基因联系近似于你和你一个四级表亲（也就是说，你和他拥有同一个太祖父 / 母）之间的基因联系。

没有人知道我们是如何识别与我们基因相似的人并与之成为朋友的。也许是由于相貌、声音、气味或个性方面的相似性。但“朋友也是我们的远亲”这一事实有助于回答一个重要问题，即我们为什么要花费那么多时间在他们身上。演化应当优先考虑与亲人的合作，因为这有助于我们完成生命的基本指令：将我们的基因传给下一代，即使只是通过代理。但如果我们和我们的朋友是远亲，这就证明了朋友的意义所在。

# 拥有对的朋友圈

你的社交关系和洋葱一样是分层的：最好的朋友在核心，接下来各层的人同你的亲密程度逐渐降低。

## 5个密友

超过 60% 的社交时间花在了我们的 5 个密友身上。

## 10个挚友

## 35个好友

## 100个外围朋友

这里总计给出了 150 个朋友，大约是我们可能与之维持友谊的最大人数。位于这一层边缘的那些人，你可能只会在婚礼或葬礼等场合见到，平均一年见一次。

150 这个数在社会结构中很常见。历史上，它曾经是英国乡村、教区以及基本军事单位连队的平均人数。大多数 Facebook 用户都拥有 150 到 250 个网络好友。

## 350个熟人

我们社交网络的外围也很重要，尤其是在现代世界。我们借此来了解职位空缺以及其他经济或社交方面的机会，我们当中大约 70% 的人通过这些联系遇到了我们的爱侣。

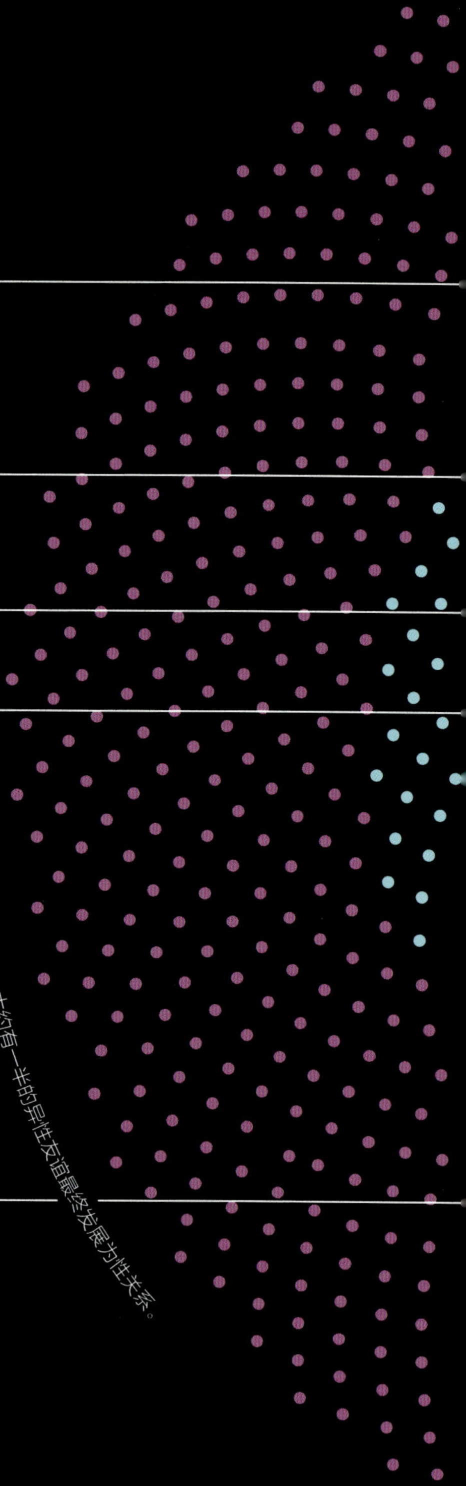


## 其他1000个你认识的人

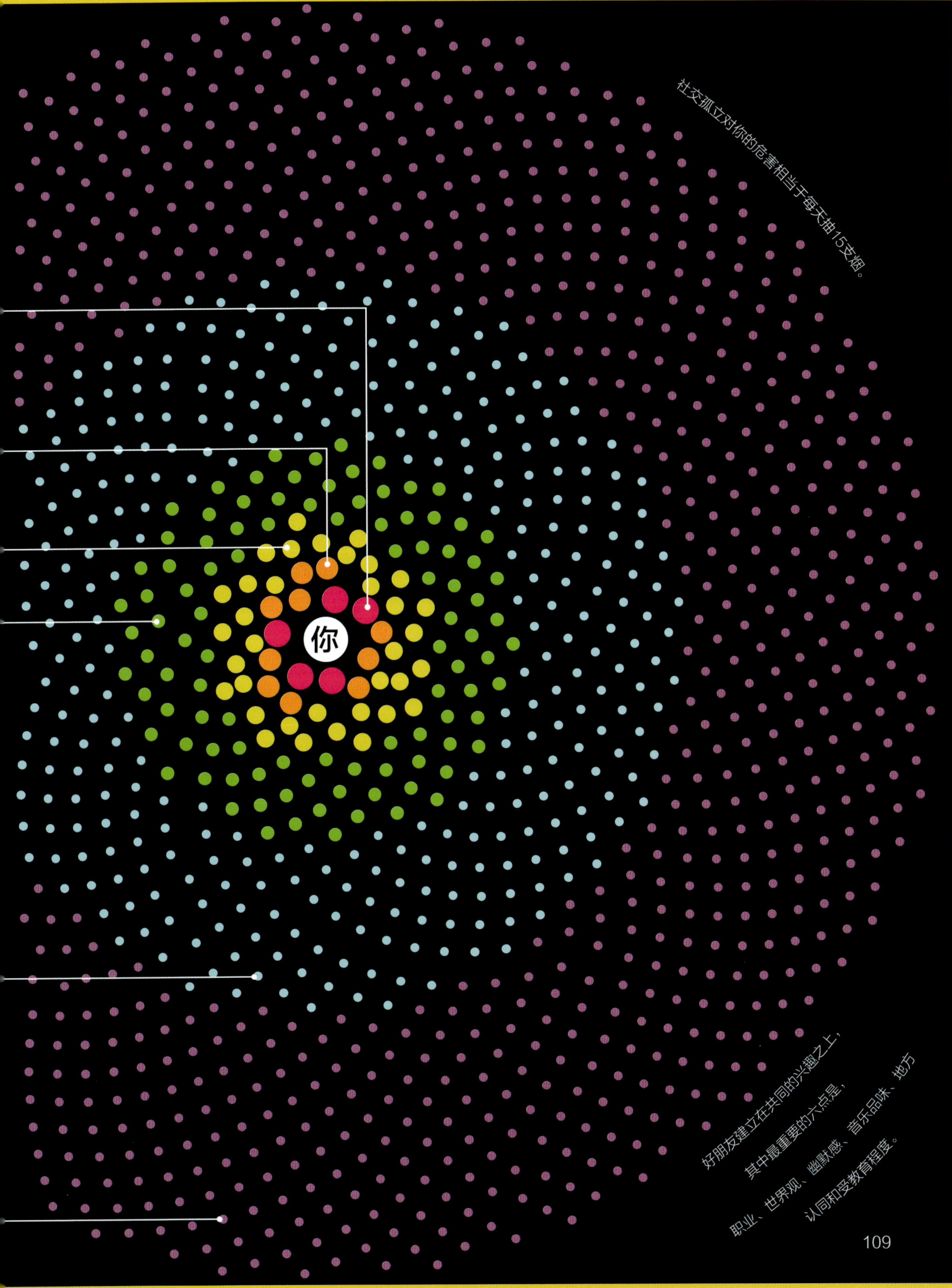


社交孤立对你的危害相当于每天抽15支烟。

好朋友建立在共同的兴趣之上，其中最重要的六点是，职业、世界观、幽默感、音乐品味、地方认同和受教育程度。

# 脐毛是从哪里来的？

作为一项无实际意义的科学空想，格奥尔格·施泰因豪泽的实验是难以超越的。2005 年，当时还是维也纳技术大学化学家的施泰因豪泽开始收集自己的脐毛，并且按照颜色和重量做了记录。在接下来的三年里，他收集了 503 根脐毛，总重量将近 1 克。他一度剃光了自己的肚脐。他向他的男性朋友、同事和家庭成员询问他们的脐毛数量以及肚脐的总体状况。

他对自己的一些脐毛做了化学分析，并最终在一家科学杂志上发表了他的发现。所有这一切都是为了回答一个问题：为什么有些人肚脐那儿会有那么多绒毛？

## 模糊的想法

施泰因豪泽 20 岁出头就注意到了自己这个多产的部位。他查阅了科学文献，只在《自然》杂志上找到了一篇令人费解的文章，其标题是《另一种东西：脐毛》。它提供了三幅黑白图片，看起来像是标记有“水手（在海上）”“农民”和“建筑师”的药棉，而没有进一步的解释。两周以后，它发布了一个修正版：同样的图片，同样的标签，但来自水手和建筑师的绒毛被调换了。

施泰因豪泽读了一本名为《男人为什么有乳头》的书，在这本书的激励下，他行动起来，着手研究脐毛问题。那本书说，脐毛问题——为什么有的肚脐聚集脐毛而有的不会——不可能找到答案。

快速看一眼你自己的肚脐。有没有脐毛？有的话，是什么颜色的？你会怎样描述你的肚脐：多毛的，还是光滑的？

施泰因豪泽的第一个发现是，在一般情况下，他的脐毛颜色与他那天所穿上衣的颜色是一样的，这使他猜测这些绒毛源于他的衣服。化学分析也指向了这一方向。有一天，他穿了一件白色的棉 T 恤，结果发现积累的东西主要是纤维素——构成棉的蛋白质，以及少量氮和硫的化合物。他的结论是，这些脏东西可能是死皮、灰尘、脂肪、蛋白质和汗。

接下来，施泰因豪泽探讨了脐毛的作用。根据对其他男人肚脐内容的调查，他得出结论：“腹毛的存在是脐毛得以聚集的一个重要前提。”刮掉腹毛能使脐毛不再聚集，直到腹毛再次生长出来为止。他还注意到，一小撮绒毛先是在毛发间出现，当天结束时便聚集到肚脐处。

施泰因豪泽最终得出了他关于脐毛的大一统理论。毛发表面是鳞状的，因此会磨损织物中的纤维。这些鳞状物如同刺钩，拖动纤维朝着肚脐聚集。腹毛似乎往往会沿着以肚脐为圆心的同心圆生长，这加强了朝向肚脐的运动，就像物质沿着螺旋线落入黑洞一样。一旦越过事界，纤维就被“压成一种毛毡一样的物质”。施泰因豪泽还计算出，一件穿过一百次的 T 恤大约会有 0.1% 的质量变成脐毛。

## 腹痛

施泰因豪泽真正从事的是放射性元素的化学和物理学方面的研究。对脐毛的研究只是他本职工作中的一点轻松调剂罢了。但有时候脐毛的堆积并不是开玩笑的事情。施泰因豪泽发表其研究之后不久，内布拉斯加州的医生们就报告了一个罕见病例：一名 55 岁的肥胖妇女患了脐炎，她的肚脐已经持续流血四个月。医生们检查时看到了一个“黑色的圆块”，他们怀疑那东西是一个肿瘤，结果发现是直径近一厘米的一团绒毛。把它扯出来之后，她的病就好了。

人体的其他一些小垃圾也有同样清楚但更有趣的起源。耳垢或者医生所说的耵聍主要是死皮加上一种被称为皮脂的油性分泌物，以及来自汗腺的潮湿分泌物。人的耳垢分为干、湿两种。湿耳垢呈棕黄色，黏糊糊的；干耳垢则像死皮一样是半透明的，呈鳞状。那是因为它就是死皮。干耳垢的人耳中不会产生油腻的皮脂，他们的耳垢中只有角质和污垢。

### 你吃自己的鼻屎吗？

继续，你可以接受这一点。在美食作家斯特凡·盖茨进行的一次非正式调查中，有 44% 的成年人承认吃过自己的干鼻涕且有享受之感。这无疑是人类诸多古怪行为中的一种。为什么要这样做？没有人会吃他们的耳垢、眼屎或脐毛。一种观点认为，吃鼻涕可能对免疫系统有好处。据报道，一位名叫弗里德里希·毕兴格的奥地利医生说，父母应该鼓励孩子这样做。

## 收拾你的鼻子

几年前，遗传学家们发现干耳垢是由单基因 ABCC11 的隐性突变造成的。因此，耳垢的一致性和人类的其他几个非此即彼的性状（比如是否卷舌，耳垂是连生还是离生，以及能否闻出小苍兰的气味）一样，都是由单基因控制的。

鼻屎是鼻涕的有硬皮的残留物，鼻涕不断产生出来是为了保护鼻腔黏膜。大部分鼻涕都被纤毛扫进咽喉并被吞了下去（所以无论你喜不喜欢，你都是一个吃鼻涕的人），但有些鼻涕被卡在鼻孔中干透了。鼻屎是绿色的，因为鼻涕中有一种抗微生物酶，被称为髓过氧化物酶，一种含铁的血红素使之变成了绿色。根据一项非正式调查，几乎有一半的成年人承认吃过自己的鼻屎，且感觉享受。

睡眠或感冒时的情况与之类似，你醒来时会在你眼中和眼睛周围发现一些东西。这些东西是眼屎，即你闭上眼睛时在眼角积聚的干掉的淡黄色黏液。

基本上，只要你身上有一个舒适的小角落，那里没有什么特别的事情发生，一些令人作呕的东西就可能在那里积聚。

# 你的耳朵里有什么?

耳垢分为两种：湿的和干的。

耳垢类型由基因决定。

## 湿耳垢

棕黄色，又黏又臭。由耵聍腺—— 一种位于外耳道的特化汗腺——的蜡状分泌物、死皮和一种被称为皮脂的油性物质所组成。

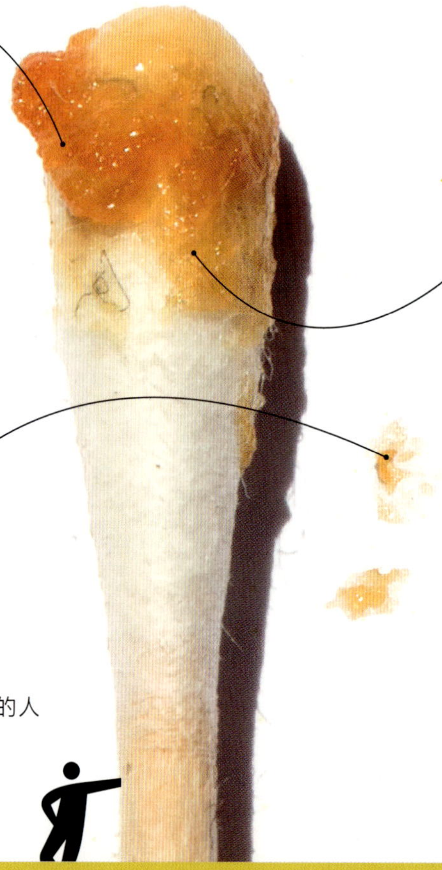

耳垢可以润滑和清洁外耳道，杀死细菌，捕集灰尘和真菌孢子等异物。

有两种罕见的代谢性疾病——枫糖尿症和黑酸尿症，病因都是不能代谢某些氨基酸——可以通过耳垢的气味诊断出来。

非洲血统或欧洲血统的人耳垢大都是湿的。

由于汗腺分泌物中的类似变化，干耳垢的人的汗无气味。

## 干耳垢

米白色，片状，无气味。它之所以干燥是因为只含少量蜡状分泌物，因此干耳垢主要是由死皮构成的。干耳垢是由单基因 ABCC11 的突变造成的。这种突变看起来并未造成什么不良后果。

此突变是隐性的，这意味着你必须通过遗传获得两份这种突变基因才能有干耳垢。如果你的亲生父母耳垢都是干的，你肯定也是。

一个人腋下的气味能够揭示包括性别、性取向和健康状况在内的大量个人信息。耳垢可能同样有此功能。

干耳垢最常见于东亚人，多达 95% 的韩国人、日本人和中国人耳垢都是干的。美国原住民耳垢往往也是干的。

# CHAPTER 4 文明

# 我们是从什么时候开始在城市生活的？

人类在 2014 年正式成为城市物种，城市居民首次超过农村居民。考虑到 1960 年只有三分之一的人口居住在城市，这种变化实在快得令人难以置信。

大约 5500 年前，还没有人生活在城市。当时乡村已经出现了数千年，但在规模和复杂性上尚不足以成为城市。这种典型的文明进程是如何发生的呢？又为何会发生？

## 城市化的开端

要回答这个问题，我们需要跨越历史记载，上溯到 6000 多年前，那时文字尚未发明，铁器还未完全取代石器。

根据正统观点，世界上第一批城市出现在美索不达米亚，这是幼发拉底河和底格里斯河之间的一大片沃土。其中第一座城市是苏美尔人的乌鲁克城，它坐落在幼发拉底河岸边，可能是最早的永久居住区之一，于公元前 8000 年左右出现在肥沃新月地带。到了公元前 3500 年，它已经发展成一座真正的城市，占地约 6 平方公里，拥有居民 50000 人左右，大多数居民原本不会认识彼此。

如果穿越回乌鲁克，我们会把它看成一座城市。大型建筑的确是最明显的城市特征之一。不过，那里不仅有古老的大型建筑，还有预示着政府体制和财务制度的非宗教性公共建筑。

我们还会看到功能性“分区”的证据——行政中心、住宅区、市场和垃圾场等区域都有明确的划分。防御工事的规模应该也不小，暗示着值得护卫的财富。更早的大型居住区，比如公元前 7000 年的恰塔霍裕克（位于今土耳其境内），并没有这些城市特征。

然而，乌鲁克显然没有复杂的运输网络。驴子已被驯化，但轮子的出现尚需时日。

乌鲁克是一个长期过程的最终产物，该过程始于早期农民定居于村庄，以便就近照料自己的庄稼和牲畜。这些居住区渐渐变得很大，就像在恰塔霍裕克那样。最终，农业上的盈余使一些人放弃种地，转而从事其他职业，比如锻造。在劳动分工的驱策下，专业工匠聚集在其他技能与之互补的人附近，真正的城市分区最终不可避免地形成了。

乌鲁克不仅被视为第一个真正的城市，而且被看成约于公元前 3400 年至公元前 3100 年间席卷整个美索不达米亚的城市化浪潮的发源地。当时从南方来的人占领了整个区域，并且仿照乌鲁克建造了若干城市。

## 北方的强大城市

但在过去几十年间，人们在原本被认为更落后的北方地区发现的一些东西挑战了乌鲁克的首要地位。至少有两个地点给出的明确的城市化证据要早于乌鲁克最古老的证据。这些发现已经促使一些考古学家进行认真的反思。

其中一个地点是位于叙利亚东部的哈姆卡尔遗址。自 20 世纪 20 年代，西方考古学家就知道这个地方，但他们把它标记为一个“次生”城市，即从乌鲁克向北蔓延的城市化浪潮的产物。但更多新近的发掘表明，在乌鲁克开始辐射周边之前，该地的城市化程度已经很高了。

早在公元前 3700 年，哈姆卡尔便占地约 12 公顷，周围建有防御墙。墙内现存一座大型世俗公共建筑的遗迹，也许是个类似食堂的地方。考古学家还发现了多种“印章”，被用来在潮湿的黏土或沥青上印制标记以登记商品。这些印章在乌鲁克很常见，因暗示了财务制度而被广泛视为城市化的可靠证据。

因此，早在公元前 3700 年，哈姆卡尔就已经显示出很多早期城市生活的特征，但没有受到南方影响的迹象：乌鲁克风格的陶器直到公元前 3200 年左右才开始出现。哈姆卡尔人似乎生活在一个独立于乌鲁克的城市中，甚至可能不知道乌鲁克的存在，至少在那个地区据信有城市出现之前 500 年是这样。

## 石器时代的城市郊区

1958 年出土时，恰塔霍裕克吸引了全世界的目光。这片 13 公顷的遗址上密密麻麻排列着数百座建筑，估计当时有居民 10000 人。它看起来像是一座城市，但古老程度令人难以置信：最早的遗迹有 9000 年左右的历史。然而，它缺少真正城市的一个关键特征：各区域之间的功能划分。恰塔霍裕克只是一堆堆的房子和垃圾场，宛如古代的城市郊区。居民的所有活动似乎都在家里进行，甚至会把死去的人埋葬在屋子下面。需要再过 1500 年，真正的城市才会出现。

## 尘封于时间中

一座更古老的候选城市是同样位于叙利亚的布拉克遗址。它也有壮观的大型古代建筑遗存——墙有一米半厚，一扇巨门背后是通向庭院的道路。考古学家发现它有 6000 多年的历史。印章也出现了，当时的许多陶器都表明有某种财务管理制度存在，这暗示布拉克人早在乌鲁克之前就在运用复杂的管理技术了。

然而，大多数考古学家都认为目前尚不可盖棺定论。同一时期南方的情况还不是很清楚。美索不达米亚南部可能在公元前 4000 年之前就有发展成熟的城市，只不过现在的挖掘深度还不足以找到它们。多年来，由于战争和动荡，整个地区都禁止进入，考古工作很可能在未来若干年无法继续。与此同时，考古学家们希望该遗址所受的劫掠在可修复的范围之内，不至于使文明起源的证据永远从地球上消失。

# 城市物种，农村星球

全世界 70 亿人当中有超过一半的人生活在城市。但因为人口非常稠密，城市面积占地球表面积还不到 1%。

如果将全世界所有城市合并组成一座巨城，其面积将略大于约 750000 平方公里的**婆罗洲**岛。

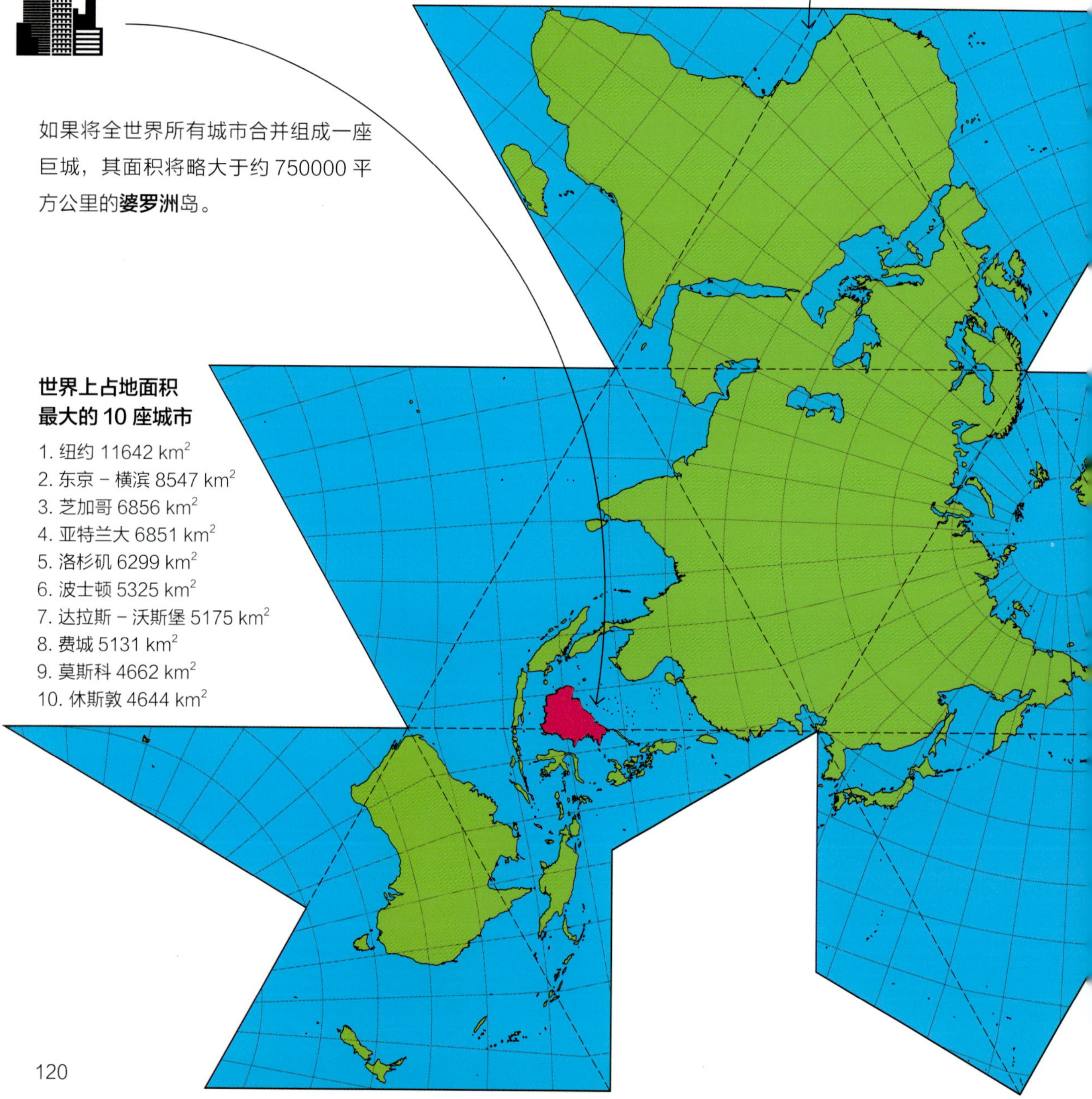

**世界上占地面积最大的 10 座城市**

1. 纽约 11642 $km^2$
2. 东京－横滨 8547 $km^2$
3. 芝加哥 6856 $km^2$
4. 亚特兰大 6851 $km^2$
5. 洛杉矶 6299 $km^2$
6. 波士顿 5325 $km^2$
7. 达拉斯－沃斯堡 5175 $km^2$
8. 费城 5131 $km^2$
9. 莫斯科 4662 $km^2$
10. 休斯敦 4644 $km^2$

牧场占地 3 亿平方公里，差不多等于整个**非洲**的面积。

耕地有 1500 万平方公里，约等于整个**南美洲**的面积。

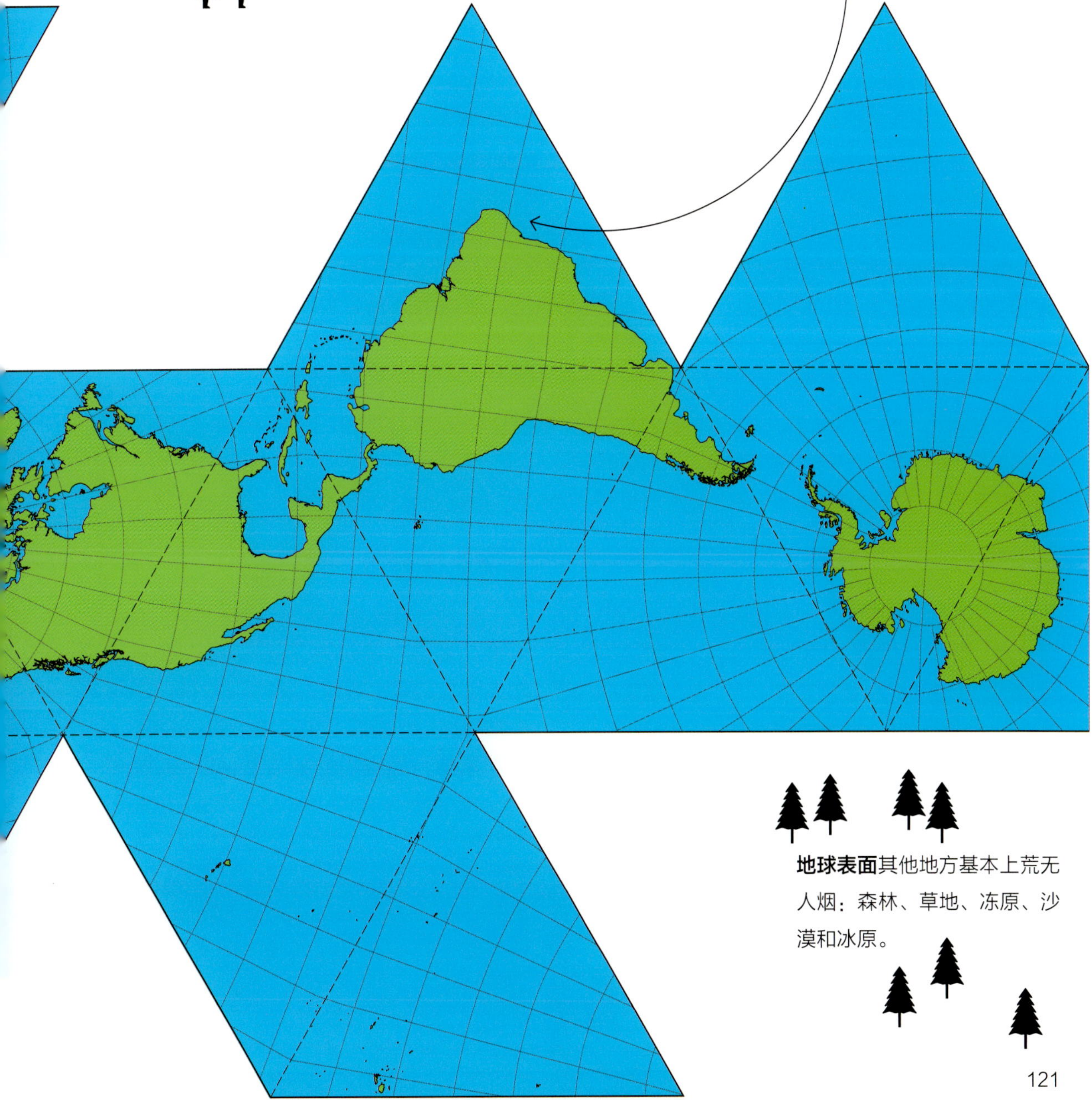

**地球表面**其他地方基本上荒无人烟：森林、草地、冻原、沙漠和冰原。

# 我们为什么会视纸片如黄金？

把硬币、纸币和银行卡从你的钱包中清空：它们也许代表了你的财富（或贫困），让你可以买东西，但实际上只是你想象力的虚构。钱并没有内在的价值。钱就像童话故事《彼得·潘》中的奇妙仙子（当孩子们的信念动摇时，她就会死去），钱的生死就系于我们对它的集体信念。

要想理解是什么支撑着这种信念，不妨了解一下人类是如何发明钱的，以及为什么要发明这种东西。

这始于物物交换。对于它开始的确切时间和地点，历史学家们莫衷一是，但在公元前 8000 年的美索不达米亚，物物交换似乎就已经很兴盛了。

同争夺资源相比，物物交换更为方便，但也有自身的缺点。首先，它依赖盈余。更糟糕的是，它取决于需求一致：比如说，你有两只多余的羊，同时需要一头牛。你得找到一个人，他有一头多余的牛，同时需要两只羊。解决方案是建立一个链条：用羊换取谷物，然后用这些谷物换牛。

这种链条可以筛选出最具普遍价值的东西。由于可以用它们来交换几乎所有物品，它们成为早期的“货”币。盐便是其中一种，像金属这样有用的材料也是。既然每个人都承认它们的价值，这些物品便逐渐成为一切价值的基准，并且主要充当价值储藏和交换的媒介。换言之，就是钱。

## 王国的钱币

接下来的一步很明显是创立标准货币单位。最早这样做的是中国人，他们在公元前 1000 年左右铸造了金属钱币。钱币易携带、耐用，因此流行起来，但它有一个严重的设计缺陷。早期的钱币由贵金属铸成，容易磨损，导致面值缩水。这就是黄金的价值最终被转移到纸币上的原因。

到 13 世纪，中国商人开始将自己多余的钱币交与其他商人保管，换取写有承诺的收据，其上写明这张纸对应着特定数量的金币。如果有需要，他们随时可以赎回这些“期票”。中国官方很快便开始发行纸币。到 1274 年，中国已经有了一种全国性的纸质货币。

17 世纪，英格兰的金匠们偶然重复了这条道路，他们将黄金储藏在金库中，发放保证黄金数量和纯度的收据，并承诺如数归还储存的黄金。这些收据不可避免地拥有了自己的生命。它们被用来还债、购物，并开始以纸质货币的形式流通。

### 奇怪的货币

许多奇怪的事物都曾被用作货币。最常见的是黄金和其他贵金属。但货币并不都有内在价值，羽毛、珠子和贝壳都曾被用作货币。关于货币形式的随意和离奇，最著名的例子是 rai，这是一些面包圈形状的巨大石头，直至很晚近的时候还是密克罗尼西亚雅浦岛的货币。所有权可以在交易中转让，但这些石头本身很少被移动。每个人都知道它们在哪里，为谁所有，即使它们掉下船，沉到海底。

## 亦非借款人……

没过多久，金匠们就发现他们还可以发放贷款，并印制超出现有黄金储存量的期票。最早的银行就这样出现了。

英格兰银行于 1694 年成立，为的是向无钱的政府贷款。17 世纪末，英格兰银行开始印制期票，由中央银行发行货币的时代拉开了帷幕。银行通过印制钞票凭空造钱，其结果是难以遏制的通货膨胀。为了终止这种疯狂，1816 年英国成为第一个将货币供应量同实际黄金储备挂钩的政府。

在第一次世界大战之前，这种金本位制一直运作良好。接下来的大萧条导致大量银行倒闭，公众陷入恐慌，进而开始囤积黄金，金本位制崩溃。1931 年，英国正式放弃金本位制。1933 年，美国也紧随其后。

与黄金脱钩后，纸币之所以有价值，仅仅源于它是政府的承诺。所有现代货币都承载着这种法令，因此被称为法定货币。整个体系都建立在信任的基础上，一种货币的所有使用者不得不相信政府会确保那些本身没有价值的纸币的价值。

这行得通，但无疑会让一些人紧张不安。其中有一个人（或若干人）化名中本聪，至今仍然身份不明。2008 年，中本聪发明了比特币，这是一种数字货币，旨在规避政府发行的法定货币的问题。比特币不需要信任，也不为中央银行所有。电脑通过计算来核对和记录早先的交易，对比特币进行“挖掘”：比特币就是对这项工作的某种报酬。任何人都可以挖掘比特币，但计算和所需的软件并不简单。

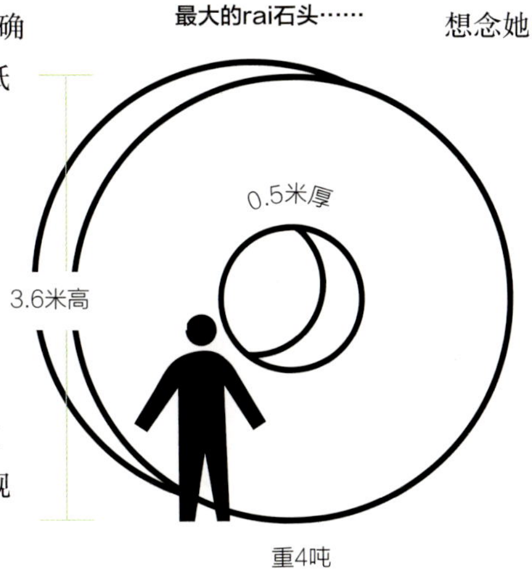


## 戏法?

比特币的核心是区块链，它是每笔交易的防伪分类账。它确保比特币不会被重复使用、伪造和窃取。它不断同时升级，任何人都可以对其进行检查。然而，在某种程度上，比特币仍然依赖信任，因为比特币没有内在价值，除非其他人愿意兑换它。

你可能很难理解比特币，但法定货币也是如此。比特币（或者类似的事物）在未来很可能胜出。由于区块链提供了严密的安全性，一些中央银行正在探索用数字货币来取代现有货币。

因此，如果你拥有比特币，那么祝贺你：你正在协助消灭奇妙仙子。我们一开始会想念她，但许多人认为她罪有应得。

# 追踪货币

我们复杂的货币体系和银行体系是从一种基本的自给自足的经济发展而来的，当时的人只消费自己能种植、猎捕和采集的东西。

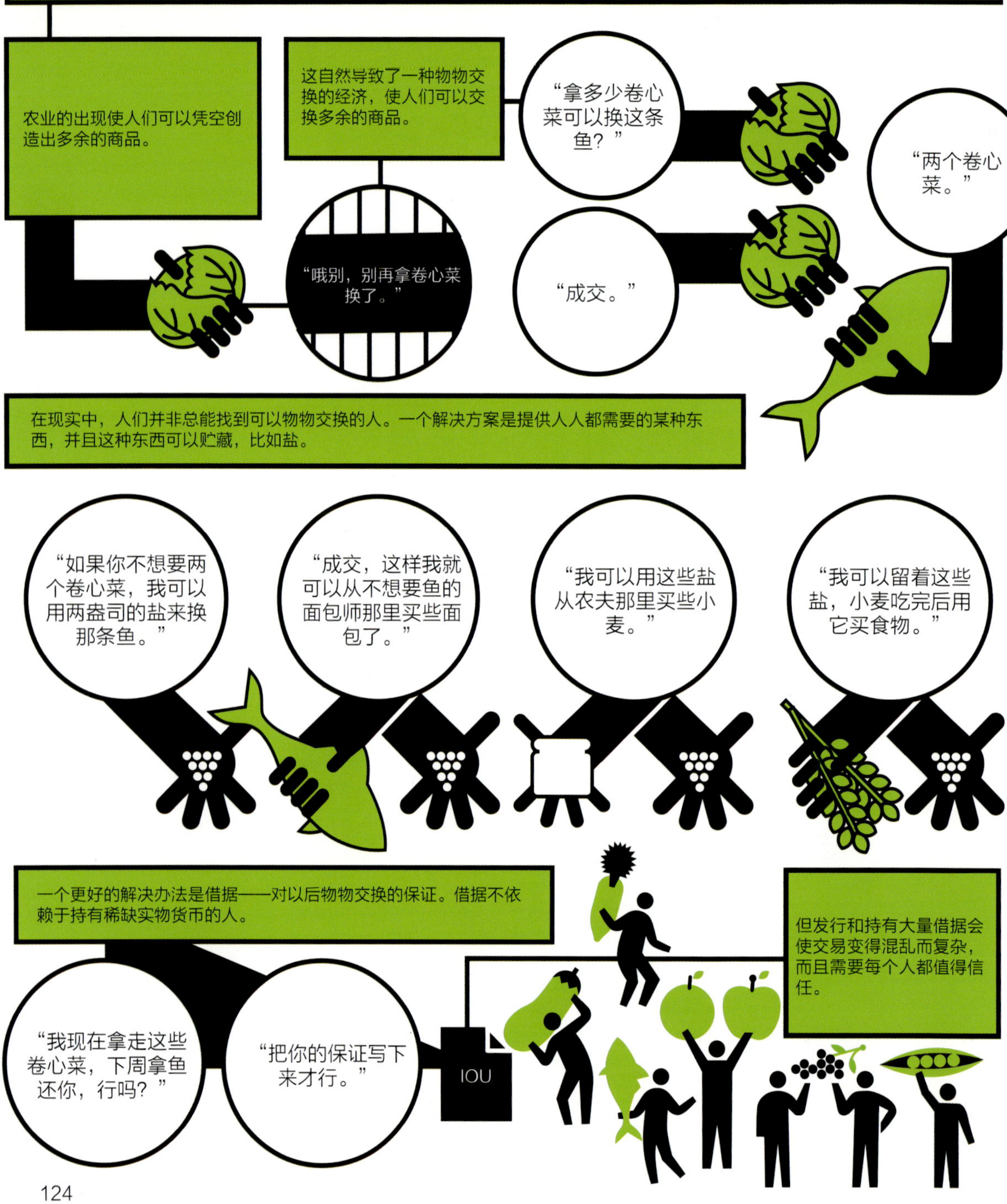

解决方案是发行一种人人都能接受的通用借据。最初的通用借据是金匠向富商们发放的收据，这种收据开始作为纸币流通。

“我保证还你的金子。”

商业银行决定从中分一杯羹，开始发行借据。

IOU

他们的借据被称为纸币和硬币，由储藏的黄金来支持。

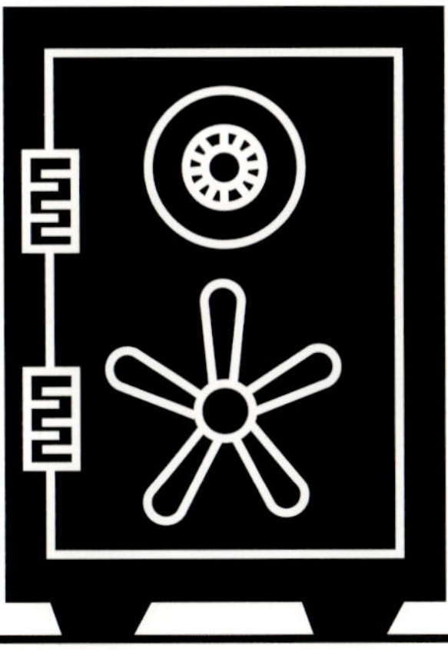

发行货币的权力很快被政府机构所垄断，比如1689年成立的英格兰银行。

20世纪30年代，中央银行切断了货币与黄金的联系，开始随意发行货币。这就是所谓的法定货币。

美国联邦储备委员会副主席约翰·埃克塞特警告说，钱已经成为“一文不值的借据”。

在现代经济中，几乎所有货币都是借据，总共有三种。

**1. 现金**

纸币和硬币

英国经济中共有1000亿英镑

这是中央银行向人民和商业机构发行的借据。

银行可以印制和铸造任意数量的现金，但通常只要足以保证经济运行即可。

**2. 储备金**

中央银行持有的货币

英国经济中共有2800亿英镑

这是中央银行向商业银行发行的借据。这些钱大多属于商业银行，商业银行将中央银行当作自己的存钱罐。

**3. 银行存款**

普通人存入商业银行的钱

英国经济中共有17000亿英镑

商业银行向客户发行的借据。这种钱是最重要的，大多数交易中都会用到，但很少兑换成现金。银行只对存款做电子转移。

大多数银行存款都是向客户发放新贷款的商业银行凭空创造出来的。在一个经济体中，80%的钱其实并不真的存在。

“我需要一笔贷款做生意。”

IOU

“没问题，我给你变出一些看不见的钱。”

# 我们是从什么时候开始埋葬死者的？

生命中唯一确定的事情就是总有一天生命会结束。这个可怕的认识也许是人类境况的关键特征。据我们所知，人类是唯一能对自己终有一死这件事进行思考的物种。

如果说有什么值得欣慰的地方，那就是我们至少可能得到一次体面的告别。人类也是唯一会举行葬礼这种精心设计的死亡仪式的物种。证据表明，我们举行这种仪式已经有至少 10 万年的历史了。人类演化的研究者对葬礼的起源有一种病态的迷恋。

同艺术、讲故事、宗教和其他人类文化装饰一样，葬礼显然属于“象征活动”的范畴。仪式、慎重的下葬和陪葬品的摆放都明显需要对生死及其意义进行抽象的思考。与大多数其他形式的象征活动不同，葬礼留下了许多物证。

## 逝者不可追

就大多数动物而言，尸体仅仅是一个无生命的东西。另一些动物与死亡则明显有一种更复杂的关系。大象似乎着迷于死象的骨头，海豚则被观察到长时间陪伴在同伴的尸体旁。

黑猩猩同样着迷于同伴的尸体，据说会表现出类似悲伤、警觉、尊重和哀悼等行为特征。人类学家说，也许黑猩猩保留了早期原人的一些原始行为，我们则将这些行为用心地编排成庄重的仪式。当然，我们永远无法确定这一点。但化石和考古学证据提供了诱人的线索，暗示这种行为是如何演变成现代葬礼的。

事实上，最早的迹象距今非常久远。1975 年，古生物学家们在埃塞俄比亚一个长满草的陡坡上发现了我们 320 万年前的古老祖先南方古猿的 13 具不完全骨架：九个成年人、两个少年和两个婴儿。他们彼此之间触手可及，明显是几乎同时被安置于此。他们出现在这里的原因是一个谜。没有证据表明有山洪或类似的灾难将他们一并杀死，也没有迹象表明他们的骨头被食肉动物啃过。正如发现者唐纳德·约翰松后来所写，他们“只是被遗弃在山坡上的人科动物”。

## 生者的土地

一个可能的解释是，这些尸体是通过“有组织的遗弃”被有意放置在那里。这并不意味着葬礼，也没有任何象征意义或精神意义。即便如此，与黑猩猩的情况相比，它也代表一种认知上的重大进步——黑猩猩只会把死者留在其倒下的地方。这也许是某种属于人的东西的第一次觉醒；生者与死者之间的一种概念性的区分。

除非有新的发现，否则无法证实南方古猿会把死者安置在特定的地方。不过，50 万年前的证据要清楚得多。20 世纪 80 年代，人们在西班牙阿塔普埃尔卡山的一个洞穴中的井里发现了“骨坑”，其中至少有 28 具原始人的遗骸，他们极有可能是现代人和尼安德特人的共同祖先——海德堡人。

他们是怎么来到这里的？或许是意外落进了井里，但从骨折情况以及骨架大多属于年轻男性这一事实来看，这似乎不大可能。最好的解释是，他们死后被有意放置在井口，然后慢慢滑入井中。如果是这样，这便是“埋葬地点”或为死者指定特定地点的最早证据。



冻干：尸体在液态氮中冷冻，然后通过振动化作尘埃，形成可生物降解的粉末，用于埋葬。

天葬：在西藏和喜马拉雅其他地区，人们将尸体放在山顶，待其自然分解或被食腐动物吃掉。

低温冷冻：将全身和头部冷冻贮藏，等待未来的科学家发现起死回生的方法。

## 动物的仪式

我们无法知晓黑猩猩是如何理解死亡的。但是在2010年，灵长类动物学家们获得了一次难得的机会，坦桑尼亚贡贝国家公园的管理人员在一棵树下发现了雌性黑猩猩马莱卡的尸体，一群黑猩猩聚集在这具尸体周围。在接下来的三个半小时当中，不断有黑猩猩靠近它，有些黑猩猩则在树上观看。一些黑猩猩会嗅或清洁尸体，另一些则摇晃、拖动和击打尸体。领头的雄性黑猩猩将尸体抛入河中，许多黑猩猩发出悲鸣。当管理人员将尸体移走之后，几只黑猩猩冲到之前放置尸体的地方，仔细嗅摸地面。它们停留了大约40分钟，离开之前集体发出哀嚎。最后走过来的是黑猩猩马莱卡的女儿芒博。

最近在南非有类似的发现：一个山洞里有1500块人骨和牙齿化石，它们属于此前未知的一个原始人种——纳勒迪人。遗憾的是，我们不知道他们有多古老（介于300万年到10万年之间）以及该人种与现代人的关系如何。

我们也不清楚这些人如何理解死亡（如果有的话）。但我们的确知道埋葬点变得越来越常见。从50万年前开始，发现尸体的地方很难用其他理由解释：它们被塞入裂缝，安置在难以触及的突出的岩石上或洞穴深处。

只需一次小小的观念革新，就可以从埋葬发展到墓葬，即人为建造洞穴和裂隙来存放死者。在这方面，已知最早的证据来自以色列的斯虎尔洞和卡夫扎洞：在那里，人们发现了被放置在人造洞穴中的10万年前的智人遗骸。墓葬中可能包括兽骨、海贝壳和赭石之类的随葬品，大约同一时期的尼安德特人墓葬的证据也已被发现。

这些墓葬还不能代表文化上的转折点。我们只知道少数几个墓葬地点；与死亡人数相比，它们很罕见。火葬可能也出现了，但还缺乏证据。

直到大约14000年前，大多数死者才被葬在我们所谓的墓地中。大约在同一时期，人们开始定居在一处，农业和宗教出现，这恐怕不是巧合。我们的猿类祖先已经死去并且被埋葬，象征文化却生生不息。

火葬钻石：你的爱人可以将你骨灰中的碳压缩成一块宝石。

沉默之塔：一些琐罗亚斯德教教徒将尸体置于高耸的建筑顶部，等着秃鹫来吃。

# 死人比活人多

我们常常听说，世界人口过多，活人要多于死人。这种城市神话可以休矣。

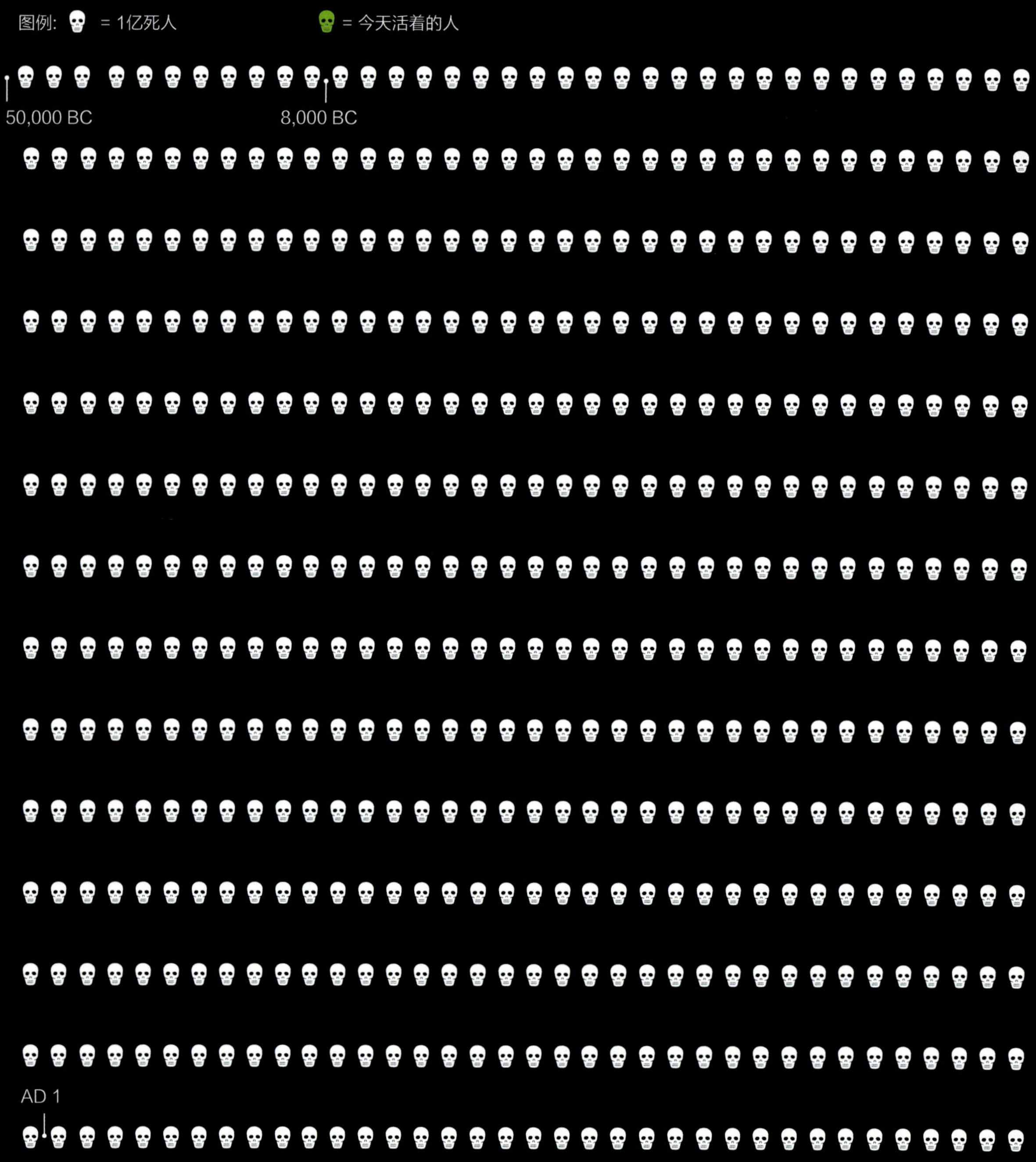

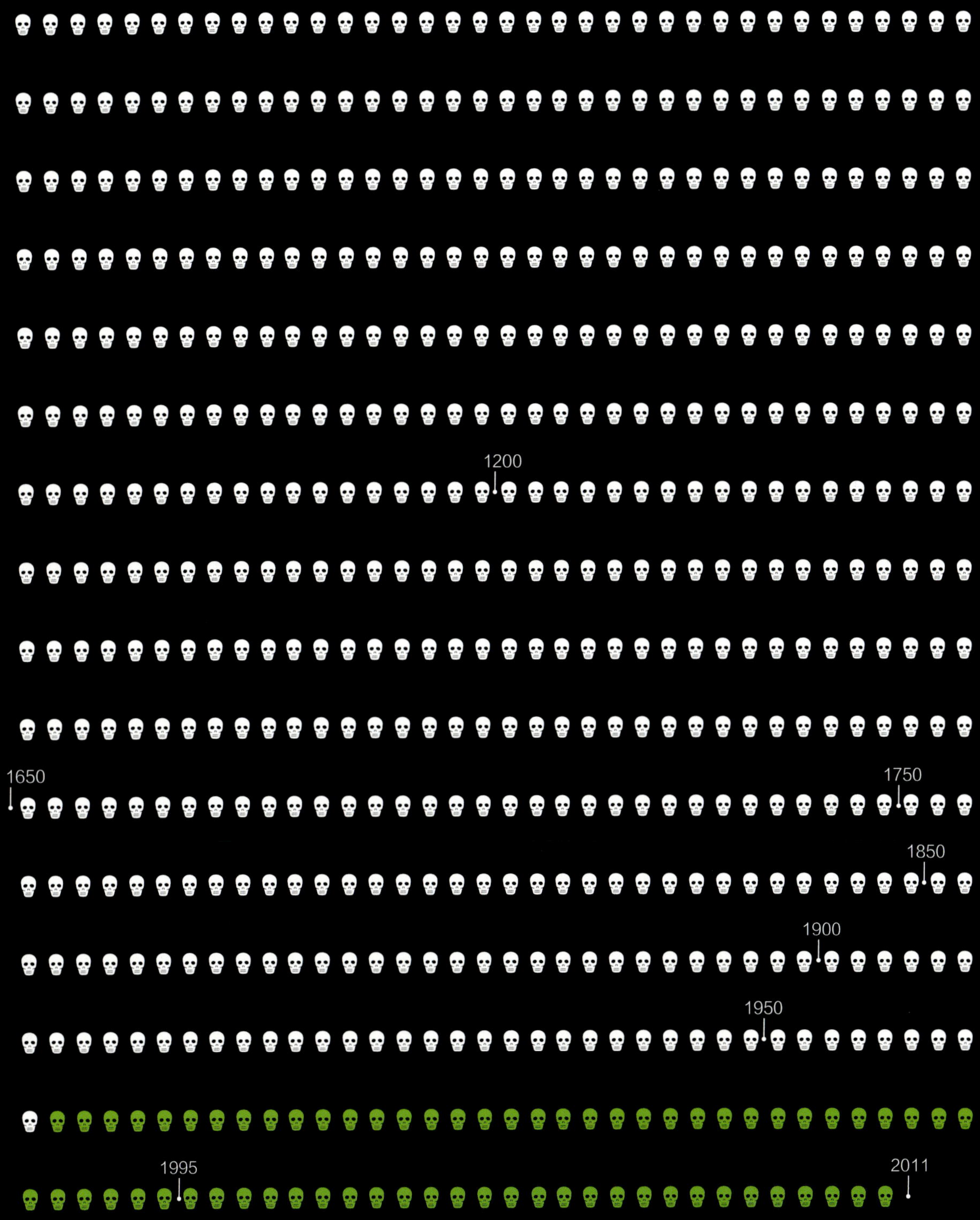


自公元前 5 万年以来，共有 1077 亿人出生。

其中有 6.5% 或 70 亿人今天仍然活着。

# 烹饪的第一餐是什么？

早餐：富含纤维、味道发苦的树叶、水果。午餐：树皮、水果、生猴肉和生猴脑。晚餐：蛆虫、树叶、水果。

这可不是好莱坞最近流行的食物，而是跟我们血缘最近的亲戚黑猩猩的食谱。它并不怎么美味和丰盛。而我们则有数千种可供选择的食材，通过加热以及其他多种多样的技术改变它们的化学组成。换言之，这就是烹饪。

烹饪在人类生活中普遍存在。火使食物发生了物理或化学变化，从北极的因纽特人到撒哈拉以南非洲地区的狩猎－采集者，所有文化中的人都被这样烹饪的食物所维系。这是一项令人难以置信的发明。烹饪让食物更容易消化，并且杀死了导致食物中毒的细菌。但烹饪究竟是在什么时间、什么地点出现的？对此，学者们进行了激烈的争论。我们或可称之为一场食物大战。

## 没有火就没有食物

没有火就无法烹饪，因此，我们也许可以通过寻找控制火的证据来获得答案。这是一个棘手的问题，因为火在考古学记录中难以得到确认。证据已经随青烟消散，而人为点火的遗迹同雷电引发的火的遗迹也很难区分。这就是为什么考古学家要在洞穴中寻找火的印迹。

在南非奇迹洞中发现的灰烬痕迹表明，人类至少在100万年前，即我们的直系祖先直立人的时代，就已经掌握了使用火的技术。此地发现的火烧过的骨头碎片还表明，直立人当时烹饪过肉食。然而，最早的灶台遗迹只有40万年的历史。

尼安德特人在大约25万年前由直立人演化而来。他们肯定会生火，因为在很多尼安德特人的遗址都可以看到灶台，还有一些烧过的骨头。通过分析他们的牙菌斑可知，尼安德特人会用药草为食物调味。但我们不知道他们是否经常烹饪食物。

人类烹饪食物的最早的确凿证据可以追溯到2万年前，当时中国出现了最早的锅。外表面的焦痕和烟灰表明它们曾被用作炊具。但总的来说，考古学证据尚未给出一幅清晰的画面。我们还需要到别处寻找。

### 烤焦

烹饪中最重要的过程之一是美拉德反应，该名称源于1912年对它进行描述的法国化学家。美拉德反应是糖和氨基酸之间的反应，正是它创造了使肉、面包、饼干和油炸食品变得美味的棕色化合物。人类通常会更喜欢发生过美拉德反应的食物。

这很难从进化的角度来解释。美拉德反应使食物（尤其是肉）变得更难消化，破坏了营养物质，并且产生出致癌的化学物质。可能是由于烹饪食物的好处比这些坏处更重要，因此我们变得更喜欢烤焦的食物。但这没有解释为什么不会烹饪也不想烹饪的巨猿也更喜欢这样的食物。

为美拉德反应干杯！

大约 190 万年前，人类的生理发生了一些重大变化。与其祖先相比，直立人的牙齿和身体很小，而大脑则要大得多。根据灵长类动物学家理查德·兰厄姆的一个富有争议的假说，这种变化是由烹饪过的食物带来的。事实上，兰厄姆认为烹饪促使现代人偏离了他们更像猿的祖先，如果没有烹饪过的食物，智人的身体就不可能存在。

为了理解个中原因，我们可以设想自己与黑猩猩吃同样的食物。为了给耗费能量的大脑提供足够的热量，我们几乎得把整个白天都用来寻找食物。黑猩猩几乎一直在觅食，大猩猩和猩猩每天进食 9 个小时。

## 功能不佳的下巴

我们吃东西甚至需要更长时间。我们的大脑大了两倍多，肠道则太短，低质量的生食无法在其中停留足够长的时间以得到充分消化。事实上，如果我们是一只同等身材的巨猿，那么我们的内脏将只有预期重量的 60%。

我们的小牙齿和小下巴也有类似的问题。我们的牙齿太小了，无法胜任咀嚼大量坚韧的生食的任务。与能人这样较早的古人类相比，现代人、尼安德特人和直立人的牙齿相对于其体型都较小。在兰厄姆看来，这些形态特征都是对约 190 万年前出现的烹饪的适应。

烹饪的确改善了我们祖先的生活。加热使食物变得更加松软，咀嚼所需的时间缩短了，还释放了更多热量。用熟食喂养的老鼠要比用相同分量的生食喂养的老鼠更胖。经过热处理的食物也更安全。腐肉有大量病原体，用炭火烤炙可以杀死导致食物中毒的细菌。烹饪的另一个好处在于，它可以使本来不可食用的东西变得可食用，比如植物的块茎。除了觅食和进食，我们可以腾出时间做更有趣的事情。

食物在烹饪之后通常会更美味。我们的祖先是否认识到了其中的不同，我们无从知晓。但是对猿的研究表明，它们更倾向于选择烹饪过的食物，大多数时候会选择烤过的土豆、胡萝卜和红薯，而不是生的。

## 不要一次吃完

烹饪所需的认知技能不只是用火，还有比如，能够忍住不去吃掉食材，要有耐心、记忆力以及对转变过程的认识。最近的黑猩猩实验表明，它们拥有烹饪所需的许多认知和行为技能——因此直立人可能也有这些技能。

但烹饪假说有一些缺陷。很多事情被归因于对烹饪食物的适应，比如，增加脑容量可以通过增加生肉消耗来实现。生物学证据和使用火的技能在时间上的脱节是另一块绊脚石。

不过，无论烹饪何时被发明出来，它已经成为最丰富和最具创造性的人类文化要素之一。我们运用五花八门的技能烹饪数千种动物、植物、菌类和藻类。我们用于计划和准备食物的时间远远多于我们实际进食的时间，然后我们会坐下来观看由家喻户晓的主持人主持的烹饪节目。我们烹饪，故我们存在。

# 吃饱

熟食更容易消化，更便于我们从中获取热量，这可能是一百万年前我们的祖先发明烹饪之后人类演化的一个重要因素。

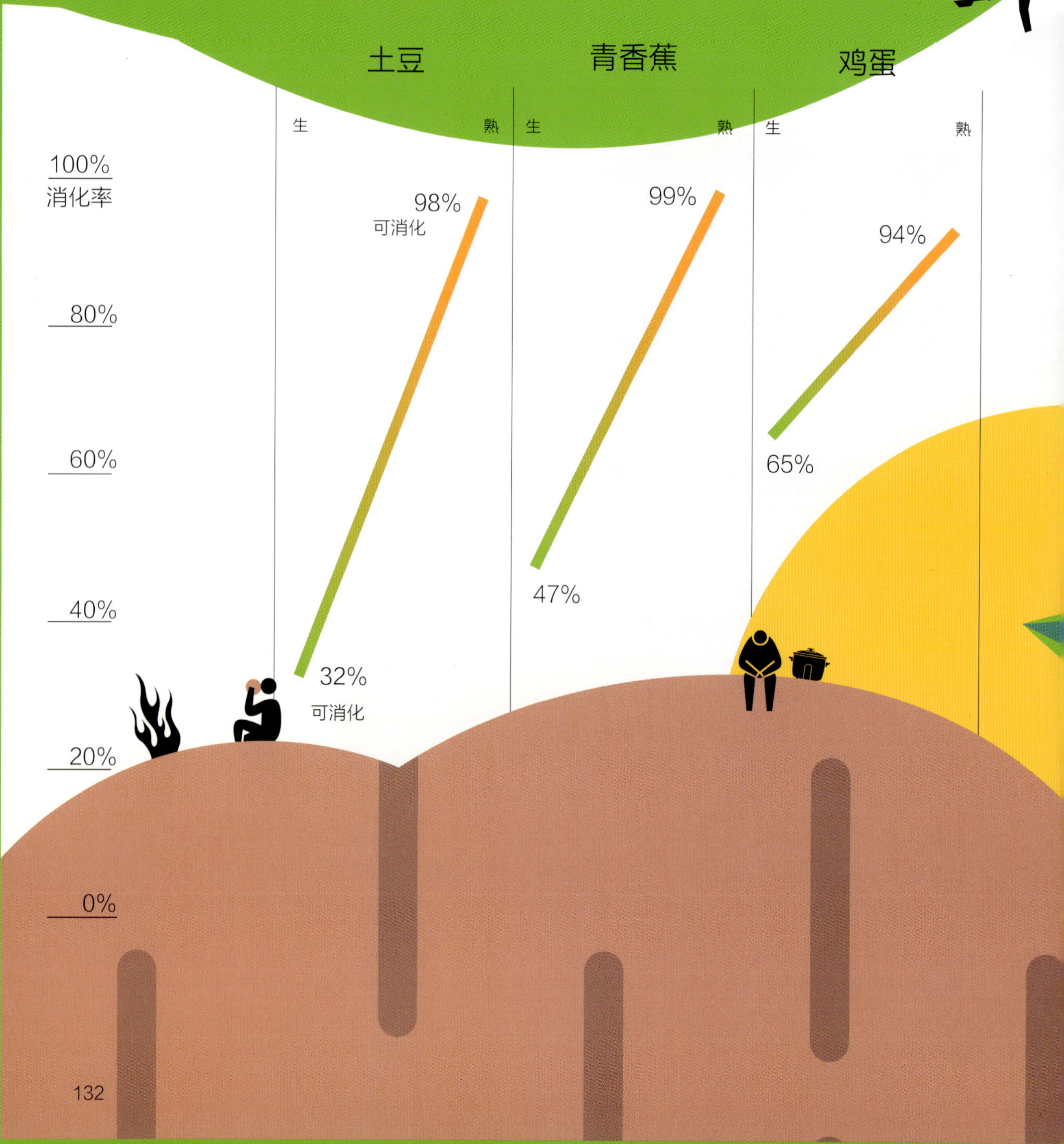

据称吃生食的素食者即便经常进食也会很快就又饿了，通常会比吃熟食的素食者体质指数（BMI）更低。

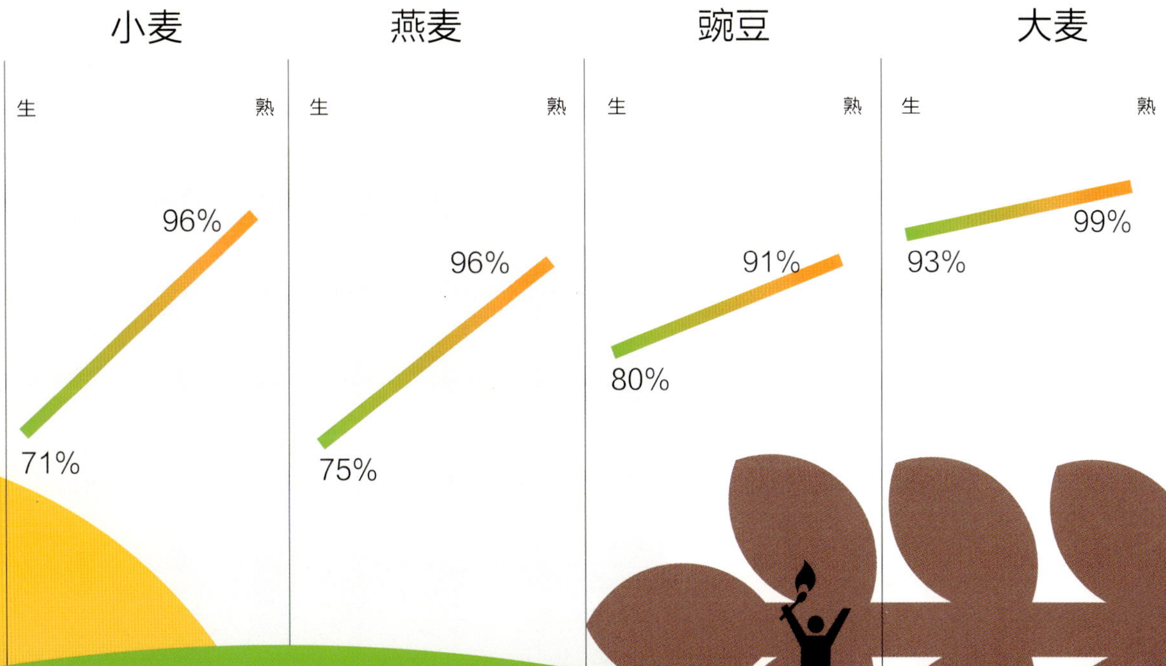


## 肉的情况如何?

在烹饪过程中，肉因为脂肪融化而失去热量。作为补偿，肉变得更容易消化，食物中毒的可能性也减小了。

生肉难以消化，要耗费大约三分之一你刚刚摄入的能量。在蟒蛇实验中，烹饪肉食使消化成本降低了 13%。

纯粹用生肉喂养的老鼠体重会下降，但若以熟肉来喂养，其体重下降会减缓。

# 我们是如何驯化动物的?

参观法国拉斯科洞窟壁画，你仿佛置身于一部史前动物寓言集中。在近两千个形象中，有一半左右是马、鹿、野牛、猫、熊、鸟和犀牛等动物。在17300年前，画这些壁画的人明显是被他们周围的动物迷住了：画里没有风景和植物，其余是一些人物形象和抽象符号。但他们可能完全没有驯服或拥有一头动物的想法。拉斯科的动物都是野生的。

时至今日，我们与动物的关系已经完全不同。在过去15000年间，从低级的果蝇到伟岸的大象，我们驯化了数百种野生动物，它们对我们而言各有用处：食用、劳力、运输、护卫、原材料、肥料、灭虫、放牧、陪伴、取乐、研究。

如果只算牲畜，地球上共有大约320亿只家养动物。狗大概有10亿条，猫有20亿只。除此之外，其他动物的数量难以确定。但考虑一下所有老鼠、豚鼠、鱼、蜜蜂、蚕、蜗牛、青蛙、蛇、医用水蛭和果蝇，你就能猜到大致情况。它们都是从哪儿来的呢?

人类自出现以来，约95%的时间像这些洞穴画家一样生活。接着，在距今大约3万年至1.5万年前，我们开始与动物交朋友。首先加入的是一种我们本应害怕和厌恶的动物，它最后被完全驯化，我们现在仍然视其为人类最好的朋友：家犬。

## 美好友谊的开始

这件事发生的地点、时间和方式尚无定论。带有和狗近似的特征的最早的狼化石出自3万多年前的欧洲和西伯利亚，但DNA证据指向大约1.5万年前一个更偏东方的起源。

不论它出现的地点和方式如何，还有一个问题：为什么？一种可能是，它是自然出现的。野狼会翻捡狩猎－采集者留下的猎物尸体，一些狼学会了跟随人，最终形成了一种互惠关系。它们帮助跟踪和杀死猎物，并提供保护。跟随人群也使狼群远离了它们更为野性的同胞，这意味着它们只能跟其他与人友好的狼繁衍后代，结果就选择了有利于与人共处的那些特征，比如顺从。

另一种可能是，人有意领养狼崽，并饲养它们——但考虑到一匹狼每天要吃5千克肉，这似乎不大可能。

### 松软的耳朵和可爱的模样

查尔斯·达尔文认为家畜的选择育种类似于野生条件下的自然选择。他还第一次注意到一件奇怪的事情：与其野生亲属相比，所有家养的哺乳动物都有一组类似的生物差异，即所谓的驯化综合征，包括温驯的性格、松软的耳朵、卷曲的尾巴、幼稚的模样和改变的毛色。其中许多特点明显对人类有用（或者至少是人类希望的），可能是在驯化和进一步的育种过程中被选择出来的；另外一些特点似乎是伴随性的，也许因为它们受相同基因的控制。

狗和人类一起生活的历史至少有 15000 年了。

## 这里有猪叫

狗非常适合冰川时代狩猎－采集者的生活方式。直到大约 11500 年前，当人们开始在村庄定居时，驯化才真正开始。

首先被驯化的是猪，然后很快是绵羊、山羊和牛。驯化这些动物几乎肯定是为了得到它们的肉、奶、毛、角和皮，不过，在完全驯化之前，人们大概已经花了几千年对它们的野生亲戚进行越来越实际的管理。也有人提出，牛是巫师出于举行仪式的目的而驯化的，只是后来才被用作负重牲畜。

猫似乎也是在这个时候被驯化的，但细节难以确定。它们的野生祖先是一种近东野猫——非洲野猫，它们很可能是被聚集在粮仓附近的啮齿动物吸引到了人类居住区。人们应该意识到了可以用它们来防鼠患以及它们的伶俐可爱，由此开始了一段持续至今的略为冷淡的关系。猫仍被认为没有完全驯化——它们保留了大部分野性，喜欢我行我素，很少有家养动物像它们这样。

肥沃新月地带是这方面的开拓者，但至少还有五个地方在史前时代就开始对动物进行驯化。每一个地方都为我们的“动物园”做出了独特的贡献：中国贡献了马、鸭子和蚕；印度贡献了水牛；非洲贡献了驴子和单峰骆驼；中美洲贡献了火鸡；南美洲贡献了豚鼠和美洲驼。

## 鸡是如何走遍世界的？

在肥沃新月地带之外，也许最重要的驯化对象是红原鸡。大约 7000 年前，它们在整个东亚和南亚被驯化。由此产生的物种是普通鸡，这是现今世界上数量最多的家禽。家禽养殖业每年出产大约 400 亿只鸡。

鉴于红原鸡是不迁徙的家禽，飞行能力差，活动范围小，上述事实就更加引人注目。它们遍布于除南极洲以外的所有大洲，这完全归功于人类。事实上，鸡与人类的关系极为密切，它们的 DNA 曾作为替代品被用来重现人类是如何逐渐占领广阔的太平洋地区的。

DNA 表明，至少在 3000 年前鸡就开始迁徙了，一面向中亚西进，一面向波利尼西亚及更远的地方东进。公元前 1200 年左右，鸡经由埃及进入非洲。数百年后，罗马人将其带到他们的欧洲帝国周围。这一全球性的钳形突击最后在美洲汇合，在那里，波利尼西亚人、欧洲人和非洲人先后将鸡引入。

人类出于各种目的一直在征服动物。最近的几个例子：雪貂，公元前 1500 年左右驯化自欧洲臭鼬；金鱼，公元 300 年左右驯化自中国银鲫；常见的黑腹果蝇，1910 年左右作为典型生物被用于基因研究。

# 役畜

在过去 15000 年里，人类出于各种目的驯化了数十种动物。

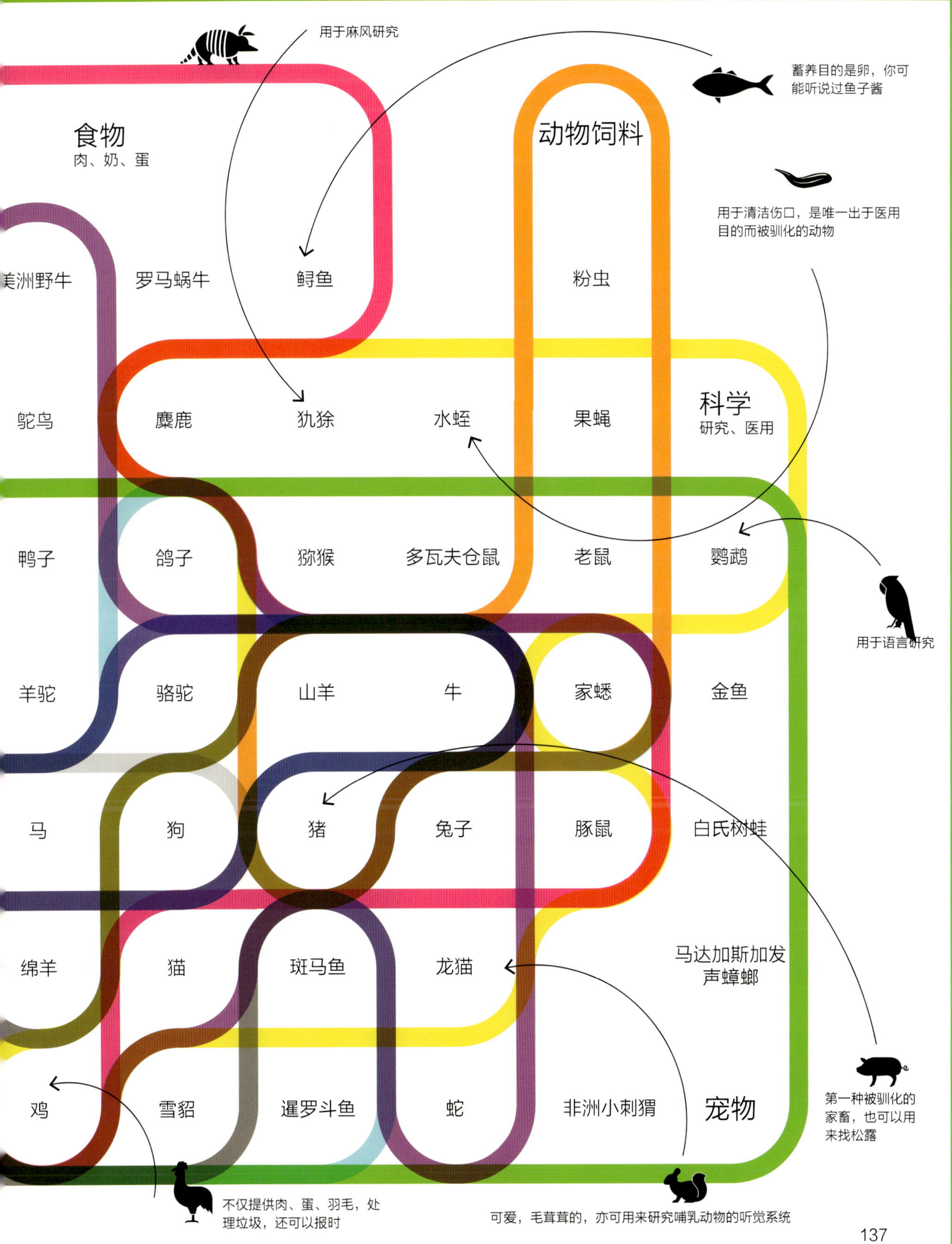
用于麻风研究
蓄养目的是卵，你可能听说过鱼子酱
食物
肉、奶、蛋
动物饲料
用于清洁伤口，是唯一出于医用目的而被驯化的动物
美洲野牛
罗马蜗牛
鲟鱼
粉虫
鸵鸟
麋鹿
犰狳
水蛭
果蝇
科学
研究、医用
鸭子
鸽子
猕猴
多瓦夫仓鼠
老鼠
鹦鹉
用于语言研究
羊驼
骆驼
山羊
牛
家蟋
金鱼
马
狗
猪
兔子
豚鼠
白氏树蛙
绵羊
猫
斑马鱼
龙猫
马达加斯加发声蟑螂
鸡
雪貂
暹罗斗鱼
蛇
非洲小刺猬
宠物
第一种被驯化的家畜，也可以用来找松露
不仅提供肉、蛋、羽毛，处理垃圾，还可以报时
可爱，毛茸茸的，亦可用来研究哺乳动物的听觉系统

# 我们是从什么时候开始崇拜神灵的？

坦桑尼亚的哈扎人不太关心神灵。他们也有起源神话和超自然的传说，但他们的信仰体系不合常规，其神灵冷漠无情，不关心日常道德。

哈扎人及其他狩猎－采集者群体常常被视为我们的远祖如何生活的活标本。如果是这样，他们缺乏可见于大量历史记载的人类生活的一个核心部分：有组织的宗教。

即便在今天这样日益世俗化的时代，大多数人仍会认同某个世界主要宗教：基督教、伊斯兰教、印度教和佛教等。与哈扎人不拘形式的民间宗教不同，这些宗教的典型特征是存在教义、规定的仪式和有等级的权力结构。无论是好是坏，它们都是人类历史最强大的推动力之一。那么，它们从何而来？

## 天生的信仰者

为了回答这个问题，我们先问一个不同的问题：人为什么会信神？对于很多人来说，答案显而易见：因为神存在。无论神是否真的存在，这反映了关于宗教信仰本性的某种有趣的东西。对于大多数人来说，信神就像呼吸一样容易。近年来，科学家们给出了一种解释。该解释被称为认知副产品理论，它认为人类是“天生的信仰者”。我们的大脑天然倾向于寻找富有吸引力和可信的宗教解释。

例如，演化使我们天生持有一个默认的假定，即我们周围的一切都是由一个有感知能力的东西造成的。这在演化意义上说得通：我们早期的祖先经常受到捕食者的袭击，草丛中的任何动静都可能是个威胁，此时宁可过分谨慎。但这也鼓励我们在本不存在施动者的地方看到施动者，以为我们周围的世界是由某人或某物创造的，凡事都有目的，有果必有因。这形成了大多数宗教的核心信条：有一个无形的施动者创造了世间万物，并对发生的事情负责。

此种内置的认知倾向使人们像哈扎人那样，被超自然信仰所吸引，但这并没有完全解释各大有组织的宗教的起源。其答案也许在土耳其境内的一座山上，那里有一处遗址被普遍视为世界上

### 来生之门

我们永远也不会知道建造和崇拜哥贝克力石阵的人到底信仰什么，但考古学家们有自己的想法。该遗址最显著的一个特点是长得像门的“门石”，常饰以猛兽和猎物的形象。门洞大小足以让人爬过去，暗示来访者也许会这样做来象征出生或死亡。此外，考古学家在遗址废墟中发现了大量骨头，包括人类遗骸，还有很多以食腐尸而闻名的白嘴鸦和乌鸦的骨头。这是另一个理由，使我们相信，举行死亡仪式是该建筑的功能之一，而这正是现代宗教的一个普遍特征。

最古老的神庙。哥贝克力石阵于 20 世纪 90 年代被发现，它是一座由若干石砌圆环组成的迷宫，圆环直径可达 30 米。其中心是一对 6 米高的柱子，被较小的 T 形雕塑环绕。有些雕塑刻有腰带和长袍，有些则刻有形状怪异的蛇、蝎子和鬣狗。

很容易理解为什么发掘哥贝克力石阵的考古学家们将其解释为一处宗教场所。但要坚持这种想法，他们必须挑战一种关于有组织宗教的起源的正统说法：这是新石器革命的产物之一。

## 村民

总而言之，这个观点认为，大约 10000 年前，人类开始放弃游牧生活，定居在稳定的农业地区。到了大约 8300 年前，生活在地中海东部地区的人们已经掌握了新石器时代的各种技术：农业、家畜驯养、制陶和建立村庄。他们还被认为建立了有组织的宗教。事实上，这些宗教的发明被视为他们成功的关键。在生活方式发生转变之前，人们生活在亲密的家庭小团体中。转变之后，他们基本上生活在互无关联的陌生人中间，这需要前所未有的信任和合作水平。

在进化生物学中，通常有两种方式来解释信任和合作：亲人之间的互助，以及互惠的利他主义，或者说“你帮我挠后背，我也帮你挠后背”。但这两种方式都难以解释许多不相关的人之间的合作。随着遇到陌生人的机会越来越多，亲人之间的合作逐渐减少。互惠的利他主义也不再行得通。

这便是宗教的起源。今天很多宗教都鼓励合作和利他主义，一些早期的宗教变种大概也在做相同的事情。

带有这些特征的宗教可以帮助互不相关的人结合成社群，作为社会黏合剂把一个个脆弱的新社群联系在一起。这样的群体会比临近的群体发展得更壮大，并且在争夺资源的竞争中胜出。随着这些群体的发展，它们的宗教会一同发展。今天，我们中的大多数人至少模糊地与一种非常成功的宗教关联在一起。

哥贝克力石阵的问题在于它过于古老，无法被纳入这个故事。其最古老的建筑可以追溯到 11500 年前，那时人类还处在狩猎和采集阶段。该遗址中没有农业出现的证据，也没有任何定居的痕迹。但哥贝克力石阵明显是由一个能够动员大量劳动力的复杂社会创造的。现有证据也强烈暗示，该社会有一个共同的信仰和仪式体系。他们聚集在哥贝克力石阵前，一起举行这些仪式。换言之，这就是有组织宗教的外部标志。

因此，随着哥贝克力石阵以及附近其他有类似石碑的场所（有些历史甚至更悠久）被发现，正统观点被完全颠覆。不是农业为有组织的宗教的确立创造了丰厚的条件，事实似乎正好相反。最初将人们纳入一个更大社会的不是农业，而是仪式性的集会。人们在这些集会上的食物需要可能促进了农业的发展。引人注目的是，最近的基因研究表明，最早的小麦种植地点离哥贝克力石阵非常近。

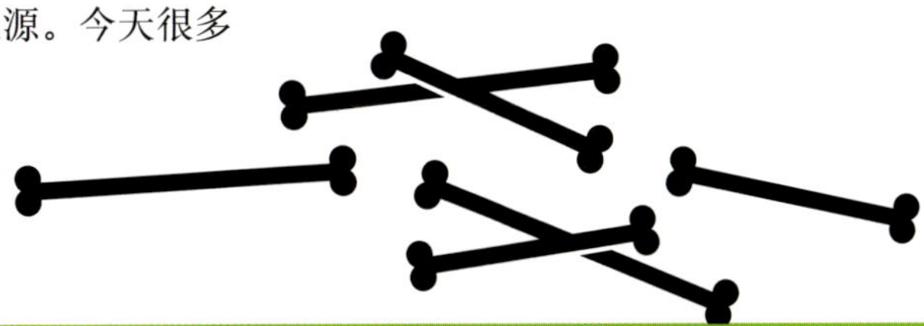

# 难以置信!

宗教故事中充斥着“最低限度地违反直觉的超自然事物”——那些人、动物、植物、人造物和自然物违反了我们对这些事物行为的直觉预期。它们非常令人难忘，有一种奇妙的合理性。

| | 人 | 动物 |
| --- | --- | --- |
| 违反物理学 | 耶稣<br>男人<br>在水上行走 | 埃及的第八灾<br>蝗灾<br>遮天蔽日 |
| 违反生物学 | 拉撒路<br>死人<br>复活 | 约拿记<br>鲸鱼<br>可吞下整个人 |
| 违反心理学 | 耶稣<br>某人<br>知道未来 | 伊甸园<br>蛇<br>会说话 |

最低限度地违反直觉的事物只违反了一种预期。如果它们违反了多种预期，比如一条既会说话又会飞的蛇，它们便不再那么令人难忘或可信。

这些例子来自《旧约》和《新约》，但其他宗教、民间传说，甚至像《指环王》和《哈利·波特》之类的小说，也充斥着最低限度地违反直觉的事物。

| 植物 | 人造物 | 自然物 |
| --- | --- | --- |
| 着火的灌木丛<br>**灌木丛**<br>**着火了但没烧起来** | 耶稣的神迹<br>**水**<br>**变成葡萄酒** | 出埃及记<br>**海水**<br>**分开** |
| 亚伦之杖<br>**花**<br>**从权杖上长出来** | 耶稣的神迹<br>**两条鱼和五块饼**<br>**喂饱了5000人** | 埃及的第一灾<br>**河水**<br>**变成血** |
| 知识树<br>**树**<br>**有知识** | 十诫<br>**石板**<br>**告诉人们如何行事** | 伯利恒之星<br>**星星**<br>**指引道路** |

# 我们是从什么时候开始喝醉的?

你的毒品是什么?如果你是一个具有代表性的人,那么这个问题只有一个答案:乙醇。不论好坏,这种有毒、醉人的液体已经在人类文化中存在了数千年。古老的文化无意中发现了酒精的配方,然后在醉意中踉跄。只有北极、火地岛和澳大利亚的土著未能发现发酵。对于能够发酵成乙醇的东西,我们差不多都已经试过了:葡萄、谷物、苹果、梨、蜂蜜、大米、牛奶、树汁、荨麻、土豆皮。我们只需要一些糖、一些酵母和一点耐心就能换来一段好时光。

我们对酒精的钟爱由来已久。已知最早的酒精饮料大约与农业一样古老。但我们与酒精的关系要远比农业悠久。

并非只有人类喜欢饮酒。果蝇也吃发酵过的水果,但看起来没有让它影响自己的行为。其他动物则有明显醉酒的情况:人们发现海雀吃了发酵过的浆果后会在树上乱蹦乱跳或者撞向建筑物。大象则因其醉酒后的横冲直撞而声名狼藉。在印度阿萨姆邦的一次悲剧事件中,一群大象偶然发现了若干桶啤酒,狂饮过后踩死了至少六个人。

在我们的灵长类亲戚中,加勒比海圣基茨岛上的长尾猴因偷鸡尾酒而臭名昭著,马来西亚丛林中的树鼩则是老酒鬼,每天都啜饮玻淡棕榈树上发酵的花蜜。几内亚的野生黑猩猩曾被发现因喝了棕榈酒而醉醺醺的。

这种行为可以追溯到大约 1 亿 3000 万年前结果植物的演化,当时,在恐龙的阴影下,我们人类的祖先与树鼩并无多大不同。早期的哺乳动物利用了这种新的食物来源,微生物也是如此。有一类被称为 saccharomyces(希腊语字面含义为“糖菌”)的喜爱水果的酵母菌出现了,并迅速演化出一种微妙的适应。它们并不完全分解水果中的糖分,而是演化出了一种能力,部分分解糖分,从而产生乙醇。这在释放能量方面不够有效,但可以影响其他喜食水果的微生物。

## 水果的香味

“糖菌”会把成熟的水果作为养料,所以,水果散发出乙醇的气味就暗示它可以食用了。自然选择会青睐那些能循着乙醇气味去寻觅有营养的食物的哺乳动物。喜欢发酵水果味道的动物将在竞争中胜出。所以喜爱酒精的味道及其对神经的作用成为我们灵长类祖先生物组成的一部分。这叫一饮钟情。

数百万年以后,当我们的祖先开始耕种时,对酒精的喜爱可能也提供了好处。大约 10000 年前,在农业出现之初,小聚落的人们开始对食物进行发酵。这使他们得以保存剩余的粮食,其实就是用酵母来代替使食物变质的细菌。它甚至可以使谷物变得更有营养，因为发酵可以产生营养物质，包括维生素 B。

发酵还可以给液体灭菌。早期聚居区的卫生条件恶劣，发酵饮品比水更安全。饮用酒精饮料还可能使社会交往变得更加顺利，随着聚居区的发展，社会交往变得更复杂了。

也许是因为储存的小麦和大麦感染了酵母菌，最早的农民偶然发现了造酒的方法。一些人类学家怀疑，我们起初种植谷物不是为了食用，而是为了发酵。啤酒的出现似乎早于面包。

葡萄后来变得可以种植。葡萄皮上生长的真菌使葡萄在阳光下可以自然发酵。最古老的真正的酒精饮料的遗存证明了它悠久的历史。在中国黄河附近的贾湖遗址，人们在有 9000 年历史的陶罐中发现了酒的残留物，化学检测表明其中包含着由大米、山楂、葡萄和蜂蜜组成的混合发酵物。

## 旧瓶装旧酒

陶器碎片上也发现了最早的葡萄酒的残留物，它们是发酵的葡萄和树脂的混合物，来自有 7000 年历史的考古遗址——伊朗的哈吉菲鲁兹。啤酒的最早化学证据来自大约 1500 年后的同一地区。鸡尾酒也在菜单上：3000 年前，青铜时代的希腊人将葡萄酒、啤酒和蜂蜜酒混在一起喝。这些古代饮料中有很多都被研究生物分子的考古学家们重新酿造过，有些据说相当可口。

无论发酵是怎么被发现的，人们很快就意识到这是一项不竭的馈赠。只需从现有的成品中取出一份样品混入新的原料中，就可以不断重复下去。

## 不知姓名的嗜巧克力者

即便是滴酒不沾的人也有理由庆祝酒的发明：巧克力。西班牙人来到中美洲之前，中美洲人在酿酒过程中发现了它的副产品——巧克力。

只有当生可可的果实和种子的稀浆一起发酵时，巧克力的味道才能出来。除非当时的中美洲人出于另一种理由对这种果实进行发酵（的确，他们在酿造一种名叫吉开酒的饮料），否则难以解释他们是怎么发现这个过程的。关键的一步也许在于，吉开酒的酿造者碾碎了发酵后的可可种子，为了提味将其添入酒中，然后发现它们产生了怡人的巧克力味。

随着农业的传播和不同文化的出现，酿酒者的酵母发生了多次变化。由于不同地区酿酒方式的差异，出现了新的酵母。有的被用作面包酵母。

然而，发酵只能把我们带这么远了。最终，酵母会因自己的废物而中毒。最烈的发酵饮料的乙醇浓度也只有 15 度。不过，中国在大约 1000 年前发明的蒸馏技术解决了这个问题，能使发酵饮料变成烈性酒。干杯！

# 奇特的酿造物

古代人利用他们能够找到的任何东西酿造酒精饮料，调配出了一些奇特的东西。

中国

**新石器时代的酿造物**

**9000 年前**

已知最早的酒精饮料是由 9000 年前中国贾湖的农夫们用水果、大米和蜂蜜作为糖料酿制而成的。来自中国这个地区的最古老的陶器也可追溯到同一时期。这是巧合吗?

伊朗

**真正的葡萄酒**

**7400 年前**

已知最早的葡萄酒由新石器时代扎格罗斯山的农夫们酿制。由于不含单宁酸，它也许是白葡萄酒。啤酒的最早证据出现在 1500 年后的同一地区。

希腊

**醉酒的山羊**

**公元前 9 世纪**

在《伊利亚特》中，荷马提到了一种红酒，其中配有磨碎的山羊奶酪和大麦粉。公元前 9 世纪的希腊士兵墓地出土了小型的青铜奶酪刨丝器。

丹麦

**青铜时代的鸡尾酒**

**3370 年前**

人们在丹麦艾特韦的一座女性墓地发现了一个桦木桶，里面装着加了药草的啤酒、蜂蜜酒和葡萄酒的混合物。大约 3000 年前，希腊人和苏格兰人也会把葡萄酒、蜂蜜酒和啤酒混在一起喝。

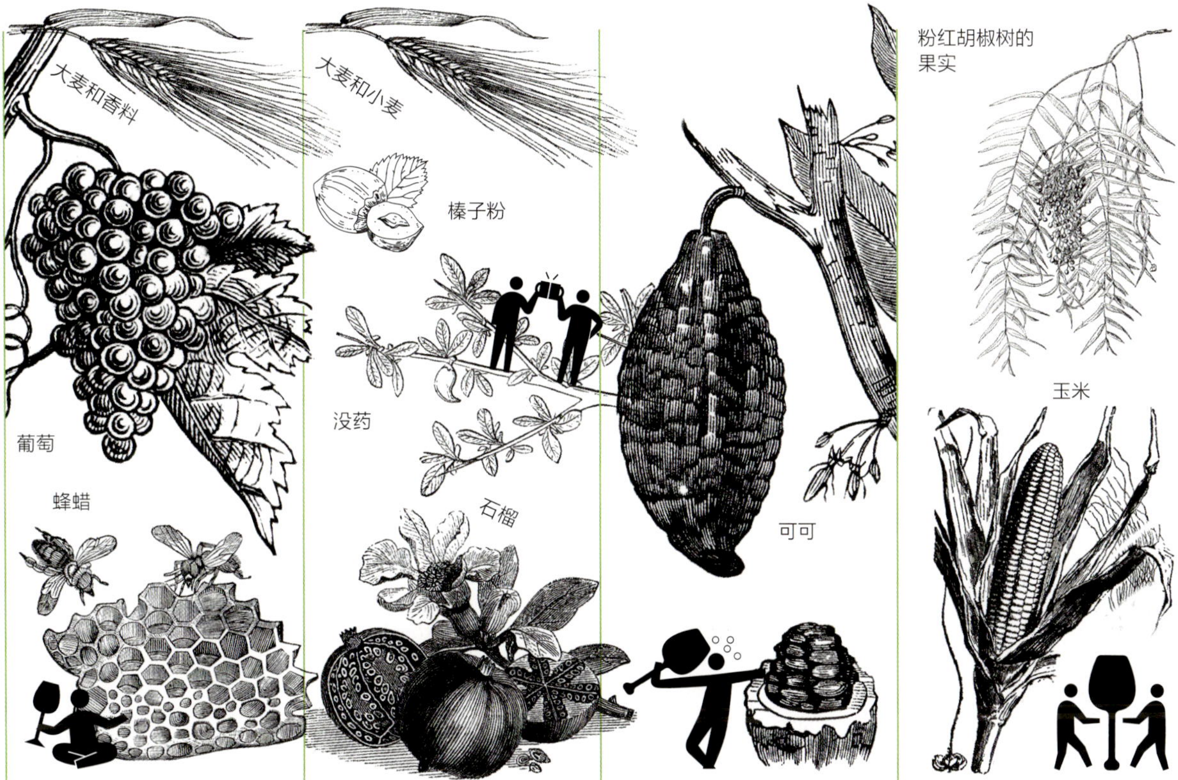


安纳托利亚

### 弗里吉亚人的痛饮

2700 年前

传说中的国王弥达斯是一个真实存在的人物，他曾统治弗里吉亚的安纳托利亚王国。他去世时陪葬的物品中有由蜂蜡、葡萄、大麦和香料酿成的酒。希望国王没有碰这东西。

意大利

### 伊特鲁里亚麦芽酒

2800 年前

意大利中部的伊特鲁里亚人是酿酒专家。他们用大麦和小麦酿造啤酒，也用迷迭香为葡萄酒提味，这似乎启发了法国人开始酿造葡萄酒。

洪都拉斯

### 巧克力味的吉开酒

1200 年前

哥伦布抵达之前的中美洲人酿造出一种名叫吉开酒的玉米啤酒。它用包括可可在内的草本芳烃调味。其发酵过程可能导致了巧克力的发明。

秘鲁安第斯山

### 辣酱

1000 年前

属于前印加文明的瓦里人喜欢又热又辣的玉米啤酒，其成分之一粉红胡椒不是真正的胡椒，但是有类似胡椒的味道。

# 我们为什么需要这么多东西？

英国歌手约翰·列侬在某个比较理想主义的时刻曾让我们想象一下一无所有的生活。

尝试一下：这并不容易，对吧？事实上，这几乎无法想象。没有衣服、栖身之处、烹饪工具和干净的饮用水，我们很难活下去。试想一下没有床、淋浴、毛巾、电灯泡和肥皂的生活，更不用说失去爱好、享受以及其他所有具有情感价值的东西了。我们所拥有的东西界定了我们这个物种，没有它们的生活很难被视为人的生活。

人类的近亲没有财产也能生存。黑猩猩会用粗糙的工具搭建巢穴，但这些工具用过就扔。其他大多数动物没有任何财产也能过活。

我们是如何从身无长物的猿猴演化成喜欢囤积的人类的？回答这个问题并不容易。一方面，“所有物”和“非所有物”之间的界限并不明显：比如说，你是否拥有自家后院的土壤或者水龙头里的水？当你丢弃某物时，它何时不再是你的了？此外，我们祖先所拥有的许多东西（动物皮毛或木制工具）不大可能幸存于考古记录中。

尽管如此，关于人类最早的所有物仍有一些线索可循。显然，我们可以从大约 330 万年前制造的最早的石器开始。它们旨在完成某项工作，而且必定曾由某个人保管。但它们极为简单且容易消耗，就像黑猩猩的工具一样。

## 那是我的！

但随着工具变得越来越复杂和难以制作，所有权的意识必定会出现。工具成了第一批真正的所有物——这些东西被其拥有者所珍视和保有一段时间，并且被其他人（也许带着嫉妒）看成属于某个人的东西。所有权概念实际上随着矛和箭头的出现而兴起，这些东西至少在 30 万年前首次出现在非洲。猎人们在狩猎后会将其取回并反复使用。

### 狗主人

1776 年，哲学家亚当·斯密指出了一个关于动物的奇特事实：它们似乎没有属于自己的东西。“没有人见过狗与狗之间有意公平交换骨头。”在许多方面，他都是正确的。只有人才有复杂的财产制度。不过，有些动物被认为也拥有属于自己的东西：鸟有巢，河狸有堤坝，松鼠和灌丛鸦会储藏食物，园丁鸟会收集闪亮多彩的东西以吸引伴侣。许多动物都会捍卫领地。

但这些行为远远不像人的所有权那样复杂。原因很简单：语言。如果没有语词，为实施所有权而制定的彼此都理解的规则和体制就不可能存在。界定所有权是法律最重要的功能，而法律是由语词组成的。

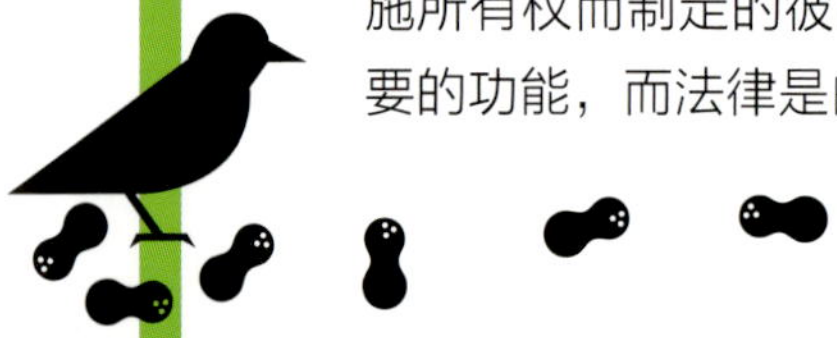

人类早期另一个重要的所有物可能是火。当时的一些狩猎－采集者群体会随身携带余烬，因此可以被认为“拥有”火。我们的祖先也许做过同样的事情。掌握火的最早的确凿证据可以追溯到大约 80 万年前。

衣服也出现得很早。体虱的基因证据暗示，我们大约在 7 万年前就开始穿衣服了。

一旦拥有了火、衣服和复杂的工具，我们就会渐渐依赖它们而生存，尤其是在进入寒冷地区之后。我们的所有物开始成为我们“延伸的表型”的一部分，它们之于生存就像堤坝之于河狸一样重要。

## 炫耀性消费

随着时间的推移，又出现了一次飞跃。物品之所以有价值，不仅因为它有用，还因为它可以作为名牌商品显示其拥有者的能力或社会地位。最终，某些物品只因这些理由而变得有价值，比如珠宝。这方面最早的证据是在以色列和阿尔及利亚发现的 10 万年前的一些贝珠。

很明显，在数万年前，人与物品的关系已经超出了用途和生存价值的范围。

游牧的生活方式限制了人们所能积累的物品的数量，一些考古学家由此推测，袋子或育婴袋可能是人类最早、变化最多的所有物之一。袋子让人们能比徒手时积累更多的东西，而且可以随身携带。不幸的是，袋子是由可降解的材料做的，所以我们不知道它们是何时被发明出来的。我们已知最早的袋子大约有 4000 年的历史。

随着人类转向定居的生活方式，这种情况改变了。一旦人们选择在一个地方生活，他们就开始积累财产。这种生活方式也预示了一种新的社会经济形态。群体变得越来越大，等级制度发展起来，像华服和珠宝这样的贵重财产支撑着重要人物的地位。事实上，一些考古学家认为，如果没有相应的“物质文化”，社会就不可能复杂起来并产生等级制度。

## 贿赂我

从游牧到定居的这种转变改变了物质主义的方向。人们定居下来后，会变得更容易受到环境灾难的影响。这鼓励人们积累财产，将其作为一种保障。另一种保障是发展与邻近群体的关系，交换一些非必需的物品会促进这些关系。最终，当社会变得越来越庞大和复杂时，物品就成了财富的储藏所。这些物品的交易最终导致了钱的出现。

当今世界，有一些群体并未生活在庞大复杂的社会中，拥有的财产也很少。例如，坦桑尼亚的哈扎人几乎没有私人物品，而且崇尚强制分享。但绝大多数人不会这样生活，结果他们被各种东西包围，怀着似乎永远不会满足的欲望，想要得到更多。

那么，人类拥有过多东西的习惯有可能被打破吗？考虑到我们要依赖各种东西才能生存及显示社会地位，这似乎是不可能的。继续做梦吧。

# 你就等于你所拥有的。

财产是定义我们的东西之一：黑猩猩没有财产一样过得很好。但你是否想过你一生中会用掉多少东西?

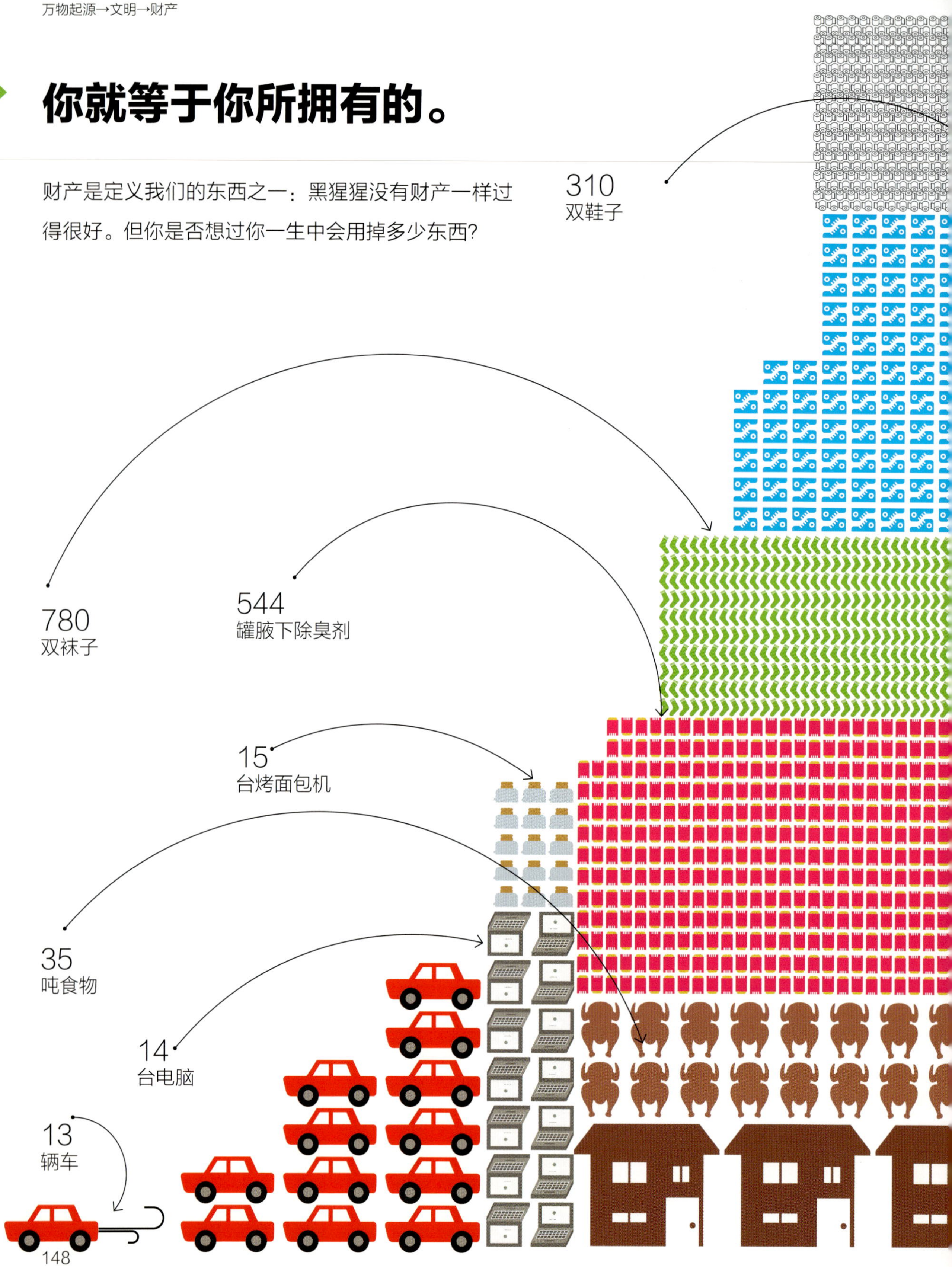

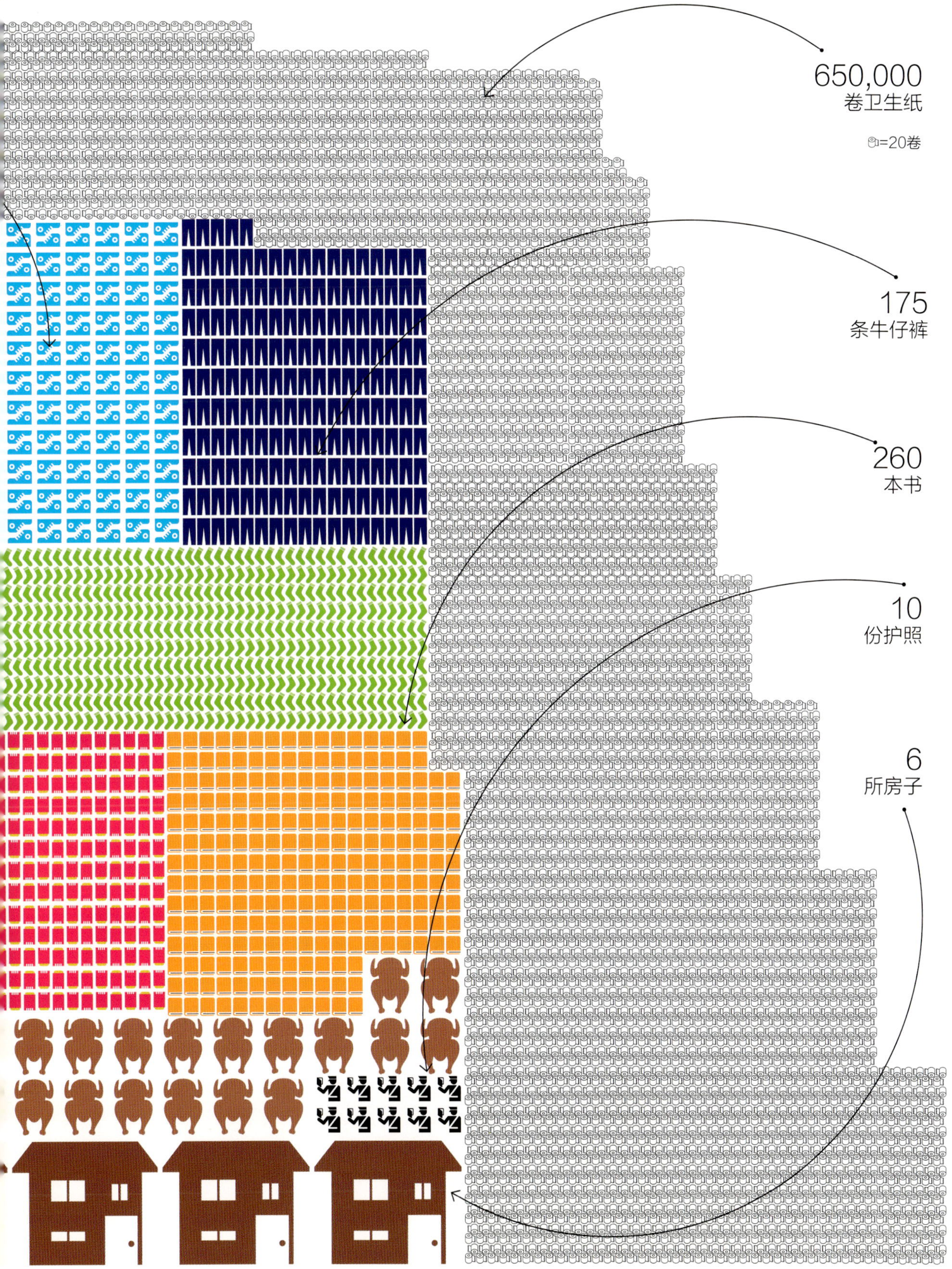
650,000
卷卫生纸
=20卷
175
条牛仔裤
260
本书
10
份护照
6
所房子

# 我们是从何时开始穿衣服的？

人类在很多方面都与其他巨猿不同，其中最明显的一个方面是我们裸身的样子。黑猩猩、倭黑猩猩、大猩猩和猩猩几乎全身都是毛，而我们则几乎没有毛。

当然，我们很少看到对方的裸体，因此往往注意不到我们的毛很少。这是因为我们习惯了穿衣服，就好像失去了覆盖在我们祖先身上的毛是一个巨大的错误似的。

在某些方面的确如此。在人类发生演化的非洲，保持凉爽要比保温更难。无毛在这种环境下是一种优势，特别是因为我们的冷却系统靠的是出汗，这在全身长毛时不太管用。而一旦褪了毛，我们的活动范围就变窄了。到过北或过南的地方，环境都会非常不利于生存。

这显然不再是一个问题。现代人分布在世界各地。使这一征服得以实现的技术之一是衣服（火和棚屋也很有帮助，但没有衣服易于携带）。衣服不仅可以保持温暖和干燥，而且是一种重要的社会标志，可以体现我们的身份。

## 穿得暖和

因此，衣服的出现是人类史前史的一个重大事件。不幸的是，其详细情况仍然笼罩在迷雾之中。衣服是由羊毛、皮毛、皮革和植物纤维等可生物降解的材料做成的，难以经受住时间的摧残。已知最早的衣物只有数千年之久，但我们知道，人类开始穿衣服的时间必定要早得多：15000 年前（上一个冰期的高峰时期）穿越白令陆桥进入阿拉斯加的西伯利亚人肯定穿了衣服。再往前追溯，很难想象 40000 年前进入欧洲的人没有衣服保暖。

有间接的考古学证据表明，衣服可能是很古

### 穿戴整齐

最早的完整的鞋子可以追溯到大约 5500 年前。它是在亚美尼亚的一个洞穴中被发现的，由一块牛皮制成，并用一条皮绳系牢。不过，鞋的发明肯定要早于这个时间，这点有间接证据支持。在中国一个洞穴中发现的 4 万年前的脚趾骨表明，其主人经常穿鞋。

考古学家们测量了这些骨头的形状和密度，并将它们与 20 世纪的美洲人、史前晚期的因纽特人以及其他史前晚期的美洲土著的脚趾骨做了比较。鞋子改变了我们走路的方式。脚趾的蜷曲度明显变小，所以骨头受力更少，这导致解剖上的明显差异。穿鞋的现代人脚趾弱小，光脚的美洲土著脚趾粗大，穿鞋的因纽特人则介于两者之间。在中国发现的脚趾骨最像因纽特人，这表明它们的主人经常穿鞋。

一双旧的棕色鞋子，制作于 5500 年前

老的发明。法国的洞穴壁画显示，人类穿衣服的时间可以追溯到 15000 年前，但其可靠性令人怀疑。最早的缝纫针有 40000 年左右的历史，磨制兽皮的刮刀可以追溯到 50 万年前，但两者的目标可能并不是做衣服。至于我们的祖先何时变得无毛，就更没有确凿的证据了。

幸运的是，我们并不需要依赖考古学。褪毛和穿衣服的时间都可以追溯到一个意想不到的源头：虱子。对于大多数哺乳动物来说，这都是一个恼人的事实。大多数灵长类动物都会遭到一个不寻常的物种的骚扰，尽管猩猩和长臂猿出于某种原因得以幸免。由于不均匀的毛发和衣服，我们人身上有三种虱子：头虱、阴虱和衣虱，它们都会吸血。我们实在是猿类当中最容易生虱子的。好处是，它们可以讲述我们的过去。

首先与无毛有关。我们过去可能只会滋生一种遍布全身毛发的虱子。事实证明，这乃是现代头虱的祖先——体虱。随着我们失去大部分体毛，它的栖息地萎缩了。但一个新的栖息地出现了：阴毛。它比头发粗糙，对于纤弱的头虱来说过于浓密，无法附着。处于有利地位的是阴虱，它们比头虱大得多，也强壮得多，它们还喜欢生活在面毛、眉毛、腋毛和胸毛中，偶尔也出现在头发上。

你也许以为阴虱是从头虱演化而来的，但事实并非如此：距离它们最近的亲戚是大猩猩身上的虱子。在过去的某个时候，它们从大猩猩身上跳到了人身上。至于究竟是怎么跳过去的，是一个太过细致的主题：我们无须费力讨论。但遗传学告诉我们，这两个物种大约在 330 万年前分道扬镳，这暗示我们的祖先在当时就已经有了分离的头发和阴毛。这时间早得令人难以置信，远在智人出现之前。我们一直以来都是无毛的。

## 证据线索

衣服的情况怎样？当史前人类开始为赤裸的身体穿上衣服时，他们也为虱子创造了一个新的温床。这一次头虱首先入住，衣虱就像更大、更强壮的头虱，两者无疑关系密切。

不过它们差异很大，足以用遗传学来确定其分化的时间。最近的分析表明，两者的共同祖先生活在至少 83000 年前，甚至 170000 年前。我们的祖先似乎在走出非洲之前就已经开始穿衣服了。如果是这样，我们不由得猜测，衣服是使人类能够走出非洲的技术突破之一。

关于最早的衣服究竟是什么样或者由什么材料制成，专家们莫衷一是。但衣服的发明与象征文化的萌生在时间上吻合，因此，可以合理地推测，功能性很快就与炫耀和时尚结合在一起。光鲜的皮草——只可惜上面有虱子。

# 虱子与人

虱子的演化史向我们讲述了人类自己的演化史，包括我们何时失去体毛，何时开始穿衣服——也许与大猩猩的关系过于亲密了。

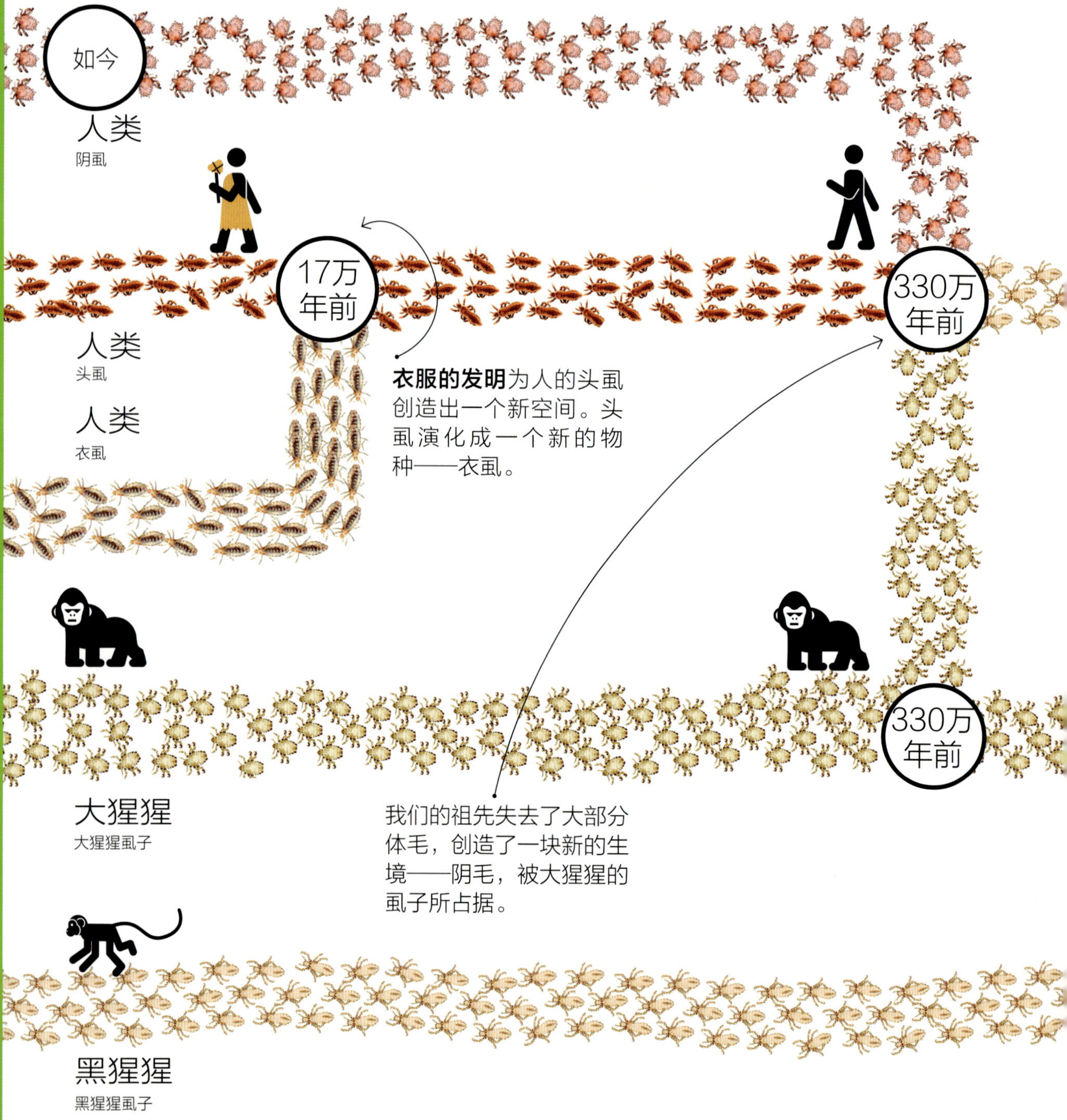

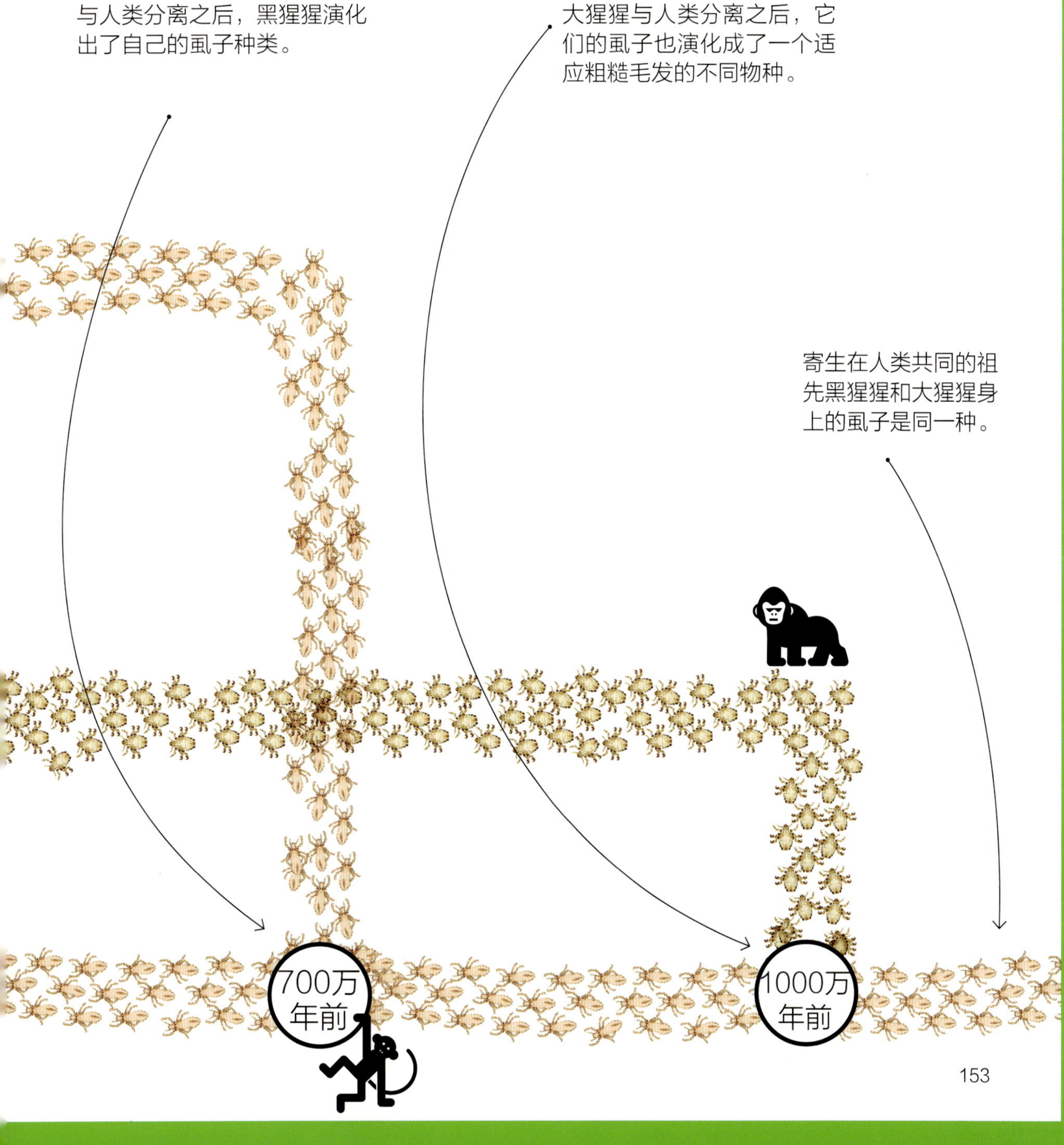
与人类分离之后，黑猩猩演化出了自己的虱子种类。
大猩猩与人类分离之后，它们的虱子也演化成了一个适应粗糙毛发的不同物种。
寄生在人类共同的祖先黑猩猩和大猩猩身上的虱子是同一种。
700万年前
1000万年前

# 最初的音乐听起来什么样？

在刚果雨林深处居住着地球上最具音乐天赋的一群人。梅邦泽勒人是一些狩猎－采集者，他们很少走出雨林，也没有收音机或电视。他们与外界的接触极少，但其音乐作品（声乐、拍手和鼓乐）堪比最复杂的交响乐，而且带有特别的和声和复节奏。

梅邦泽勒人清楚地表明，音乐是人类天性的一部分。和语言、宗教一样，所有文化都包含音乐，它是使人成为人的东西之一，也是最难解释的事物之一。

达尔文对大多数人类特征的起源都很有洞察力，他说音乐是我们最神秘的能力之一。他认为音乐始于一种“音乐性的原始母语”——一种类似于鸟鸣的求偶展示，最终分化成两种不同的东西：音乐和言语。

另一些人则认为，音乐是一种大脑训练，可以提高记忆和情感等各种心智能力。音乐也被称为“听觉的奶酪蛋糕”，这种愉悦的体验之所以吸引我们，是因为像模式识别这样的其他心智特性。不幸的是，几乎没有任何证据能够证明这些说法。

## 发现我们的声音

一个理由是，音乐的起源已经淹没在时间当中。最古老的乐器是在饰有壁画的欧洲洞穴中发现的残破的骨笛，其年代大约在距今42000年至15000年之间，这正是创造力勃发的时段。

迪维·巴贝长笛是最古老的乐器之一，发现于今天斯洛文尼亚的尼安德特人遗迹中。有人认为它是尼安德特人制作和使用的笛子，那会非常有意思——如果尼安德特人精于音乐，那意味着我们共同的祖先也是如此，这至少会将音乐的起源提早50万年左右。但我们没有物质证据，这并不奇怪，因为最早的音乐大概是唱出来的。

探索音乐更深层的起源的一条有前途的路径是动物。总体说来，没有太多东西可以探索：大多数动物都对音乐无动于衷。如果要在音乐和无声之间做出选择，猴子每次都会选无声。它们似乎也不会辨别谐和声和不谐和声。在这方面，它们类似于患有失歌症的人。失歌症是一种罕见的神经病学缺乏症，使人无法对音乐有本能的欣赏。

### 跟着节奏舞动的动物

许多动物都会跟着节奏舞动。其中最著名的也许是一只葵花凤头鹦鹉“雪球”，它在2009年因为一条YouTube视频而走红。视频里，它跟着一首“后街男孩”的歌曲忘情地跳着舞，节奏非常准确。

研究者们在互联网上搜索更多信息时，又发现了14种节奏感发达的动物，其中包括金刚鹦鹉、长尾小鹦鹉、亚洲象和一只名叫罗南的小海狮。另外500条视频展示了狗、鸭子和猫头鹰等动物在随着音乐移动，虽然跟不上节奏。很多人也有这个特征，即所谓的“老爹舞”。

对这些不幸的人而言，音乐是乏味的噪声，曲子与曲子之间没有什么区别；有少数人甚至无法区分音乐和用扳手敲打排水管的声音。这也许是因为他们缺乏一种易于接受音乐的大脑系统，这暗示了音乐是人类所独有的。

## 鸟鸣

然而，动物王国并不全是音盲。很多鸟都会唱复杂的歌曲，还会学习新曲。爪哇禾雀能够区分不同风格的音乐：它们更喜欢巴赫的旋律而不是舍恩伯格的无调性音乐，会选择聆听巴赫而不是寂静无声。

但这并不意味着它们精于音乐。鸟鸣服务于一种特殊的功能：它基本上仅限于雄性，目的在于求偶和保护领地。而我们作曲和听音乐的理由却五花八门，比如性、联络感情和保护领地等，或者是为了提高或改变情绪、祭拜神灵、激励自己、集中精力，或仅仅是出于纯粹的乐趣。

人类还会有意写出新音乐，发明新风格，寻求新的音乐体验。即便最多才多艺的鸟类歌唱家也会固守一份核心曲目。主流观点认为，音乐是人类独有的——但这对于理解音乐的起源无甚帮助。

不过，音乐有一个特征似乎更为悠久，那就是节奏。与音高和和声不同，节奏在所有音乐文化中普遍存在。婴儿对节奏做出反应要远早于学会欣赏和声。人以外的许多动物也会受到节奏的感染。

距离我们最近的亲戚就有节奏感。野生黑猩猩会连续敲打树桩等能激起回响的物体。研究者给了杰克逊维尔公园的倭黑猩猩一套架子鼓，它们很快就学会了如何演奏。

这些动物中有许多是社会物种，有人视之为一条线索。节奏感与社会行为之间可能存在着一种关联，尤其是出于协调行为的需要。节奏充当了一种社会黏合剂。倭黑猩猩和黑猩猩所在的群体都要求个体对他者的行为进行评价和回应。预测群体活动的时间，与他者的行为同步，也许强化了节奏感所涉及的神经回路。

## 跟着节奏吃

对于像制作工具、狩猎和准备食物这样的活动，我们的祖先也需要社会协作。随着时间的推移，这些行为可能会变得极富节奏感，因为跟着节奏工作有助于人们协调自己的行动——想想劳动歌曲和船工号子吧。

有节奏的重复运动还有助于将群体联系在一起，深化对人类生存至关重要的社会联系。

如果这个模型是正确的，那么我们的乐感就始于节奏感。在过去几千年里，我们的乐感已经变得远比其他任何动物都复杂。我们也许永远不会知道其中的详细情况或原因，但这并不妨碍我们享受音乐给予我们的独特乐趣。大脑扫描显示，对音乐有反应的大脑部位也会对食物、性和药物起反应。摇滚乐！

# 完美的和谐

“Somewhere Over the Rainbow”的前两个音

如果其频率（产生声音的振动弦的长度）之比为简单的整数，那么两个音听起来就是悦耳的。这些数学关系可以用利萨如曲线来描述：图案越复杂，声音就越不和谐。

最和谐　　最不和谐

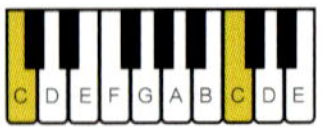


八度
1:2（例如，a = 1，b = 2（1:2））

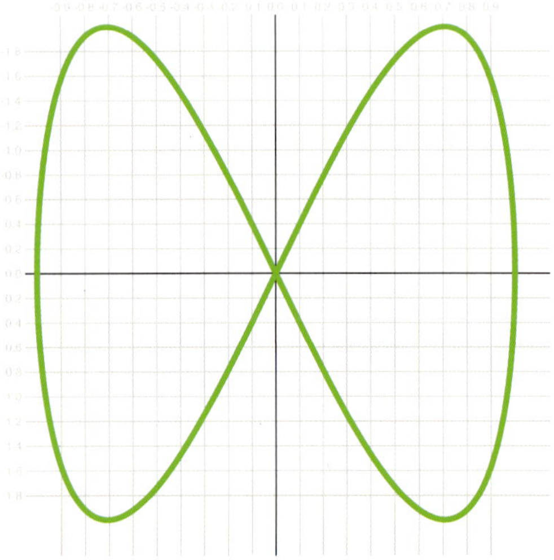

五度
3:2

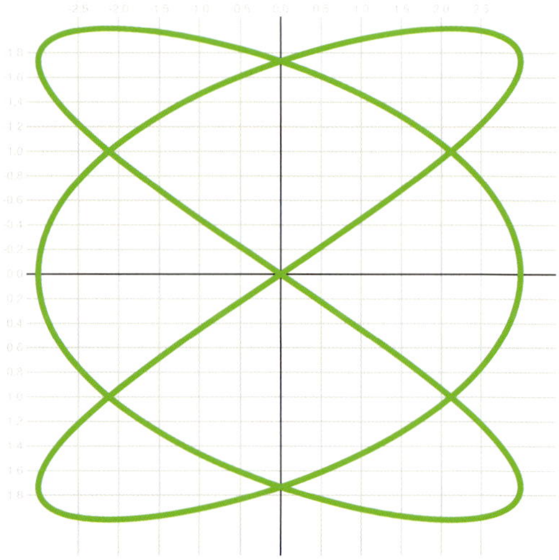

“Greensleeves”的前两个音

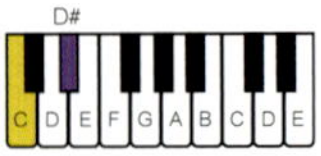


小三度
6:5

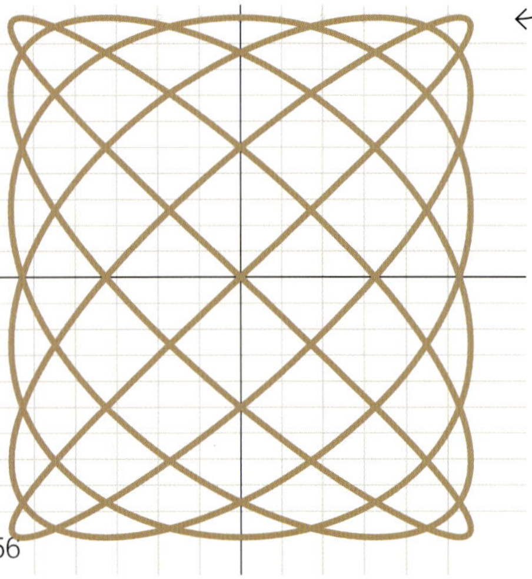

Do-Re-Mi 中的 Do 和 Re

大二度
9:8

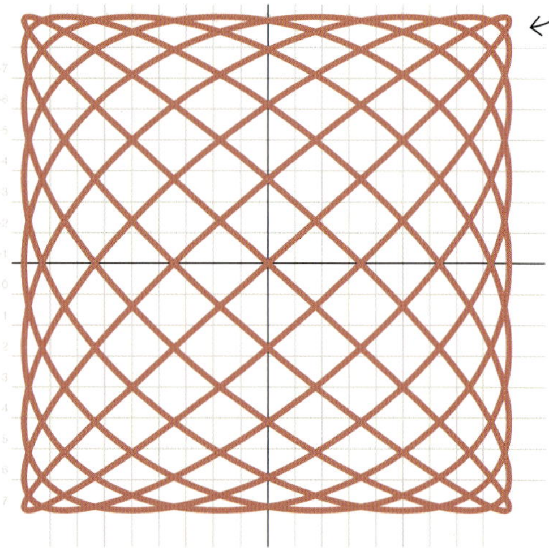

“Kumbaya”
的前两个音

“Twinkle Twinkle Little Star” 中 第一个 “twinkle” 和 第 二 个 “twinkle” 之间的跳跃

“Aild Lang Syne”的前两个音

纯四度
4:3

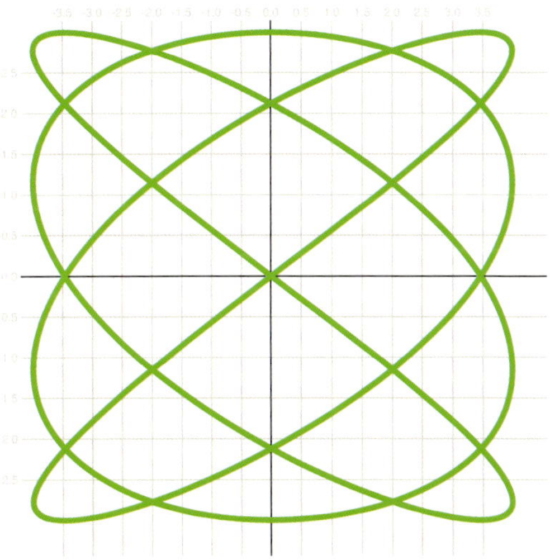

大三度
5:4

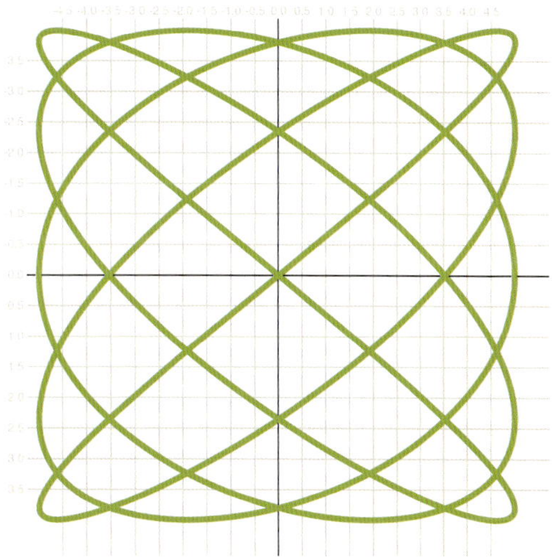

合唱“Take on Me”的前两个音

大七度
15:8

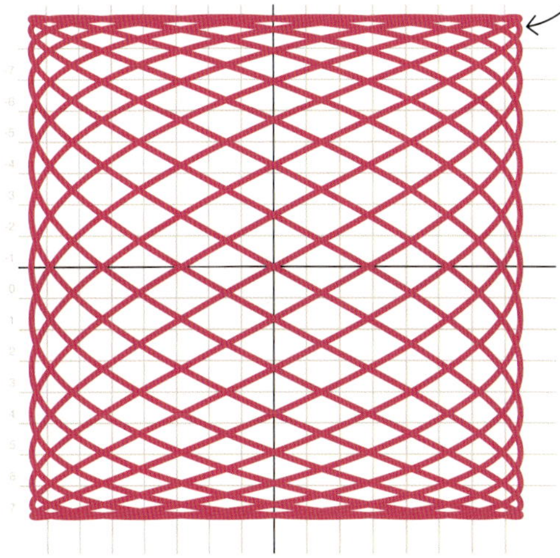

三全音
25:18

在“Purple Haze”曲首听到的

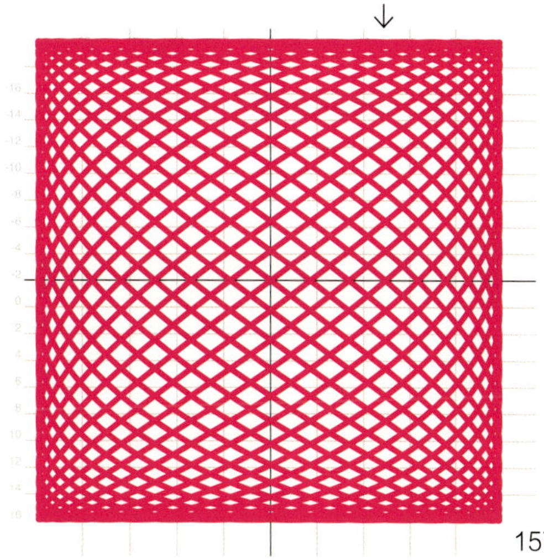

# 谁发明了卫生纸？

19 世纪 50 年代是家庭卫生的黄金十年，其间诞生了洗碗机和洗衣机。但这两项发明都不如纽约的约瑟夫 · C. 盖耶提的发明具有革命性。在《科学美国人》的一则广告中，他称自己的发明是一项“无与伦比的伟大发现”和“现时代最大的幸运”，这就是盖耶提医用纸，美国最早的商用卫生纸。

盖耶提的广告掀起了轩然大波。现在卫生纸也许被视为一种必不可少的家用品，但在 19 世纪 50 年代，花钱买卫生纸这种想法遭到了众人的嘲笑。玉米皮、撕下来的报纸、杂志和目录册用着很好，而且成本很低，这有什么问题呢？美国的一些目录出版商甚至在目录边角处打孔，仿佛默认自己的产品注定要被挂在厕所当卫生纸。

## 失望

盖耶提的纸尤其令医生们恼怒。根据《卫生纸趣史》的作者理查德 · 史密斯的说法，他们特别关心这样一则断言，即这种新纸可以治疗痔疮。没过多久，几份重要的医学杂志都对此提出批评。

尽管说得堂皇浮夸，但盖耶提并不是第一个发明卫生纸的人。中国人早在几百年前就开始用卫生纸了。中国人自公元 2 世纪就开始使用纸，不久便将其用于擦拭。即便是 14 世纪的暴君洪武皇帝也展示了其感性的一面，为皇宫订制了 15000 张极为柔软且带有香味的卫生纸。

至于另一种必不可少的个人卫生用品——牙刷，似乎也是中国人最早使用的。在很多古代文化中，人们都用磨牙棒来保持牙齿清洁。事实上，几乎所有文明的民族都曾将某种工具用于口腔卫生，但直到 15 世纪的明朝，才出现了真正的牙刷。人们将粗猪鬃固定在木柄或骨柄上制成牙刷。造访中国的欧洲游客将牙刷带回了家乡，这项技术遂传到西方。

牙膏的发明甚至更早。古代埃及人、罗马人和希腊人会用各种东西保持牙齿清洁，不过其成分相当原始和粗糙：灰烬、蛋壳、浮石、木炭粉、树皮、盐、碾碎的骨头和牡蛎壳等都曾被发现。另一种常见的成分是肥皂，这是巴比伦人在大约 2800 年前发明的。罗马人添加了香料来缓解口臭。中国人似乎在牙刷出现之前很久就发明了薄荷牙膏。

## 一把叶子

然而，中国人对卫生纸的偏好并没有普及开来。有一把羊毛或叶子，英国人就心满意足了。贵族们会使用小块的亚麻布。或者，他们有其他人代劳：14 世纪的一本仆人手册建议“贴身侍臣”要准备好在关键时刻为主人“擦屁股”。

随着印刷机的出现，人们很快转向了废弃的小册子和书籍。17 世纪的作家托马斯 · 布朗写道：“著作等身、儿孙满堂的人在某种意义上也可以说是在造福公众，因为他提供了卫生纸和士兵。”

并非只有盖耶提试图把卫生纸商业化，但他的产品影响力最大。他声称，这些纸“像钞票一般柔软，像大页纸一般结实”。真正激怒医疗机构的是，他声称印刷油墨有毒，会导致痔疮，而他的纸可以“治疗和预防痔疮”。这种说法并无根据，但直到20世纪30年代仍有许多公司在宣传，卫生纸是一种治疗手段。

医学杂志很快就进行了反击。《新奥尔良医学新闻和医院公报》宣称，“纽约的盖耶提先生已经发现，公众愿意接受任何形式的欺骗”。《医学与外科学报道》也指控盖耶提利用公众，并幽默地说，他正试图“抓住脱下裤子的他们”。相比于普通公众，《柳叶刀》杂志更忧虑靠治疗痔疮谋生的外科医生的命运——“他们已经走投无路。现在只需一张印有‘盖耶提’的纸片即可。”

## 要挣钱就别怕脏

即便无法治疗痔疮，公众也认识到了卫生纸的舒适。它很快就催生出一系列跟风产品。然而，消费者的期望似乎并不太高。20世纪30年代，北方纸巾公司把它的纸巾“没有刺！”当作卖点。今天，仅美国卫生纸产业的年产值就高达35亿美元，平均每人每年消费20000多张。加上花在牙膏和漱口水上的30亿美元，消化道两端的个人卫生显然是笔大生意。

## 除体臭的清爽剂

解剖学家把人的腋下称为腋窝，它被设计出来似乎只是为了散发恶臭。其他地方的皮肤状态可以分为干燥、湿润和油腻，而腋下因为高密度的汗腺和皮脂腺显得既湿润又油腻。那儿还分布着许多顶泌腺或臭腺，会分泌出一种蛋白质和脂类的混合物。这种潮湿油腻的环境极易滋生细菌，细菌在皮肤上繁殖，吸收皮脂和其他营养物，并排出有恶臭的废物，即所谓的狐臭。

# 擦掉过去

卫生纸首先出现在中古时代的中国，但并没有传播到世界其他地方。几乎任何手边的东西都曾被用作卫生纸。

**中华帝国**

纸

纸发明于公元 100 年左右，历史记录表明，6 世纪末，废纸开始被用来擦屁股。世界上最早的卫生纸产业是在 14 世纪建立的。1393 年的一份公文记载了为明朝宫廷制作的 72 万张约 90 厘米长 60 厘米宽的大张卫生纸。

**13 世纪的亚洲**

手

在很多文化中，人们都是用左手来擦屁股，用右手来吃饭。

**9 世纪的阿拉伯**

卵石

先知穆罕默德曾提到“用卵石擦拭”，并进一步规定擦拭的次数必须是奇数，而且卵石必须用左手拿。

**古罗马**

木棍海绵

一块浸泡在醋、葡萄酒或盐水中的海绵，绑在木棍的一端。

**因纽特人**

夏天用苔藓，冬天用雪

**维京人**

羊毛

**中世纪的英国**

棉花或亚麻

对于贵族来说，擦屁股由被称为“贴身侍臣”的专业仆人代劳。

**美国拓荒者**

干玉米皮

**海员**

绳子

缆绳磨损的一端，浸在一桶海水中。

**中世纪的英国**

棍子或树叶

平民使用放在厕所里的“冈普夫棍”或一把叶子。当时有个笑话是这样说的——问：“树林里什么叶子最干净？”答：“冬青！因为没有人会用它擦屁股。”

**18 世纪的渔夫**

蚌壳

**19 世纪的美洲人**

西尔斯目录

很多目录都会在左上角打孔，以便挂在厕所里。

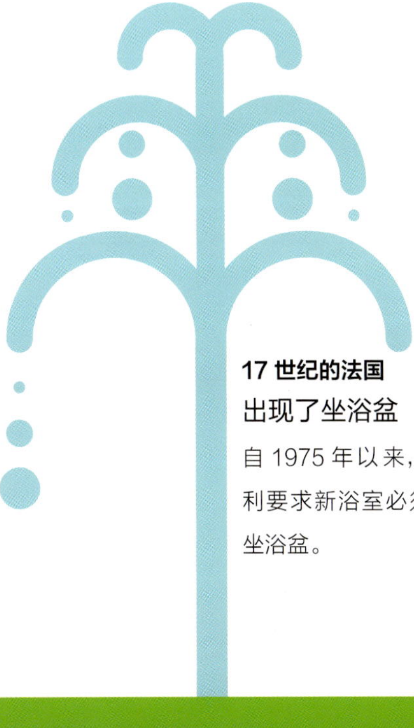

**17 世纪的法国**

出现了坐浴盆

自 1975 年以来，意大利要求新浴室必须安装坐浴盆。

**18 世纪的欧洲人**

撕下来的书页、杂志和年历

资料来源：《卫生纸简史》理查德·史密斯著（纪念品出版社，2012）

# CHAPTER 5

# 知 识

166 文字

174 度量

170 零

# 文字始于何时？

如果你想记录人类已有的全部思想，你只需要这样一些东西：26 种抽象的形状、一些点、波形曲线和破折号，还有一些空间。这就是全部。

文字是人类历史上最伟大的发明之一 ——也许是最伟大的发明，因为它使历史得以可能。在文字出现之前，所有思想都转瞬即逝，要么靠口头传承，要么注定会消亡。文字使思想能够独立于可朽的人类大脑而被储存和积累。正如语言学家彼得·丹尼尔斯在 1996 年的著作《世界文字系统》中所说：“语言定义了人类，但文字定义了文明。”

相对于人类存在的时间尺度，文字是一种晚近的发明。人类至少在 10 万年前就有了语言，但直到大约 35000 年前，文字的雏形才开始出现。

这些早期符号可见于旧石器时代欧洲的著名洞穴壁画。动物当中夹杂着 26 种抽象符号，包括几何图形、锯齿形、箭头和点簇，画风很一致。这些可以追溯到一万年前的符号于法国的 146 个洞穴中被发现，世界上其他地方也发现了类似的符号。

## 墙上的文字

这些符号的含义（如果有含义的话）已经无从知晓，但对其研究者而言，它们包含着诱人的文字萌芽。某些符号经常成对出现，这是早期文字系统的典型特征，符号组合代表一个新的概念。其他符号则可能代表一个更大形象的一部分。肖韦洞穴中出现的 W 形状似乎是没有身体的猛犸象的獠牙。这种被称为提喻法的特征在原始文字系统中很常见，它们用图像来代表事物和观念。

除了这些洞穴符号，已知最早的象形文字可以追溯到新石器时代，那是文化发生爆炸性革新的时代。例如，人们在中国贾湖的墓穴中发现龟甲上刻有 16 种符号，距今大约 8500 年。此外还有温查文字，这数十个符号在欧洲东南部出土的上百件文物上反复出现。两种符号看起来都像是文字，但尚未被破解，所以没有人知道确切的情况。

能够记录口头语言的全部复杂性的最早的真正的文字出现在 5300 年前的苏美尔城市。用钝芦苇刻在泥板上的楔形文字起初是一种记账系统，用来记录诸如供给工人的啤酒数量之类的事情，对于日益复杂的社会而言，这是必需的发明。这些符号起初由象形文字组成（比如，一个罐子代表一份啤酒），到了约 4600 年前已经变得可以代表音节，因此可以用来书写语言。例如，表示箭的词是 ti，

### 识字的大脑

阅读是我们做的最了不起的事情之一。人脑天生就会学习口头语言，但学习阅读却需要多年的刻意努力。大脑需要接受训练才能运用出于其他原因（比如模式识别）而发展出来的认知模块，从而将一串串抽象符号转变成语言。书写也同样困难和违反直觉。扫盲教育之所以是非常晚近的现象，正是因为需要时间和努力。

直到现在，世界上仍有15%的人不会读写。

所以，箭的象形文字开始代表音节ti，比如在意为“生命”的til一词中。这种文字被称为音节文字。日语等一些现代语言就是以这种方式书写的。

## 认识你的字母表

大约在同一时期还出现了另外两种文字系统：埃及的象形文字及今天印度和巴基斯坦的印度河文字。象形文字基本上是语标文字，即每一个符号都代表一个完整的词。但它们也包含着字母文字最早的要素，字母文字的符号都有单独的发音。

以上仅仅是随着诸文明的兴衰而出现和消亡的数百种文字系统中的少数几种。文字的种类多得惊人。除了音节文字、语标文字和字母文字，还有没有元音的辅音文字，比如阿拉伯语。

一些文字需要从左往右读，另一些则需要从右往左读，还有一些两者兼有：有少数文字在每一行的末尾沿相反方向开始下一行，这种书写方式有一个古怪的名字boustrophedon，这个词的意思是“像牛转身那样”。

我们的拉丁字母源于大约4000年前的一种用于记录古埃及语言的文字。它从一种象形文字系统中演化而来。例如，字母A源于倒置的牛头图案，念作alf。

后来，地中海沿岸的各个城邦采用并调整了这种文字，腓尼基商人使之在这一地区周围传播。腓尼基文字共有22个字母，可能是第一个纯字母文字系统。

大约3000年前，希腊人借用并调整了这种文字。后来罗马人又把它借回去，并对字母做了增减。今天有大约50亿人在使用罗马字母，它是全世界被广泛使用的大约35种文字中最常用的。借助罗马字母和其他文字，我们得以了解生活在数百年前的人的思想和经历。

但令人沮丧的是，古代留传下来的许多文字仍然无人能懂，因为它们尚未被破解，其中包括印度河文字、来自伊朗的原始埃兰文、来自克里特岛米诺斯文明的线形文字A以及来自复活节岛的朗格朗格文等。不仅如此，许多口头语言从未被书写下来。今天，口头语言约有7000种，但其中只有很少一部分有书写传统。

## 消失的和发明的

有些文字被发明出来是为了填补空白。朝鲜文发明于15世纪40年代，切罗基文发明于19世纪20年代。最近加入的是科达瓦语，在印度有20万人说这种语言（现在有越来越多人开始书写这种文字）。科达瓦文发明于2005年。

维持一种文字系统需要巨大的投入，业已消失的文字系统数不胜数。不过，总的来说，随着人们越来越多地通过手机和电脑来交流，现在实际上出现了使用文字的热潮。未来的历史学家会接触到更多我们的思想，至于值不值得读就是另一回事了。OMG！ RBTL[1]！

[1]Read Between The Lines的缩写，意为：体会言外之意。

# 最早的文字？

法国洞穴以其史前岩画而闻名。但距今 35000 年到 10000 年间的 146 处遗址墙壁上还出现了 26 种类似字母的符号。我们不知道这些符号是什么意思，它们也许是代表事物的象形文字。

线
70%的遗址
35000年到10000年前

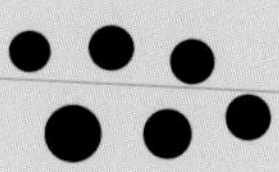

点
42%的遗址
35000年到10000年前

开角
42%的遗址
35000年到10000年前

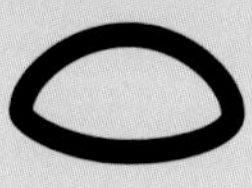

卵形
30%的遗址
35000年到10000年前

羽毛形
25%的遗址
最早出现于25000年前

圆
20%的遗址
35000年到10000年前

长方形
20%的遗址
35000年到10000年前

三角形
20%的遗址
35000年到10000年前

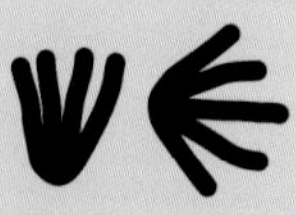

扇形
18%的遗址
35000年到10000年前

半圆形
18%的遗址
35000年到10000年前

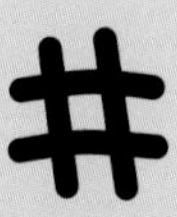

井形
17%的遗址
35000年到10000年前

棒形
15%的遗址
35000年到10000年前

杯形
15%的遗址
35000年到10000年前

吹笛的指形
15%的遗址
35000年到10000年前

否定的手势
15%的遗址
30000年到13000年前

十字形
13%的遗址
35000年到10000年前

屋顶形
10%的遗址
25000年到13000年前

鸟形
将近10%的遗址
30000年到13000年前

肯定的手势
7%的遗址
30000年到13000年前

蛇形
7%的遗址
30000年到13000年前

梳形
5%的遗址
最早出现于25000年前

锯齿形
7个遗址
20000年到13000年前

心形
3个遗址
30000年到15000年前

梯纹形
3个遗址
最早出现在25000年前

螺旋形
2个遗址
25000年到15000年前

肾形
罕见
35000年到13000年前

其中一些符号还出现在世界上其他地方，这让人怀疑初民是否发展出了一种符号交流系统。

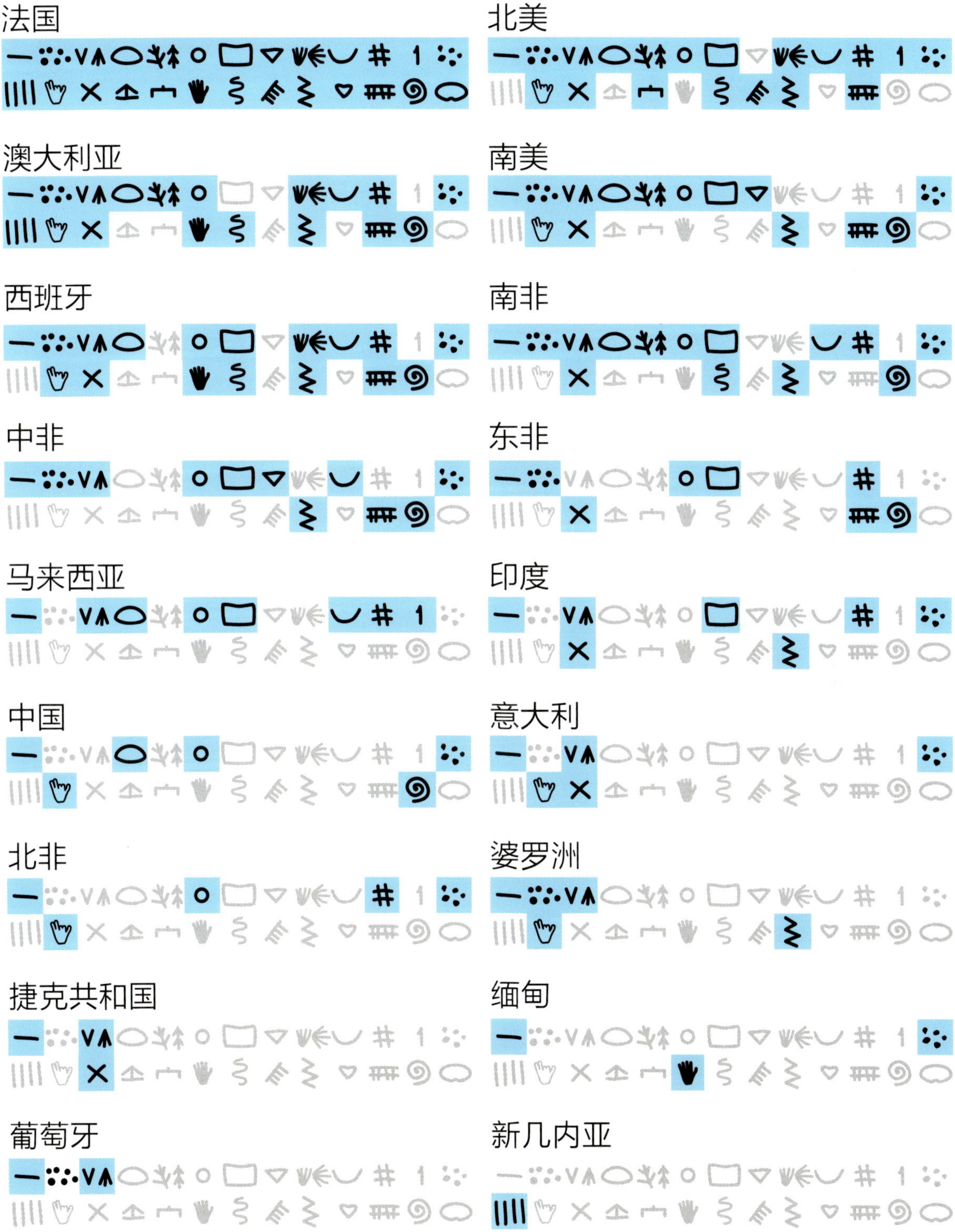

# 我们是如何发现零的？

一个人原本有七只羊，他用三只换了玉米，三只分别给了三个女儿做嫁妆，一只不知道丢哪儿了。他还剩多少只羊？

这个问题不难回答。但奇怪的是，在历史上很长一段时间，人类并无相应的数学方法来回答这个问题。有证据表明，计数活动可以追溯到5000年前。但即使根据最宽泛的定义，关于无的数学概念“零”存在的时间也不超过2500年。

零的故事也是计数和数学的故事。但这是个纠结的故事，涉及两个不同的零：一个是代表无的符号；另一个则是可用于计算的数，有自己的数学性质。认为两者等同是很自然的。但它们并不等同。

最先出现的是作为符号的零，即像2016这样的数字当中的零。要想知道2016是什么意思，就必须理解“位值制”的概念。幸运的是，这并不难。任何掌握了百位、十位和个位的小学生都懂。2016中的6指的是六，1指的是十，2指的是两千。零的作用很关键：它告诉我们，这个数当中不需要百位数。如果没有它，我们很容易把2016误当成216或2160。

最早出现的位值制被用来计算自公元前约1800年以来巴比伦地区季节和年份的流逝，它的基数是60，而不是我们所熟悉的10。因此，在我们的想象中，一位巴比伦小学生需要学习3600位、60位和个位。这种位值制很好用，但有一个明显的缺点：如果某一列没有可填的内容，巴比伦人会径直留下一处空白。这可能导致数值上的混乱。

到了公元前300年左右，也许是为了消除这种错误，巴比伦人引入了一个新符号↗↗来指代空列。这是世界上最早的零。700年后，在世界另一端，玛雅的祭司－天文学家们再次发明了零。

作为计数系统中的一个占位符，零显然是个有用的概念。但巴比伦人和玛雅人都没有充分意识到，零本身作为一个数是多么有用。

当然，在数的神殿中，零并不怎么受欢迎。接受它会招来各种概念上的新奇事物，如果不妥善处理，会导致整个系统的崩溃。与其他数不同，给某个数加上零或减去零不会让它产生任何变化。但用零乘以任何数，都会使这个数归于零。我们还是不要去探讨用零除某个数时会发生什么了吧。

## 避免虚空

下一个拿这个概念进行试验的文明是古希腊，它对此并不热心。希腊人坚持认为，数表达了几何形状。什么形状会对应某种不存在的东西呢？他们的世界观还认为行星和恒星镶嵌在一系列同心天球上，这些天球均以地球为中心，由一个“不动的推动者”推动。虚空在这种宇宙论中没有位置，因此，零是一个渎神的概念。后来基督教哲学热情采纳了这幅图景。

基于永恒轮回观念的东方哲学没有这种不安。零的旅途中下一个大的驿站是《婆罗摩修正体系》，这是一部讨论数学与物理世界的关系的著作，成书于公元628年左右，作者是天文学家婆罗摩笈多。

婆罗摩笈多第一次把数当成与物理实在或几何实在相分离的抽象的量来处理。这使他可以思考新的问题，比如，从一个数中减去比它更大的

## 零的符号化

1400 年前，印度人发明了零的概念，但当时的数学家在没有 0 这个符号的情况下似乎也能应付。公元前 662 年，叙利亚学者塞维鲁斯 · 塞博赫特写道，伟大的印度数学家们“用 9 个符号”进行计算，很可能是 1 到 9。又过了 214 年，我们才有了关于零这个数的最早记载，在印度北部瓜里尔的一座寺庙的铭文中出现了扁蛋状的符号，同我们现在使用的阿拉伯数字的零近似。

这处铭文涉及一块长 270 阿斯达的土地，1 阿斯达在印度等于 1 肘尺。

数会怎样。在几何上，这是荒谬的：从一个面积中减去比它更大的面积，还剩下多少面积？然而，一旦数成了抽象的东西，便出现了一种新的可能性，这就是负数的世界。

## 从零到英雄

结果便出现了可以沿两个方向无限延伸的连续数轴的概念，既包括正数也包括负数。零位于这条线的中点，是正数与负数的分界。这个新的数很快就与作为符号的零统一起来。这标志着如今全世界都在使用的纯抽象数制的诞生，并且很快就催生了一种新的做数学的方式：代数。

又过了很长时间，欧洲才得知这个消息。直到 1202 年，意大利数学家斐波那契才介绍了这种新的计数系统的细节，展示了它在进行复杂计算方面相比于算盘的优点。商人和银行家很快就被说服了，但当局却没有。1299 年，佛罗伦萨市禁用数字零。他们认为，仅仅在后面加一个零就能使数值翻为十倍是赤裸裸的欺骗。

从 16 世纪开始，哥白尼革命（主张地球围绕太阳旋转，粉碎了水晶天球）使欧洲数学逐渐挣脱了亚里士多德宇宙论的桎梏。

于是，对零的更进一步的认识成为随后科学革命的导火索。接下来的事件证明了零及其推论对于数学的重要性。看着零现在静静地待在数的行列中，很难想象它之前为何会造成那么多混乱和忧虑。这无疑是一个无事生非的例子。

# 零的英雄们

著名的斐波那契数列中的每一个数都是前两个数之和。

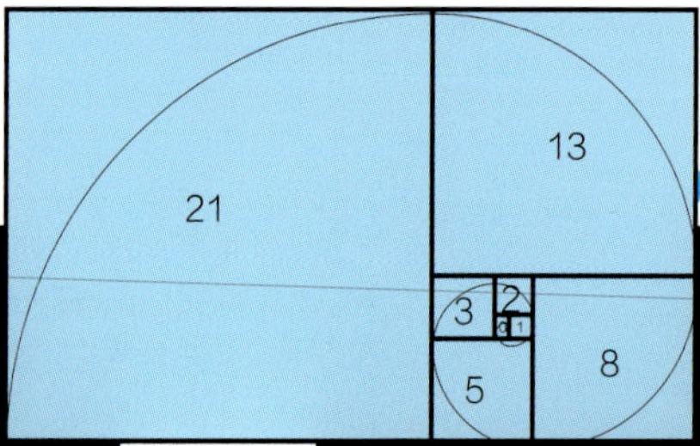

印度 公元628年左右

## 算术

婆罗摩笈多首次制定了零的加减乘除规则。

零加正数得正数
零加负数得负数
零加零得零

零减正数得负数
零减负数得正数
零减零得零

任意数乘以零得零
任何数除以零得零

我们现在认为这是错误的。

意大利 约1170年—1250年

## 计算

斐波那契在欧洲推广了印度-阿拉伯数系，展示了符号零在商业贸易中的实际用途。

波斯 约780年—850年

## 代数

花拉子米帮助传播印度数字体系，这一体系用圆圈来表示零，以标记空列。

他还发展了被称为代数的解题方法。

| | |
|---|---|
| ٠ | 0 |
| ١ | 1 |
| ٢ | 2 |
| ٣ | 3 |
| ٤ | 4 |
| ٥ | 5 |
| ٦ | 6 |
| ٧ | 7 |
| ٨ | 8 |
| ٩ | 9 |

如果在十位数的位置上没有出现数字，就用一个小圆圈来保持数字们各据其位。这个圆圈被称为ṣifr，或阿拉伯语中的“空”。Ṣifr最终变成了零。

法国 1596年—1650年

## 解析几何

笛卡尔发明了一种坐标系，把两个数表示成空间中的一个点，把方程表示成线，从而统一了几何和代数。

他的坐标系的中心是（0,0）。

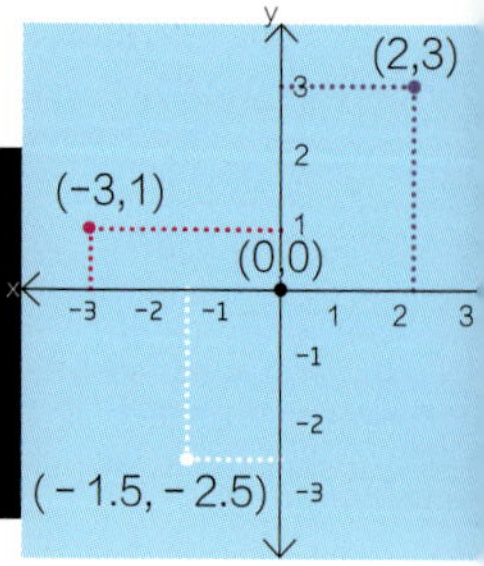

英格兰 1642年—1726年

## 微积分

牛顿发展出一种被称为微积分的新的数学分支，通过考察小区间并使之趋向零来理解运动和变化。

牛顿试图理解行星围绕恒星旋转的轨道为什么是椭圆形。

他的方法被用来将太空观测站和探测器置于稳定的轨道上。

法国 1736年—1813年

## 天文学

约瑟夫－路易斯·拉格朗日计算了太空中哪些位置附近的物体引力能够相互抵消，合力为零。

德国 1646年—1716年

## 二进制数

莱布尼茨独立于牛顿发明了微积分，并率先发表了他的方法。他还发明了只使用数字1和0的二进制数，这是现代计算机的基础。

| | |
|---|---|
| *1* | 1 |
| *2* | 10 |
| *3* | 11 |
| *4* | 100 |
| *5* | 101 |
| *6* | 110 |
| *7* | 111 |
| *8* | 1000 |
| *9* | 1001 |
| *10* | 1010 |

二进制数的各列从右边开始依次代表1、2、4、8等，而不是我们更熟悉的十的幂次。

空集不包含任何元素，就像一个空袋子没装任何东西。通过形成包含空集的集合，可以用空集来定义所有其他数。

德国 1848年—1925年

## 集合论

戈特洛布·弗雷格尝试定义没有对象的数。他的答案是从一个什么也不包含的集合开始：空集或零。

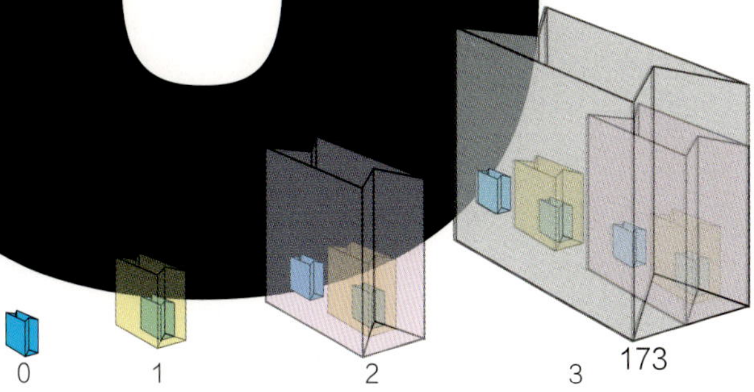

# 我们何时开始对事物进行测量?

可测量，才可管理。从超市到科学，这句谚语贯穿于我们的社会。一直都是如此：所有古代文化似乎都发明了测量距离、重量、体积、面积和时间的单位体系。历史上充满了现已过时的测量单位：蒲式耳、肘尺、链、路得、英担，等等。

毫不奇怪，测量是一门精密科学。任何单位体系都必须基于人人都可接受并且易于掌握的标准单位。因此，它们经常以人体为基础，比如1肘尺就是从肘部到中指指尖的距离。我们仍然在使用这样得来的单位，比如英尺（foot）和手宽（hand）。

另一种办法是使用相对齐一的自然现象。例如，角豆被用来称宝石，最终演变成了克拉。[1]

这些单位在一定程度上是有用的，但终究还是太易变。因此，标准渐渐被写在石头或金属上，并且储藏在像雅典卫城那样的政府建筑中。在那里你可以看到对一指或一匙等单位的标准定义。

## 革命性的计量单位

现代计量学诞生于法国大革命的风暴中。革命领袖们渴望建立一种新的民族认同，扫除旧制度的所有遗迹，包括不合理的度量衡。于是便出现了简洁有序的公制。

最早的公制只包括两个单位：千克和米。千克被定义为1升水在融冰温度时的质量，这立刻与米联系起来（1升是边长为10厘米的立方体的体积）。

米被定义为从北极到赤道距离的一千万分之一。显然，确定这段距离的实际长度绝非易事。攀爬从敦刻尔克到巴塞罗那的教堂塔楼，对它们之间的距离进行三角测量，观测北极星的位置，从而算出北极到赤道的距离，总共花了七年时间。

这两个单位后来都以金属的形式被珍藏：一个1千克重的铂质圆柱体和一根1米长的铂棒。

这是当时设计最为精确和科学的单位体系，但它仍然依赖于可变的量。在1875年米被接受为国际标准之前，有人曾抱怨这个单位过于模糊。例如，物理学家詹姆斯·克拉克·麦克斯韦就提出，根据地球尺寸定义的单位有内在的不稳定性，因为地球表面在不断变化。

19世纪70年代，美国数学家查尔斯·桑德斯·皮尔士提出了一个重要洞见：米可以用光的波长来定义。这启发人们把测量建立在基本自然常数的基础

[1]“克拉”一词源自希腊语，原指角豆树的种子，其每一粒的重量近乎一致，多在200毫克左右，一克拉即等于一粒角豆树种子的重量。直到20世纪初克拉的重量才被标准化。

### 手指、肘和杆

一肘尺是从肘部到中指指尖的距离。

杆是一个5.5码长，用来测量面积的单位。一英亩等于160平方杆。

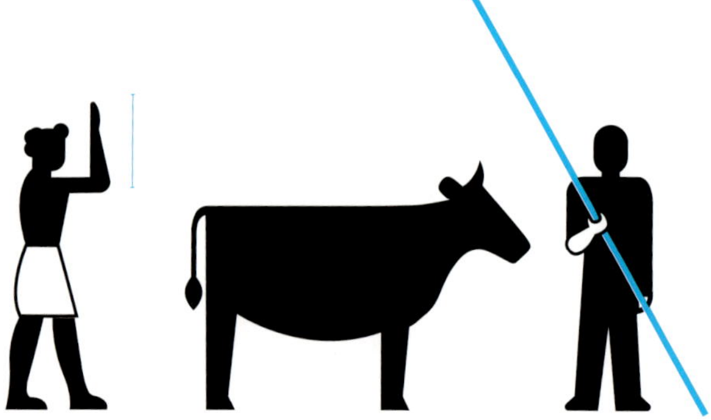

## 无法完成的测量

国际单位制中定义最不精确的是电流的单位——安培。“真空中相距 1 米的两根无限长且圆截面可忽略的平行直导线内通过一恒定电流，当每米导线上所承受的作用力等于 $2 \times 10^{-7}$ 牛顿时，各导线中通过的电流为 1 安培。”看懂了吗？看不懂也没关系：反正这种测量也无法完成。到哪里去找无限长的导线呢？

之上。由这粒小小的种子衍生出了今天的科学测量体系——国际单位制，即通常所说的 SI。

但这要花时间。直到 1960 年，计量单位的守护者们才最终采取行动。他们放弃了铂棒，代之以基于氪 -86 原子的发射谱所确定的米。到了 1983 年，它又被一种新的定义所取代：米被定义为光在 1/299792458 秒内走过的距离。

1960 年还诞生了国际单位制。除米以外，它还为千克、秒、开尔文、安培、摩尔和坎德拉（发光强度单位）等六种“基本单位”定义了国际标准。这些基本单位可以组合产生所有其他测量单位，比如焦耳、赫兹、瓦特和欧姆。如此命名的“导出单位”共有 20 种。

但测量学的问题并未就此结束。在七种基本单位中，有五种的定义仍然不能令人满意。例如，“秒”与地球的旋转相关联，而后者会有轻微变化。这个问题在 1967 年得到解决，但其他四种单位仍然成问题。如果国际单位制是一个人，你会说他有体重问题，长了一颗令人尴尬的痣（mole，指摩尔），体温不健康，明显缺乏活力。

这是一个严重的问题。测量单位必须对任何人都是一样的，无论你是谁，身在哪里，在买菜还是在研究粒子。没有一种普遍的单位制会导致灾难，比如，1999 年美国航空航天局就曾因为混淆了英制和公制而损失了一颗价值 1.25 亿美元的火星气象卫星。

问题最严重的是千克，它现在仍然由一个物体来定义——19 世纪 70 年代铸造的一个铂铱合金圆柱体。

同时铸造的还有大约 40 件复制品。其中一些保存在巴黎附近赛夫勒的国际计量局总部，其余则存放在世界各地的标准实验室。它们偶尔会被相互比较一下。1949 年，计量学家们发现，原件与它的复制品们已经有了 50 微克左右的偏差，这个数值大得令人尴尬。1989 年他们又检查了一遍，问题依然存在。

## 永远不变

千克问题波及了摩尔，这是化学家们用来测量物质的量的单位。它被定义为 0.012 千克碳 12 中的原子数。唉！

温度的单位开尔文也有问题。它被定义为 0.01 摄氏度的 1/273.16，0.01 摄氏度是净化后的海水的三相点，水的气、液、固三态在那一点可以共存。在大多数情况下这都是可行的，但出于技术原因，非常高或非常低的温度难以测量。安培甚至有更严重的问题。

计量学家们很清楚这些问题，他们忙着把所有基本单位同不变的自然常数联系在一起。如果改组最终完成，有史以来测量单位将第一次拥有严格的基础。

# 万物的单位

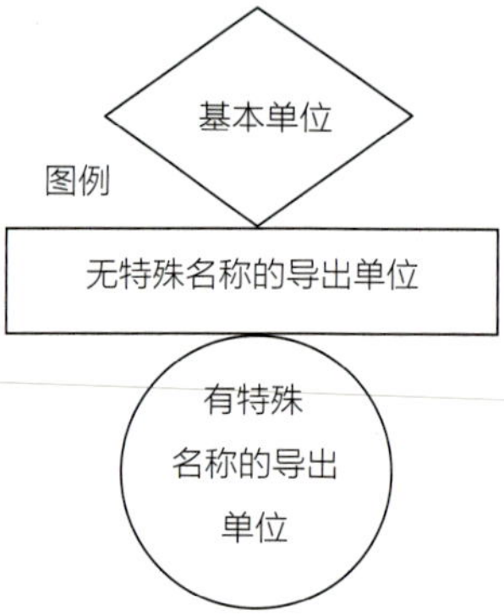


所有物理实在都可以通过七种基本测量单位被量化。基本单位也可以相互组合，产生导出单位。

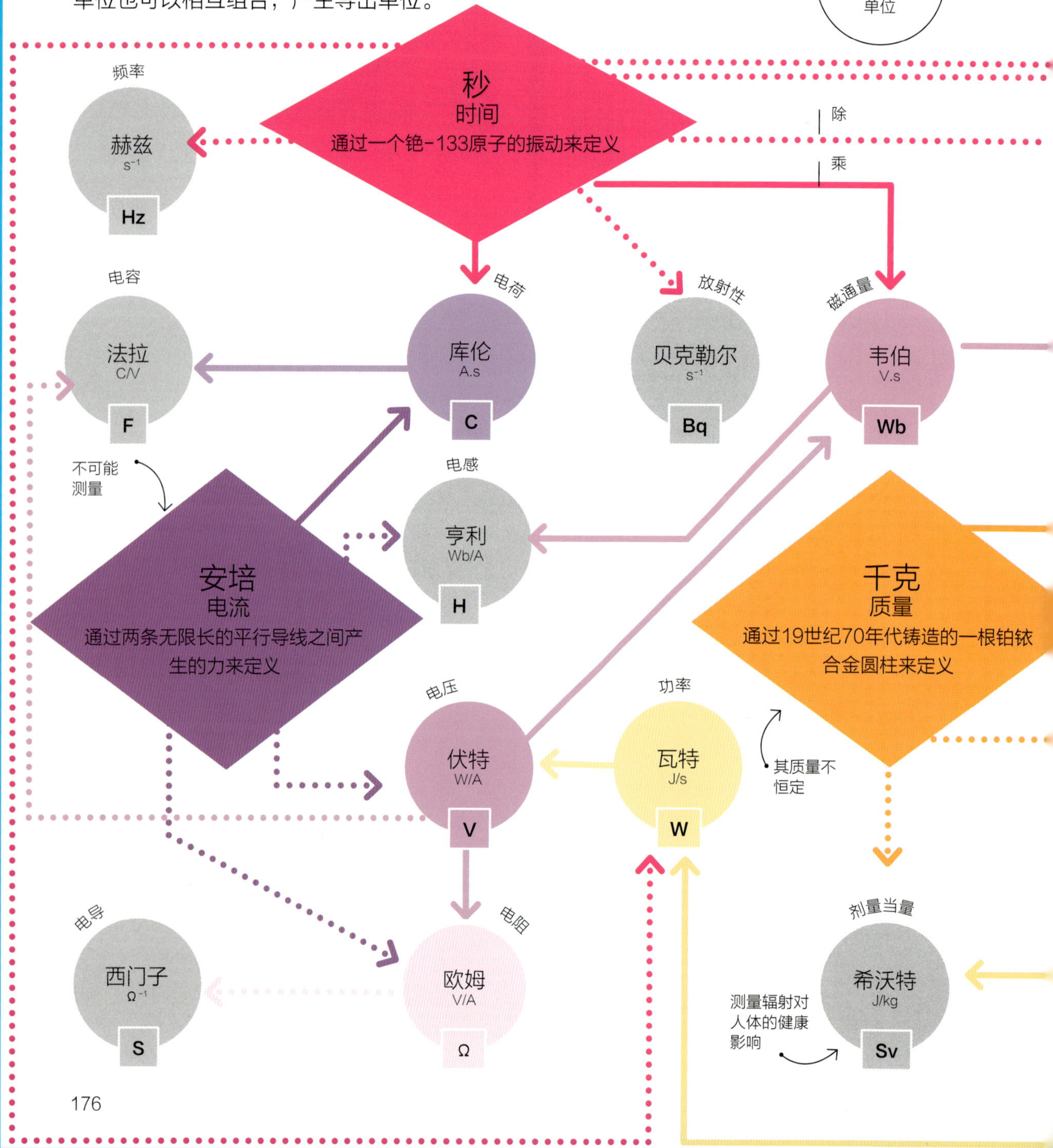

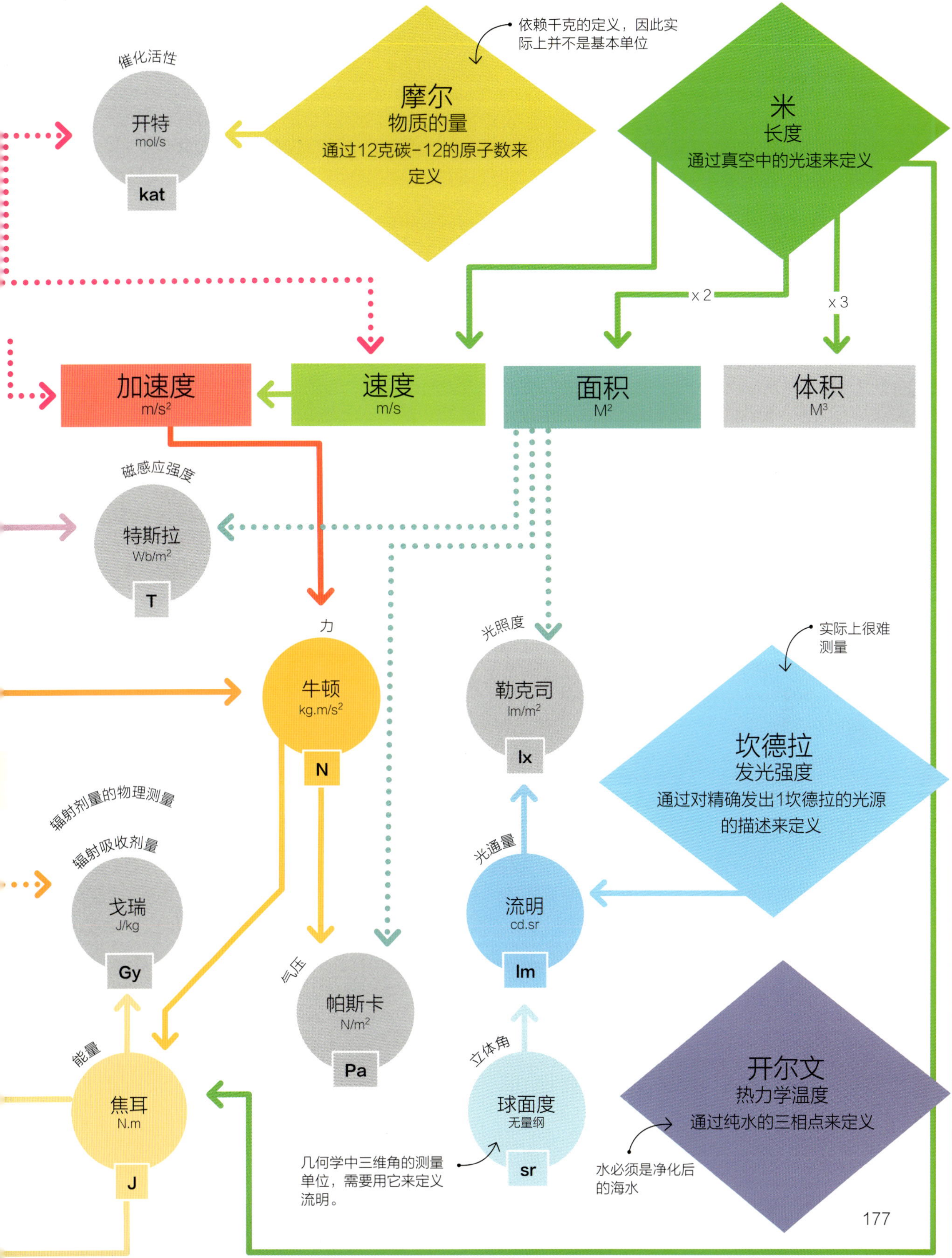
依赖千克的定义，因此实际上并不是基本单位
催化活性
开特
mol/s
kat
摩尔
物质的量
通过12克碳-12的原子数来定义
米
长度
通过真空中的光速来定义
x 2
x 3
加速度
m/s²
速度
m/s
面积
M²
体积
M³
磁感应强度
特斯拉
Wb/m²
T
力
牛顿
kg.m/s²
N
光照度
勒克司
lm/m²
lx
实际上很难测量
坎德拉
发光强度
通过对精确发出1坎德拉的光源的描述来定义
辐射剂量的物理测量
辐射吸收剂量
戈瑞
J/kg
Gy
光通量
流明
cd.sr
lm
气压
帕斯卡
N/m²
Pa
能量
焦耳
N.m
J
立体角
球面度
无量纲
sr
开尔文
热力学温度
通过纯水的三相点来定义
几何学中三维角的测量单位，需要用它来定义流明。
水必须是净化后的海水

# 谁开始留意时间?

注视着时钟的秒针，你也许会看到一种奇特的现象。秒针并没有一直向前走，有时它仿佛停顿了一下……然后滴答滴答继续向前。这种“时间停止”的幻觉是视觉系统的设计造成的：当你快速移动眼睛时，它就不会发生了，因为大脑会回填自以为错过的东西。但它很好地总结了我们测量时间的问题。

时间至少是一种难以捉摸的现象。它有时飞逝，有时拖延，有时似乎停滞不动。时间给我们的印象是一条传送“当下”的不可阻挡的传送带，从过去延伸至未来。但我们并不确定时间是否真的存在：它也许和空间或质量一样，是宇宙的一个基本性质，或者只是我们大脑制造出来的一种幻觉。

但这种难以捉摸并不能阻止我们试图把它搞清楚。人类发明了越来越精确的方法来确定和测量时间。

我们的祖先肯定注意到了关于“当下”的体验，以及可以预测的日、季和年的轮回。但对于人类的早期发展阶段而言，自然计时器（黎明、黄昏、月相等）已经足够精确。像巨石阵那样的古迹也许是某种日历，用于预测四季的更替，但我们在这里只能猜测。

## 记录时间

已知最早的创建正式计时体系的尝试要追溯到大约 4000 年前，当时的古埃及人已经想到把一天划分成更小的单元。在埃及国王谷发现的早期日晷表明，白天被分成了 12 等份，也许是为了记录工人建造陵墓的工时。如果是这样，工人们也许会觉得时间过得很慢，尤其是在盛夏时节。这种“原小时”会随着白天的长度变化而变化，盛夏的一小时会比隆冬的一小时长(现代的)16 分钟。也许是为了解决这个问题，古埃及人发明了水钟，这种计时方法不依赖于太阳，并且将一天划分成 24 等份。

下一项重大革新是创造更精细的划分。公元前 300 年左右的巴比伦人第一个越过障碍，将一天的时长连续除以三次 60，形成的单位分别对应 24 分钟、24 秒和 0.4 秒。

## 秒出现

我们现在使用的时间体系是在公元 1000 年左右发明的，当时的波斯博学者比鲁尼借用埃及的一天 24 小时的概念，将小时两次除以 60，创造了分和秒——秒的名称源于第二次（second）划分。

秒仍然是基本的时间单位。数个世纪以来，它一直保持着与太阳活动周期的联系，被定义为一天的 1/86400。但科学家们渐渐认识到，这种定义再次遇到了古埃及人遇到的问题。每一天的长度并不完全一样。太阳和月亮的引力正在使地球的自转逐渐减慢，因此，100 年前的一天要比现在短一些，100 年后的一天要比现在长一些。大气和沸腾的地核所导致的不稳定性也意味着，地球的自转可能以不可预测的方式变慢或变快。

对于日常生活来说，这不是问题。但还有许多测量单位依赖于秒，所以秒的变化是不可接受的。科学家们最终找到了一个与埃及人类似的解决方案，不过要比滴水更为精致复杂。

1967 年，经过多年（往往晦涩难懂的）争论，国际计量委员会给出了秒的新定义。从此有了“原子秒”，由铯原子的特定振动次数来定义。这个定义决定性地打破了天文学与时间的历史关联。

但每隔几年，天文学仍然会不定期地现身。我们尽可以用原子钟来测量时间的流逝，但一天仍然在不知不觉地变长，从而导致原子时间和地球时间逐渐分离。

## 跃入未知

从人类的角度看，二者每个世纪有两三分钟的差异可以忽略不计。但对科学来说，这就太不精确了。因此，1972 年又出现了闰秒制。天文学家们用他们所能找到的最严苛的固定参考点（数十亿光年以外的类星体）来追踪地球的自转。每当地球的自转变化可能导致地球时间与原子时间偏离超过 0.9 秒时，天文学家们就会建议增加或减少 1 闰秒。到目前为止一直在增加闰秒，结果便是世界标准时间（UTC）。

与此同时，对越来越精细的时间划分进行测量的努力仍在继续。原子钟精确得令人吃惊：1955 年发明的第一座可靠的原子钟可以精确到每 300 年只有 1 秒误差。

自那以后又有多次改进。2013 年，美国科学家制造了一座原子钟，即使从 5.42 亿年前寒武纪生命大爆发时就开始运行，到现在也只会有 0.5 秒左右的误差。最新的技术承诺了更多。被称为光钟的新一代时钟很快就会做到，即使从 138 亿年前宇宙大爆炸时开始运行，到现在仍然会准点。

## 深时

在测量时间这件事上，最困难的概念突破之一是认识到时间有多么深广。从人生的角度来看，一千年勉强可以想象。但 138 亿年是不可思议的。“深时”与常识如此相悖，从发明计时到发现深时用了 4000 年左右。

在 18 世纪中叶之前，宇宙的年龄被认为只有几千年。后来地质学家们逐渐发现，这与实际情况差了若干个数量级。他们研究的石头看上去是永恒不变的，但这不过是幻觉罢了。事实上，地层、化石和断层线都在诉说着在长得令人难以置信的时间中展开的极其缓慢的变化。

埃及水钟是第一件与天文学无关的计时装置。

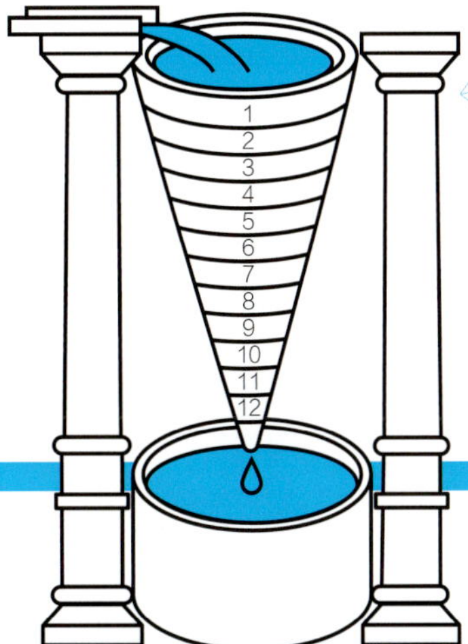

# 12 的力量

古代的许多计量体系都以 12 这个数为基础。十二进制已经基本被十进制所取代，但在计时方面还继续发挥着作用。

## 埃及人的方案

埃及文明也许是最早使用十二进制计时的文明。在国王谷发现的日晷显示，白天被分成了12等份。

他们选择12的原因不得而知，也许跟天界有关：埃及天文学家将夜空分成12等份。

也许是因为人体结构。

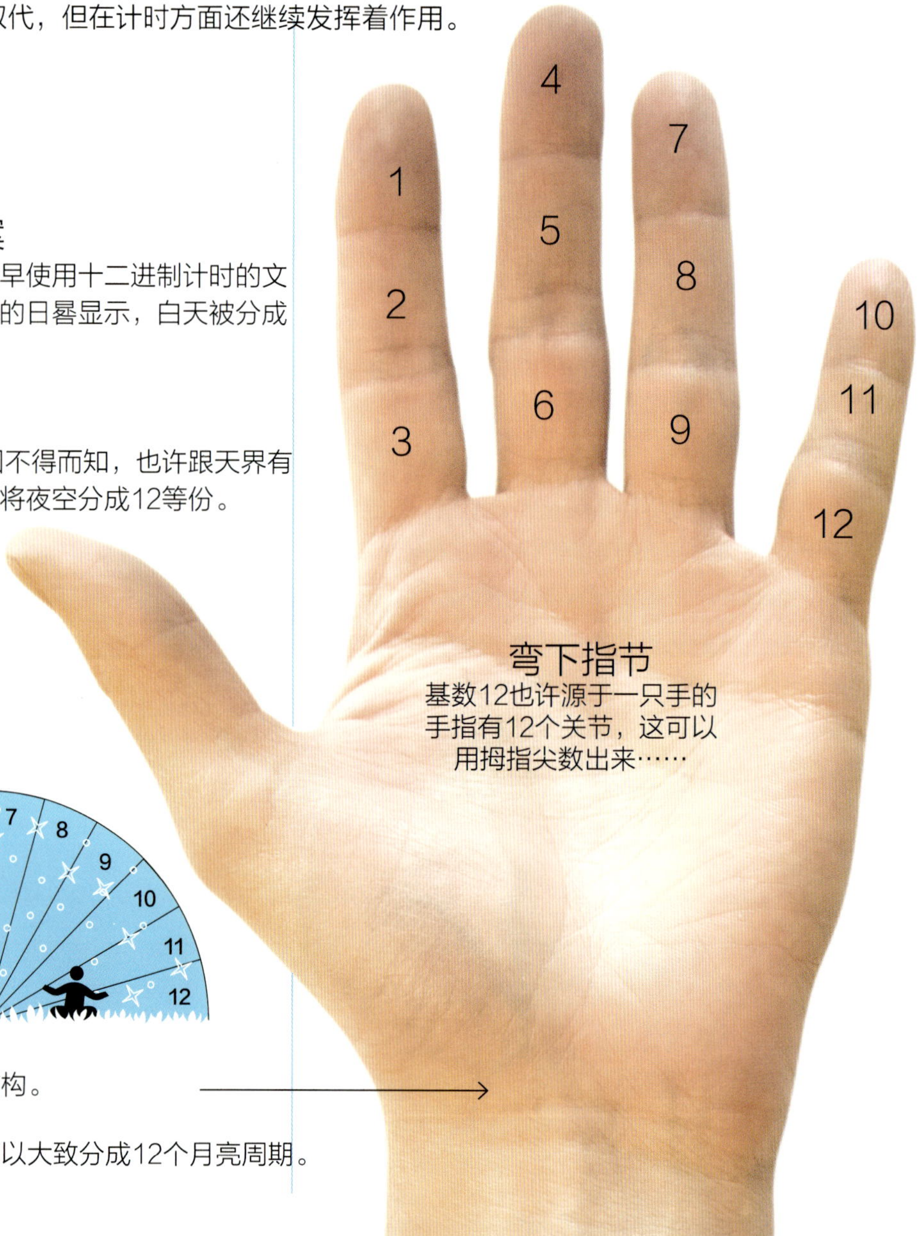


## 弯下指节

基数12也许源于一只手的手指有12个关节，这可以用拇指尖数出来……

也许是因为一年可以大致分成12个月亮周期。

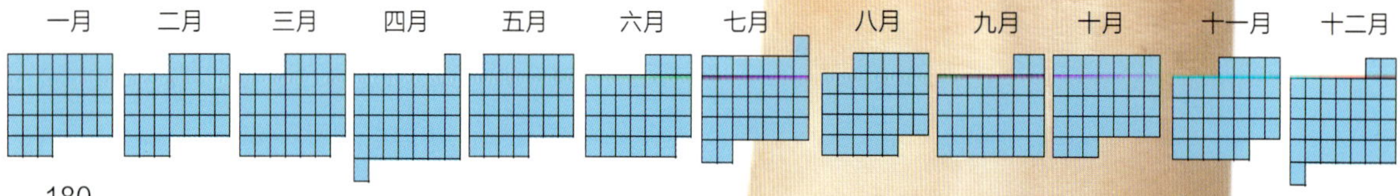

| | | | | | | | |
|---|---|---|---|---|---|---|---|
| 1英尺等于12英寸 | 1先令等于12便士 | 1金衡磅等于12金衡盎司 | 黄道上有12宫 | 1个八度等于12个半音 | 1码等于36英寸 | 1英桶啤酒等于36英加仑 | 很多东西都论打（12个）卖 |

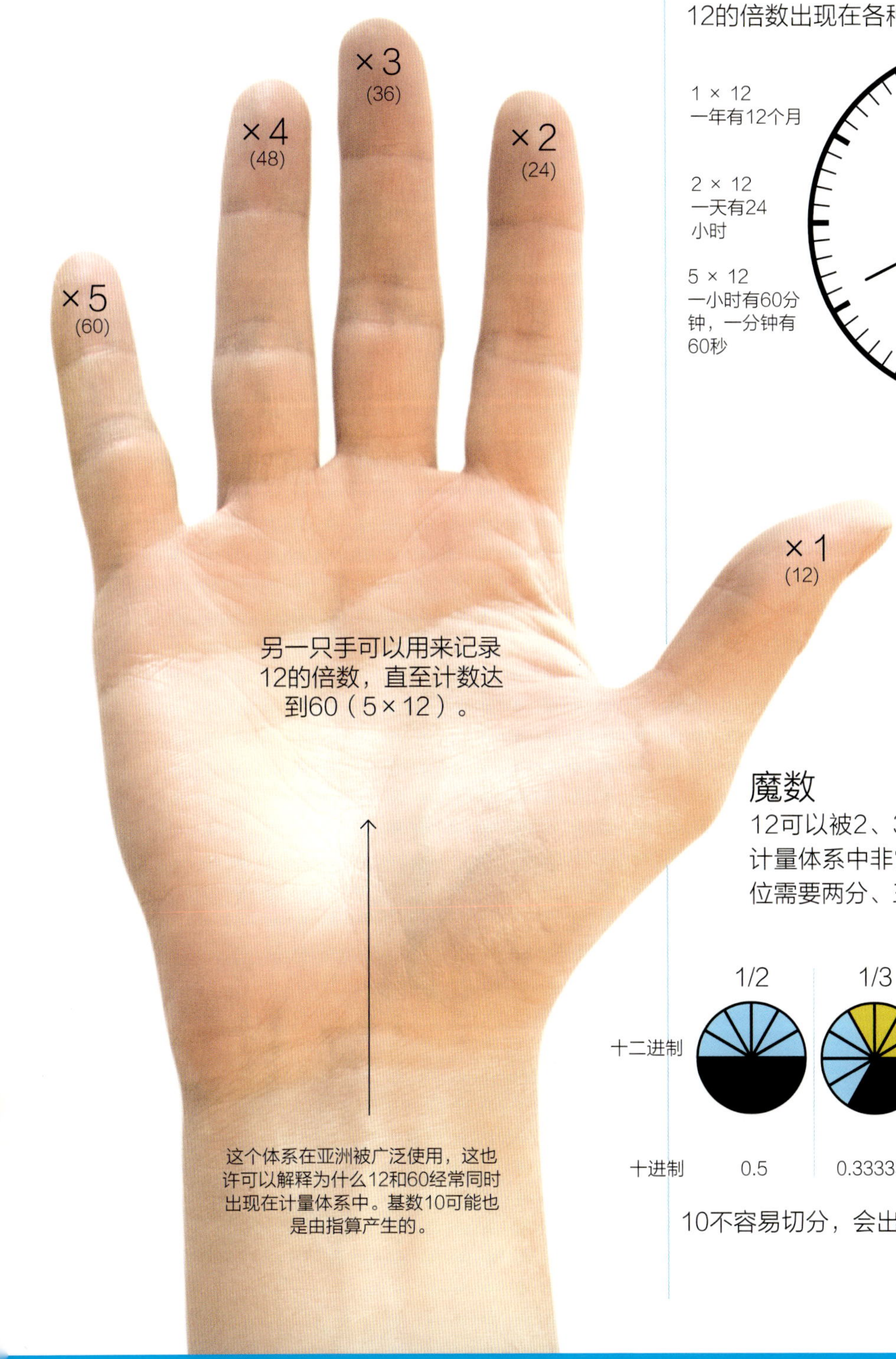


另一只手可以用来记录12的倍数，直至计数达到60（5×12）。

这个体系在亚洲被广泛使用，这也许可以解释为什么12和60经常同时出现在计量体系中。基数10可能也是由指算产生的。

## 12 ··· 24 ··· 36 ··· 48 ··· 60 ···

12的倍数出现在各种测量中

1 × 12
一年有12个月

2 × 12
一天有24小时

5 × 12
一小时有60分钟，一分钟有60秒

### 70小时一星期

法国革命党人试图将时间改为十进制，他们把每天分成10小时，把每小时分成100分钟，把每分钟分成100秒。但这一体系并未流行起来。

### 魔数

12可以被2、3、4和6整除，因此在计量体系中非常有用，因为较大的单位需要两分、三分或四分。

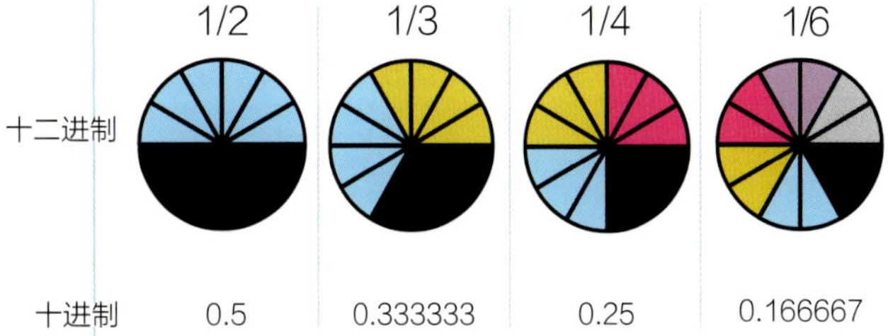


10不容易切分，会出现0.3这样别扭的循环小数。

# 我们何时开始讨论政治？

如果你曾看到敌对的政客们争得你死我活，并认为“他们好像生活在不同的世界”，那么你差不多说对了。他们的分歧不仅是意识形态上的，更是生物学上的。

人是政治动物。虽然现代政治与职业政客和政府有关，但政治其实只是关于如何组织社会以及分配权力和资源的永恒争论罢了。这种争论已经持续了数千年。和我们一样，由狩猎－采集者组成的游牧部落也需要做这类决定。

在前现代社会中，政治在很大程度上是军阀之间的权力斗争。但随着社会变得越来越开化，斗争也变得更为民主。18 世纪 90 年代的法国最先出现了这种迹象。在革命年代，法国社会发生了明显的撕裂。教会等旧政权机构支持君主制，另一方支持革命。保守派坐在议会右侧，革命派则坐在左侧。

## 权力斗争

古往今来，所有政治都或多或少反映了这条基本的分界线。可以把政治理解为保持现状和推翻现状这两种力量之间的斗争。现代政治制度基本上由左与右、保守派与改革派之间的斗争所定义。那么，这种似乎普遍存在的人类分歧从何而来?

传统观点认为，政治倾向是我们基于证据和论点所做的自觉而理性的选择。如果我们有分歧，那只是因为我们得出了不同的结论。然而最近的研究表明，事实远非如此。政治融入了血液，政治分歧深植于生物学基础之中。不仅如此，政治分歧在很大程度上超出了意识的控制。

20 世纪 50 年代，全世界力图理解极权主义，人们开始对政治信念的生物学基础进行研究。研究成果主要是确认了所谓的权威型人格。然而，认为这种人格只适用于一小部分人的观点引发了争议，人们的兴趣消退了。

但研究者们抓住了一些东西。现代研究发现，人格的确会影响政治理念。心理学家在研究办公室和宿舍时发现，保守派和改革派对空间的管理往往不同。保守派喜欢整洁和因袭惯例，拥有更多关乎秩序的东西。改革派的房间则更为凌乱，探索性的东西更多。

### 我们的伙伴

我们的政治理念并非有意识的决定，测量无意识态度（即下意识的偏好）的心理学测试对此提供了一些最清楚的证据。它们表明，意识形态不同的人在社会偏好方面也会不同。一般来说，保守派比革命派更有可能偏爱地位高的人，以及像白人和异性恋这样占支配地位的社会群体。革命派则比保守派更容易接受少数族群和性少数——但需要注意的是，革命派也会无意识地偏爱地位高的人群，只是不像保守派那么明显。

政治辩论会使人头脑发昏。这样看来，“左翼”“右翼”等标签源自法国大革命毫不奇怪。

## 道德迷宫

研究人员得出结论，这些外在差异显示了内在的人格特征：经验开放性和责任心，这是已知有强大遗传基础的五大人格基本维度中的两个。

几项相关研究表明，保守派对于“认知闭合”有更高的需求，即想把不确定变成确定，把模糊变成清楚。

二者的生物学差异还见于道德判断领域。改革派认为受苦和不平等在道德上不可接受，而保守派则更在意对权威和传统的不尊重，以及性和精神方面的“不洁”迹象。再说一次，这些差异有令人惊讶的生物学根源：它们与人们产生厌恶感的难易程度有关。

一般来说，保守派对屁味之类的刺激更容易产生厌恶。各种政治倾向的人都会因为厌恶而难以容忍道德上可疑的行为，但保守派的反应更为强烈。这也许可以解释关于同性恋婚姻和非法移民的观点分歧。保守派对改变现状的行为往往极为反感，因此认为这些事情在道德上是不可接受的。自由派则较少对此类情况感到厌恶，因此不大会这么严厉地对其进行批评。

这些差异也体现在人们看待世界的方式上，比如对惊吓的反应。保守派对突发巨响的惊吓反射更明显，眼睛眨得更厉害，出汗更多。他们对于危险图像的反应也更强烈，看得更快，时间更长。保守派更容易把世界看成一个危险的地方。

最富争议的是，科学家们已经开始寻找这些差异的遗传基础。25 年来，我们已经知道政治态度具有高度的可遗传性。同卵双胞胎远比异卵双胞胎更容易有相同的政治观点，这表明起作用的不只是他们共同的生活环境，还有共同的基因。

## 右、左、中

最近，遗传学家们已经开始研究可能影响意识形态的特定基因。没有人提出存在“支持”改革主义或保守主义的基因，但有一个基因很有意思，即多巴胺受体基因 DRD4-7R 的变异体，被认为与猎奇行为和左翼政治有关。

批评的意见认为，这种研究将政治观点的细微差异还原为一种简单的二元论，把保守主义看成一种类似于人格障碍的东西。真实的世界更为复杂，宽泛的左派和右派包含着许多有程度差异和观念分歧的小派别。还有一些政治传统并不符合这个模型，尤其是自由主义。

尽管如此，有重要证据表明，相比不同的观点，政治选择更多地受到基本生物差异的驱动。因此，与其对你的政治对手义愤填膺，不如为他们感到遗憾：他们如此完全、彻底、愚蠢地犯错实在是不由自主。

# 左脑，右脑

你也许认为是你选择了自己的政治理念，但其实是它们选择了你。

生物倾向导致大部分人本能地左倾或右倾。

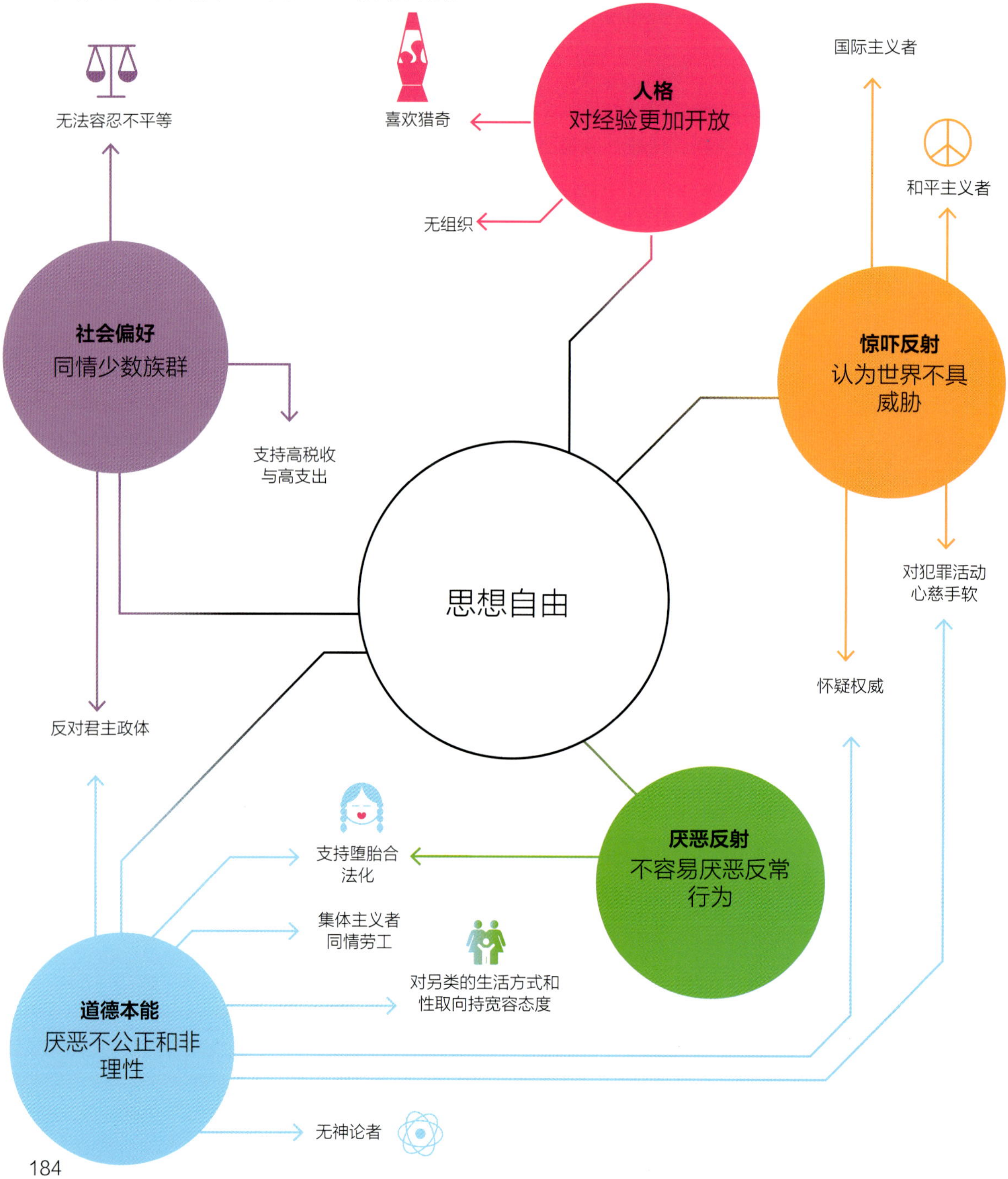

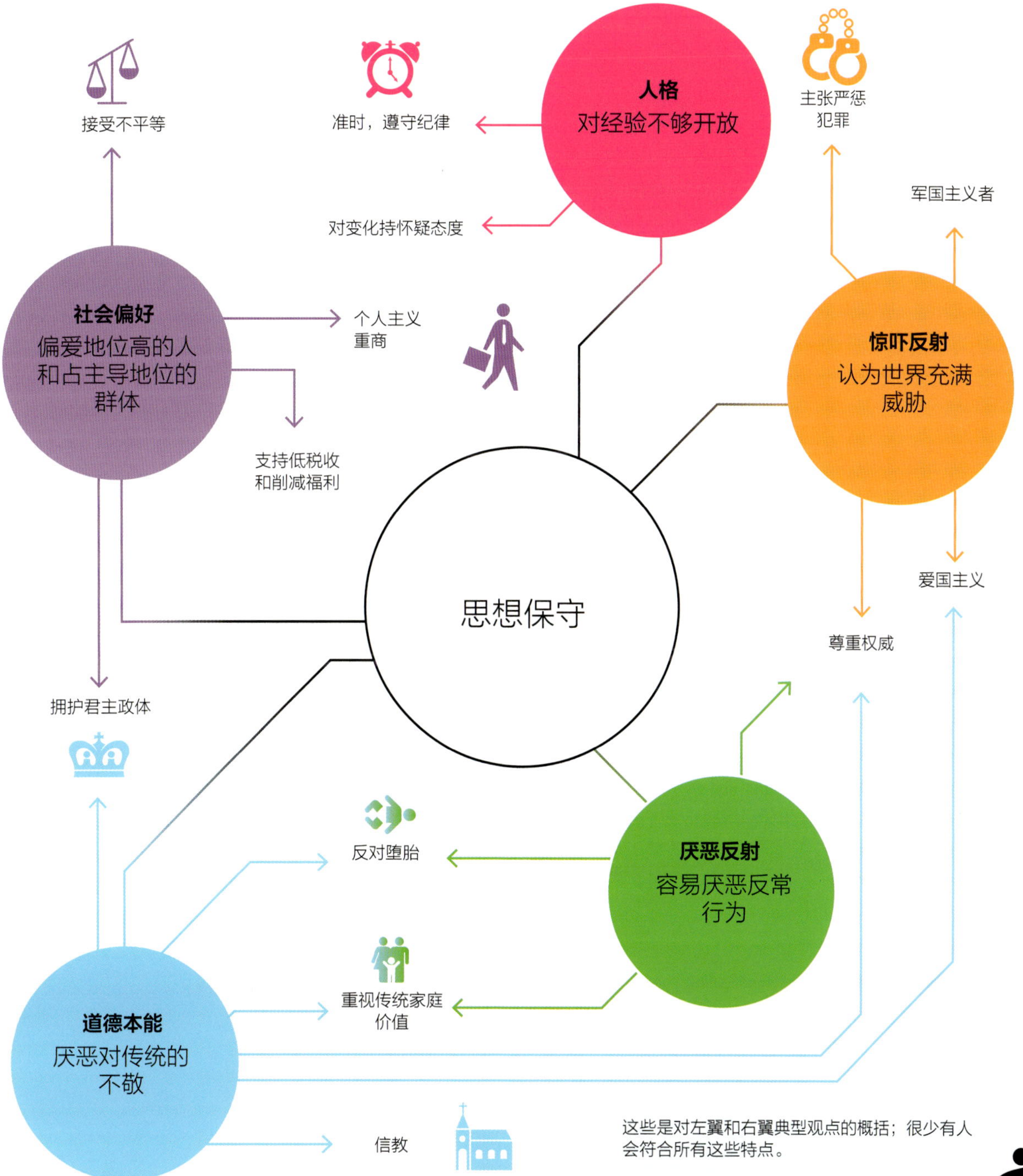


这些是对左翼和右翼典型观点的概括；很少有人会符合所有这些特点。

# 炼金术何时变成了科学？

奶酪制造商们也许没有意识到，但全世界其他人都应当永远心存感激。

那是1869年2月17日，俄国化学家门捷列夫本来预定要去圣彼得堡一家奶酪厂做些咨询工作，但他取消了行程，在家里兴奋地写着什么。到了晚上，他已经勾勒出了历史上最成功的科学理论之一“元素周期表”的框架。

门捷列夫的灵光一现是数个世纪以来试图理解和控制物质变化过程的努力的顶点。蜡烛燃烧时发生了什么？为什么一撮盐放入水中搅拌之后会消失？铅可以变成黄金吗？我们现在认为这些问题属于化学领域，化学通常被看作一门相当乏味和严肃的科学。但它的前身并非如此。

最早的几步是古希腊哲学家迈出的。亚里士多德断言，万物都由四种元素组成：土、火、气和水。物质的特性取决于其所含元素的比例。比如，金属由水和土组成，但如果对其加热，其中一些土会转化为火。

## 金属和染料

亚里士多德于公元前322年逝世，十年之前，亚历山大大帝征服了埃及，建立了新的首都亚历山大里亚。沉浸在亚里士多德哲学中的工匠们开始涉足冶金和染料制作。他们称自己的技艺为khymeia，意为“铸在一起”。这个传统后来传到了伊斯兰学者那里，他们称之为al-khimya。这些知识最终传到了中世纪的欧洲，当时修习魔法的人用神秘主义思想将其包裹起来，称其为炼金术（alchemy）或化学（chymie）。

炼金术士的主要目标是哲人石，这种物质可以将贱金属转变为金和银，还能包治百病，使人长生不老。炼金术士们同时也是工匠，擅长操纵和转化物质，生产药物、玻璃和炸药。

但炼金术并不是一门科学。转折点出现在1661年。当时，哲学家罗伯特·波义耳出版了一部开创性的著作——《怀疑的化学家》，将新的科学方法应用于化学。波义耳认为，不能仅仅断言物质由四种元素组成，而要用可重复的实验来证明这一点。

## 驯化元素

法国贵族安托万·拉瓦锡完成了这项任务。他接受了波义耳的挑战，开始寻找元素，并将其定义为任何不可再分的东西。1789年，拉瓦锡发表了一份包含33种“元素”的清单，其中许多正是我们现在所理解的元素。没过多久，又有许多元素被发现。每种元素都有自己独一无二的原子，元素相互结合形成化合物，这样的观点渐渐流行起来。

到了门捷列夫的时代，已经有63种元素为人所知。门捷列夫的突破在于按照原子量对这些元素进行分组，从而揭示出元素性质的一些样式。例如，第一主族都是遇水会发生剧烈反应的软金属。第七主族包括氟、氯和溴等气体，都是由两个原子组成的分子。这并不是唯一的样式。在每一主族内部，随着原子量的增加，元素的活性也会发生变化。在第一主族中，活性随着原子量的增加而升高。第七主族的情况则相反。

元素周期表是化学的统一理论。它不仅可以

## 牛顿的魔法

欧洲中世纪的炼金术士队伍中不仅有神秘主义者，还有受人尊敬的学者。其中最受尊敬的便是艾萨克·牛顿。17世纪80年代，牛顿写了一本名为《化学索引》的炼金术术语词典。

我们心目中的伟大科学家竟然会受胡言乱语的蛊惑，这似乎很奇怪。但在当时，科学与魔法之间并无明确区分。不过，到1727年牛顿去世时，炼金术已经成为一种黑魔法。牛顿留下了大量尚未发表的笔记和文稿，其中许多都是关于炼金术的。皇家学会会员托马斯·佩雷特整理牛顿的遗著时，决定隐瞒这些东西，将其标注为“不宜发表”。

解释观察结果，还可以做出预测。如果尚未发现具有恰当性质的元素，门捷列夫就大胆留出空位，并声称会发现新的元素来填充它。他是正确的。例如，硅后面有一处空白，门捷列夫称之为“准硅”。15年后，德国化学家克莱门斯·温克勒发现了它，将其命名为“锗”。

## 现代炼金术

人们很快就发现，电子是这些样式背后的原因。电子于1896年被发现，10年之后，汉斯·盖革和恩斯特·马斯登做了那个判决性的实验。他们朝一片金箔发射了一束氦原子核。出人意料的是，很多原子核直接穿透了金箔，由此可以推论，金原子基本上是空的。他们解释说，电子围绕原子核旋转，两者之间是大片的空无。这个解释后来被证明本质上是正确的。

电子轨道解释了元素的化学和物理性质。例如，原子活性取决于原子获得或失去电子的难易程度。

但电子是一把双刃剑。它引入的规律性，或者说化学家用来理解其效应的权宜之计，只是一种近似的东西。事实上，电子是性质古怪的量子对象：它们可以同时处在两个位置，或者“隧”穿空间。

随着量子革命的进一步发展，科学家们开始探究原子核的内部细节。他们的一项关键发现是，元素可以通过核反应相互“转化”，这似乎有悖于化学定律。没人提到炼金术，不过，1951年，化学家格伦·西博格将一块贱金属铋变成了金。

# 元素……

……我亲爱的门捷列夫。这位俄国化学家于1869年“尝试建立的元素体系”被证明非常准确。

在纵向上，元素按照递增的原子量排序↓
在横向上，元素按照化学性质的相似性排序→

| | | | | | | |
|---|---|---|---|---|---|---|
| | H 1 氢 | | | | | |
| | | | | Ti 50 钛 | Zr 90 锆 | ? 180 — |
| | | | | V 51 钒 | Nb 94 铌 | Ta 182 钽 |
| | | | | Cr 52 铬 | Mo 96 钼 | W 186 钨 |
| | | | | Mn 55 锰 | Rh 104.4 铑 | Pt 197.4 铂 |
| | | | | Fe 56 铁 | Ru 104.4 钌 | Ir 198 铱 |
| | | | | Ni/Co 59 镍/钴 | Pd 106.6 钯 | Os 199 锇 |
| | | | | Cu 63.4 铜 | Ag 108 银 | Hg 200 汞 |
| 碱土金属 | | Be 9.4 铍 | Mg 24 镁 | Zn 65.2 锌 | Cd 112 镉 | 汞 应该在这里 |
| 硼族 | | B 11 硼 | Al 27.4 铝 | ? 68 准铝 | Ur 116 铀 | Au 197? 金 |
| 碳族 | | C 12 碳 | Si 28 硅 | ? 70 准硅 | Sn 118 锡 | |
| 氮族 | | N 14 氮 | P 31 磷 | As 75 砷 | Sb 122 锑 | Bi 210? 铋 |
| 氧族 | | O 16 氧 | S 32 硫 | Se 79.4 硒 | Te 128? 碲 | |
| 卤族 | | F 19 氟 | Cl 35.5 氯 | Br 80 溴 | I 127 碘 | |
| 碱金属 | Li 7 锂 | Na 23 钠 | K 39 钾 | Rb 85.4 铷 | Cs 133 铯 | Tl 204 铊 |
| 碱土金属 | | | Ca 40 钙 | Sr 87.6 锶 | Ba 137 钡 | Pb 207 铅 |

当时认为的原子量

现在只用U表示

1875年被发现，被命名为镓

1886年被发现，被命名为锗

原子量过于相近，门捷列夫无法分开它们

**门捷列夫无法安置的问题元素**

| | |
|---|---|
| ? 45 准硼 | Ce 92 铈 |
| ?Er 56 铒 | La 94 镧 |
| ?Yt 60 钇 | Di 95 钕镨 |
| ?In 75.6 铟 | Th 118? 钍 |

1879被发现，被命名为钪

现在只用Y表示

结果不是一种元素，而是两种元素镨和钕的混合门捷列夫用问号来表示虽然未知但他（正确地）预言会被发现的元素。这个元素于1922年被发现，并被命名为铪。

← 这张1869年的周期表是俄国化学家门捷列夫用当时已知的63种元素制作的。引人注目的是，其中有52种元素是正确的或几乎是正确的，只有4种元素搞错了，另有7种元素他不知道该怎么处理。

## 今天的元素周期表

现代元素周期表依然按照原子量和化学性质排列，但元素是沿着纵向而非横向分组的。它包括118种元素，其中有43种在门捷列夫时代是未知的（显示为白色）。

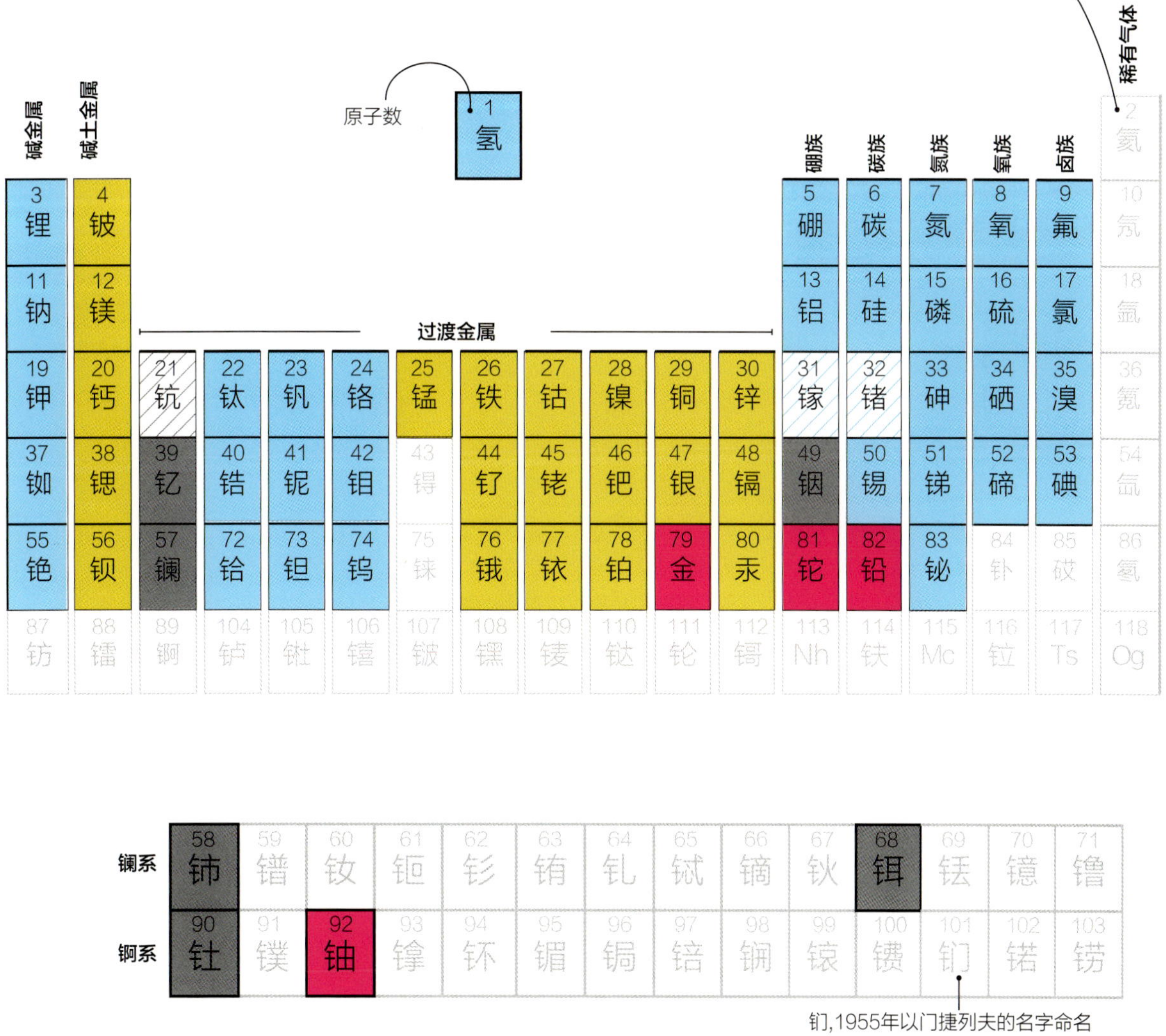

# 我们是如何发现世界是如此奇怪的？

1874 年，17 岁的科学天才马克斯·普朗克告诉他的大学教授，他想投身于物理学。这位长者建议："在这个领域，几乎一切东西都已被发现，只剩下一些填补漏洞的工作了。"

结果证明，他说的不能算错，但这些漏洞是连刘易斯·卡罗尔[1]也会感到惊奇的兔子洞。数年间填补漏洞的尝试引出了一种对宇宙的新认识，它颇具革命性，但却离奇古怪、令人费解。第一个探入兔子洞的人便是普朗克，尽管他有些不情愿。

今天，量子力学是我们对世界最成功的描述。它可以解释从原子到天体的一切事物。它还教导我们，世界从根本上说是极其神秘的，甚至是我们无法理解的。

## 灵光闪现

恰当地说，这场革命始于电灯泡。1894 年，时任柏林大学教授的普朗克被委派对爱迪生的新发明做一些技术研究。电力公司想知道如何用最少的能量发出最多的白光，于是普朗克开始研究灯丝温度与光的颜色之间的关系。

事实证明，这是对令人头痛的黑体辐射问题的重新表述，此问题描述了物体（比如一块金属）的温度与它发出的光的颜色之间的关系（黑体是一个理论上的东西，它既可以完全吸收电磁辐射，又可以发射电磁辐射）。实验测量已经发现，有一个重大的反常情况是物理学无法解决的：黑体无论多热，都几乎发射不出紫外光。这后来被称为紫外灾难。

1900 年 12 月，42 岁的普朗克面对德国物理学会的成员提出了一个解决方案：能量并不是一种能以任意大小的量存在的连续现象，而只能以离散的小块的形式存在。他将这些单元中的每一个称为一个量子。普朗克当时并没有意识到自己正在下到一个无法逃脱的洞里。但他的结论（他称其为"绝望之举"）却启发了渴望深入下去的年轻一代的物理学家。

其中一位就是阿尔伯特·爱因斯坦，当时他还是个 25 岁的无名小卒，正试图理解光电效应。所谓光电效应指的是这样一种现象：沐浴在特定频率的光之中，许多金属都会发射电子，无论光的强度如何。普朗克的量子正是他所需要的概念。爱因斯坦意识到，只有光也被量子化，光电效应才能得到解释。如果是这样，我们就不能再按照古典的思路把光看成在空间中传播的波。相反，光必须由一束粒子构成，每一个粒子都携带着单独的能量子。

## 非此非彼

物理学家很难接受这个观点，因为有清楚的证据表明光是一种波。特别是，光通过两个狭缝所产生的干涉图样就像水面上的一对涟漪。唯一的解决办法就是抛弃常规观念，接受光既是粒子又是波的想法。

到了 20 世纪 20 年代，波粒二象性已经被普

[1] 刘易斯·卡罗尔（1832—1898），英国数学家、童话作家，《爱丽丝梦游奇境》的作者。

## 箱子里的猫

20 世纪 20 年代，量子力学的哥本哈根诠释成了应对离奇的量子世界的最流行的方式，但并非所有人都对它感到满意。薛定谔用了一个著名但备受误解的思想实验来提醒人们注意其荒谬之处。想象箱子里锁着一只猫和一瓶毒药，毒药瓶有一半的可能性碎掉。根据量子力学的说法，在箱子打开前，两种结果发生的概率相同。在被窥见之前，猫既是活的又是死的。

遍接受。这让老派物理学家们满腔郁闷无处发泄。但更糟的还在后面。

1927 年，德国理论物理学家维尔纳 · 海森堡认识到，波粒二象性的结论从根本上限制了我们对世界的认识。例如，我们对一个粒子的位置测量得越准确，我们对它的动量知道得就越少。在量子世界中，粒子不像斯诺克台球；粒子并不拥有位置和动量这两种分离的性质，这二者在粒子这里无法强行分开。

海森堡的不确定性原理始终是量子理论最违反直觉的预测之一。他的思想后来变得越来越脱离日常世界。

## 荒诞戏剧

很多人认为，海森堡的奥地利竞争者埃尔温 · 薛定谔的工作更如人意。薛定谔同样认为，不可能把粒子描述成占据着空间中一个固定的点。相反，我们最多只能为它可能存在的所有位置指定一组概率。按照这个逻辑，一旦某人对粒子进行观测，这个粒子就只能处于一个特定的位置。叠加态只有在观测时才会坍缩，这种观念成了海森堡和尼尔斯 · 玻尔提出的量子力学哥本哈根诠释的一个重要信条。它还导致了另一个重要但又无比怪异的概念——量子纠缠，即两个相距遥远的粒子的叠加。

这些荒谬的想法使量子力学的先驱们心情沉重。正如玻尔所说：“初次碰到量子理论却不感到震惊的人不可能理解它。”

但这些想法被成功地证实了。新时代的实验甚至证实了最令人难以置信的预言。但是，虽然认识飞速提高，我们的困惑却和以前一样多。漏洞的确存在，可能永远也填不满。

# 深入兔子洞

20 世纪初的量子力学先驱改变了对实在的定义，但实际上都没能接受他们所发现的不可思议的东西。

1900 年
马克斯 · 普朗克
提出能量只能以被称为量子的特定的量而存在，无意间开启了一场革命。但他并不真的相信：它只是为了解释一些令人困惑的实验结果而使用的数学手法。

“事实上，对它我并没有想太多。”

1905 年
阿尔伯特 · 爱因斯坦
将普朗克的思想成功地用于光，量子理论开始成型。但爱因斯坦实际上从未承认它的实在性。

“量子力学的确令人印象深刻，但我内心有一个声音告诉我，它还不是那个实在的东西。”

1913 年
尼尔斯 · 玻尔
将量子理论用于原子，之后致力于解决其哲学后果。

“凡不对量子理论感到震惊的人都没有理解它。”

1926 年
埃尔温 · 薛定谔
发表了他著名的方程，证明世界从根本上讲是古怪的。

“我不喜欢它，很遗憾我跟它有关系。”

1927 年
维尔纳 · 海森堡
意识到，量子理论为我们对世界的认识设定了基本界限，这就是他著名的不确定性原理。

“大自然可能像我们在这些原子实验中看到的……那样荒谬吗？”

# CHAPTER 6

# 发 明

# 为什么发明轮子要那么久？

乌鲁克，5500年前。这座苏美尔城市壮丽辉煌，是到那时为止世界上最大、最富有的人类定居点。它无疑是一座城市，拥有上万居民、大型建筑、城墙、市场和外围居住区。

从这座城市的废墟中，我们可以得知这一切。但它明显缺少现代城市必不可少的一个外部标志：轮子。

很难想象一个运转中的现代城市没有小汽车、出租车、公共汽车、卡车、自行车和人力车来运送人和货物。但乌鲁克并不像是一个轮子上的城市。我们仅有的证据是刻在年代不明的泥板上的几幅蚀刻画，画上的东西看起来勉强像是四轮马车。而许多古代石壁画上有一些奇妙的装置，看起来像是雪橇，这暗示乌鲁克的城市交通工具是设计成在地面上拉着前进的。

如果轮子在苏美尔地区的确很罕见，甚至说根本没有，那么问题就变得有点棘手了。轮子这项技术看起来如此显而易见、简单易制，又如此有用，发明的时机也已臻于成熟。陶工旋轮当时已经出现。城市街道也足够平坦，能够拉动雪橇，这对于轮子来说也很理想。驴子、牛等可以拉车的牲畜已经被驯化，复杂的贸易网络已经在该地区形成。金属加工正变得司空见惯。天哪！这不是石器时代。

也许我们只是尚未发现乌鲁克的车辆遗迹。早期的交通工具很可能是由木头和绳子制成的，无法很好地保存下来，被记入考古笔记中。然而，苏美尔对轮式交通工具的最早的明确描述出现在1000年以后，一个有装饰的木箱上描绘了由驴子拉的四轮战车。结论显而易见：使乌鲁克的世界得以运转的绝不是轮子。

更奇怪的是，当思想精致复杂的苏美尔人似乎在努力发明显而易见的事物时，文化相对落后的地区的人们却在到处旅行。在德国弗林特贝克的一座有5500年历史的坟墓中，考古学家们发现了一对平行的波浪形车辙，那肯定是一辆轮子不稳的大车留下的。同一种文明（漏斗颈陶文化）制作的陶罐上也饰有非常像是四轮马车的图案。

真正的轮子的最早遗迹同样来自落后的欧洲。2002年，在位于今天斯洛文尼亚共和国境内的一片沼泽中出土了卢布尔雅那沼泽轮，这是一套有5150年左右历史的木质轮轴组合。它附于什么东西之上尚不得而知，也许是一辆手推车。再往东，在位于今天乌克兰境内的大草原上，考古学家们在有5000年历史的坟墓中发现了轮子和完整的车体。

## 一场革命

我们不知道，在欧洲古代的造车技术中，轮子是从别处传入的，还是独立发明的。不过，还有一条证据是，轮子很早就在欧洲出现了。语言就像骨头和DNA一样保存着远古的痕迹。生物学家可以通过考察两个物种共有的基因和物理特征来重构这两个物种共同的祖先，语言学家也可以用同样的方式来重构已经消失的语言。例如，name一词源于拉丁语词nomen，后者也是法语词nom和西班牙语词nombre的来源。

现代欧洲语言的谱系表明，其中大部分语言和一些非欧语言都有一个共同的起源：一种被称

## 为什么动物没有轮子？

演化为运动问题提供了各种优雅的解决方案：鸟可以飞，乌贼有喷射推进，壁虎可以攀墙，跳蚤有弹簧腿。但从来没有动物演化出轮子。为什么没有呢？原因在于，演化是逐渐完成的，并没有远见支持：它只能给出在此时此地有用的设计。朝着飞行或喷射推进迈出的每一小步都比以前更好，但并没有哪一个朝着轮子迈出的步骤本身就是有用的，更不要说演化出一种可以自由旋转、同时仍然拥有血管和神经的附属物。

为原始印欧语的现已灭绝的语言。它可能源自西亚的某个地方，新来的移民将其传到欧洲。

语言学家重构的原始词汇中包含五个与轮子相关的词。其中有两个字面含义就是“轮子”，一个含义是“轴”，一个意指把牲畜套在车上所用的杆子，还有一个动词意指用交通工具进行运输。频繁谈到轮子意味着它是谈话者生活中的重要组成部分。

原始印欧人可以追溯到大约 5500 年前，这意味着在制作卢布尔雅那沼泽轮的时候，轮子已经是一项古老的技术。此外，造出乌克兰坟墓车的颜那亚人也是讲原始印欧语的。

基因证据表明，大约 4500 年前，颜那亚人向西扩张到欧洲中部，进而发现了在欧洲大陆占统治地位的一些新石器时代晚期和青铜时代的文化，包括从北海延伸至俄罗斯中部的绳纹器文化（因其独特的陶器而得名）。

## 在车上

颜那亚人是牧牛的民族。直到大约 5500 年前，他们的定居点一直紧挨着其发祥地的河谷，因为只有在这里，他们才比较容易为自己和牲畜取水。不过，他们进入欧洲意味着他们已经掌握了造车的技术。有了车辆，他们就可以随意获取水和食物，考古记录表明，他们开始占据大片领土。

轮子得以迅速传播。到了大约 4500 年前，轻便的双轮战车首次出现，很快就被用于战争。轮子还启发了诸如水轮、齿轮和纺轮等更为和平的发明。虽然发明花了些时间，但轮子一旦出现，技术文明便滚滚向前。

# 有轮子就能旅行

但是能走多远？对历史上各种突破性的轮式交通工具进行一小时的试验，看看各自的情况如何。

第一辆脚踏自行车

19世纪60年代

早期蒸汽火车

1800年左右

电动送奶车，赛格威平衡车

双轮战车

发明于4000年前，数千年间最快的轮式工具

一级方程式赛车

1946年举行了第一届一级方程式赛车比赛，获胜车型是阿尔法·罗密欧158型车阿尔菲塔，时速可达每小时310公里。

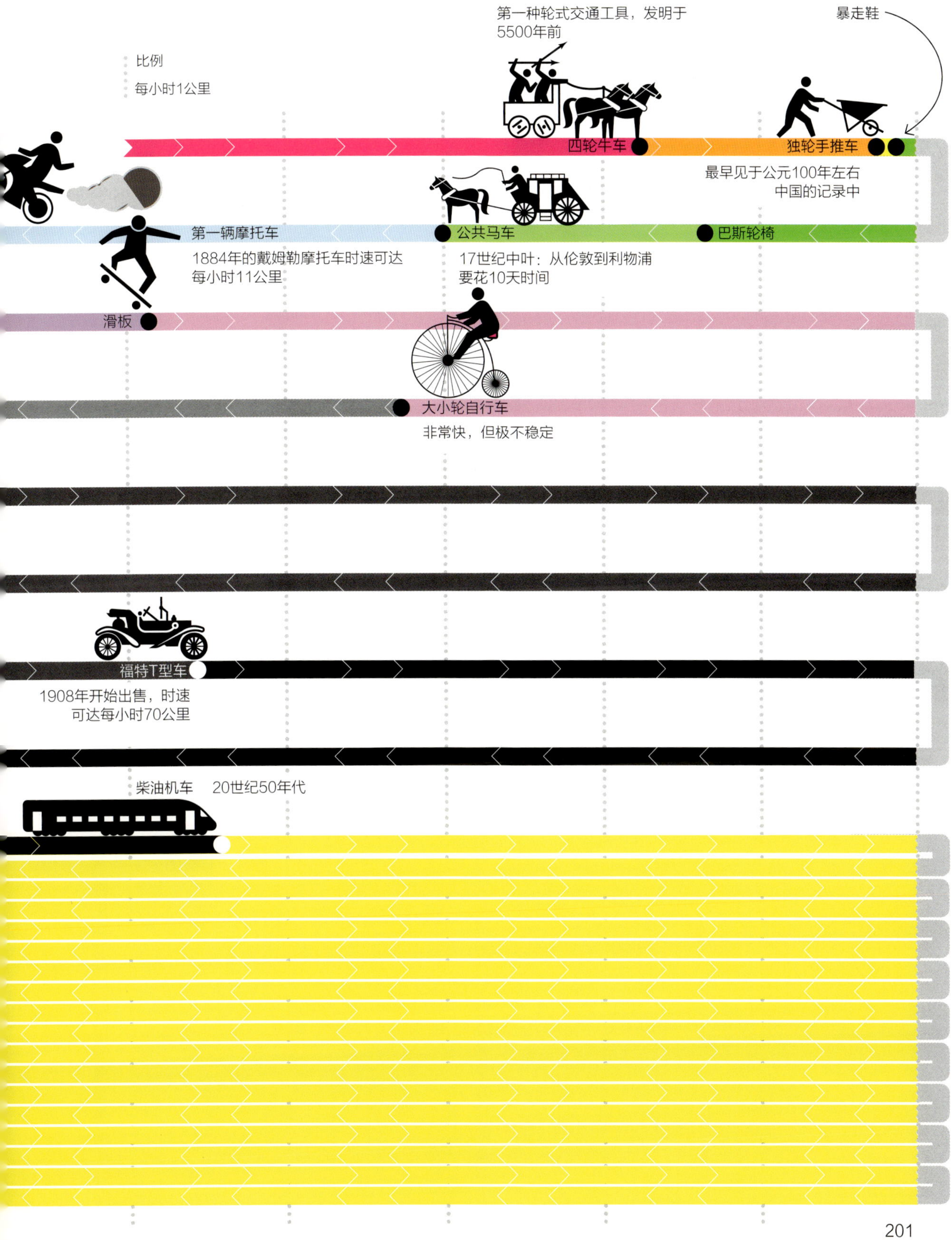
比例
每小时1公里
第一种轮式交通工具，发明于5500年前
暴走鞋
四轮牛车
独轮手推车
最早见于公元100年左右中国的记录中
第一辆摩托车
1884年的戴姆勒摩托车时速可达每小时11公里
公共马车
17世纪中叶：从伦敦到利物浦要花10天时间
巴斯轮椅
滑板
大小轮自行车
非常快，但极不稳定
福特T型车
1908年开始出售，时速可达每小时70公里
柴油机车　20世纪50年代

# 我们何时开始通过电波交谈？

1895年12月，意大利蓬切西奥的一位年轻贵族一早就唤醒了他的母亲，向她展示了自己的新发明。这位贵族就是古列尔莫·马可尼，他在博洛尼亚附近的别墅阁楼里秘密制造了一台装置，并在这台装置上用莫尔斯电码发出了一条信息。在房间另一头，一个铃铛以这条信息的节奏响了起来。无线通讯成功了。

对于熟悉电视、手机和无线网络的现代人来说，这一成就似乎算不了什么。但马可尼发明的机器能通过电波而不是电缆来传递信号，这是20世纪最具影响力的技术突破之一。事实上，它的影响力实在太大，以至于其他许多发明家都试图将其据为己有，而且往往不无理由。

## 收到，明白

马可尼成功的关键在于将两种现有的发明结合起来，创造出一个新的发明。第一个发明是发射器，它基于德国物理学家海因里希·赫兹为了证明电磁波可以生成而使用的实验设备。另一个发明是检波器，这是法国物理学家爱德华·布朗利发明的一种接收装置，用于检测比如雷电引发的电磁环境。

阁楼实验之后，马可尼肩负使命，开始在户外长距离发送信号。1896年，他移居伦敦，并为自己的发明申请了专利；一年以后，他创建了无线电报与信号公司，建立了最早的国际无线电通信线路，为商业化的无线电广播打下了基础。1909年，马可尼被授予诺贝尔奖，以表彰他“对于无线电报的发展所做的贡献”。

马可尼被公认为无线电的发明者，但他实际上只是搭了创新浪潮的便车，最终抢先获得了荣誉。他既不是第一个意识到无线传播可行的工程师，也不是唯一对此进行研究的人。若不是命运几番捉弄，历史书会讲述一个不同的故事。

德国物理学家卡尔·费迪南德·布劳恩显然更值得认可，他与马可尼分享了诺贝尔奖，虽然两人并没有合作过。布劳恩发明了马可尼后来依赖的很多技术，马可尼本人也承认“借用”了他的一些想法。

另一位实力对手是绝世天才尼古拉·特斯拉。1893年，即马可尼进行阁楼实验的两年前，特斯拉在费城的富兰克林研究所做了一场被广泛报道的演讲，从理论上描述了如何制作无线发射器和

### 我们在直播吗？

没过多久，企业家们就意识到，马可尼实现无线传输莫尔斯电码的发明有可能成为一项面向大众的技术。1920年11月2日，世界上第一个商业电台——美国宾夕法尼亚州东匹兹堡的KDKA电台开始广播。它播送了当天总统选举的结果，然后哀求听众给出反馈：“任何听到这则广播的人如与我们联系，我们将非常感激，因为我们急于知道广播的范围有多远，接收情况如何。”

西门子 D-Zug，1924 年发布的早期商业无线电接收机

接收器。但在当时，他没有任何设备。他说，这是“电气工程有朝一日必须要解决的一个严重问题”。特斯拉尝试自行解决，并于 1897 年提交了一项专利，但已经被马可尼抢了先。

身边有一个真正的天才死死地盯着你是一回事，有两个天才则是另一回事。几乎就在马可尼在阁楼里捣鼓的同时，才华横溢的新西兰人欧内斯特 · 卢瑟福正在克赖斯特彻奇的坎特伯雷大学勇往直前。但马可尼很走运：1895 年，卢瑟福前往剑桥继续自己的工作，但遭遇了阻碍，因为他的实验室突然决定将全部注意力集中于新发现的 X- 射线。

## 超越时代

特斯拉和卢瑟福因另外的原因而名垂青史，但马可尼的其他竞争者已经基本被遗忘。英国物理学家奥利弗 · 洛奇便是其中之一，他也许是最有资格战胜马可尼的人。1894 年 8 月，洛奇将一些莫尔斯电码从牛津的克拉伦登实验室无线传送到了 60 米开外的牛津博物馆。他的装置与马可尼“发明”的装置非常类似，尽管马可尼声称对此一无所知。

洛奇很可能是自谦的牺牲品：他称自己的工作是“非常初级的无线电报”，而且直到 1897 年才试图申请专利，而当时马可尼已将知识产权收入囊中。

对发明权最布尔什维克的反诉也许出现在马可尼去世 8 年后。1945 年 5 月 7 日，聚集在莫斯科大剧院的贵宾们得知，为了纪念圣彼得堡海军工程学院的亚历山大 · 波波夫，今后每年 5 月 7 日都会庆祝“无线电日”。听众们被告知，50 年前，波波夫在俄国物理化学学会的某次会议上实现了第一次无线传输。

## 宣传机器

根据苏联科学家维克多 · 加贝尔 1925 年在《无线世界》上发表的对该事件的解释，波波夫曾经用莫尔斯电码无线传送过“海因里希 · 赫兹”一词。这次传输在马可尼取得专利之前，波波夫因此成为无线电的正式发明者。

前提是确有此事。加贝尔是唯一提到这次会议的人；杂志编辑对此有所怀疑，但还是将它发表了。波波夫本人从未声称先于马可尼发明了无线电，甚至未将他视为对手。两人曾于 1902 年会面，并成为忠实的朋友。

但由于苏联的虚张声势（也许是受到马可尼加入意大利法西斯政党的刺激），波波夫的谦虚得到了充分补偿。《无线世界》上这篇文章于 1925 年发表后，苏联的宣传机器开始运转。当时苏联的科学技术远远落后于西方，斯大林想向公众隐瞒这个事实。不仅发明无线电的功劳被归于波波夫，据说苏联科学家还发明了电视和飞机。宣传起了作用： 1963 年出版的苏联教科书《无线电基础》压根没有提到马可尼。

无论谁配得上这项荣誉，无线电报的发明都可以说创造了现代世界。1928 年有了电视广播，雷达帮助我们赢得了第二次世界大战，今天最具代表性的技术——智能手机也始于双向无线电。

# 向星星广播

从地球发出的无线电信号以光速向外传播。即使是2004年才播出的节目也已经到达潜在可居住的行星。

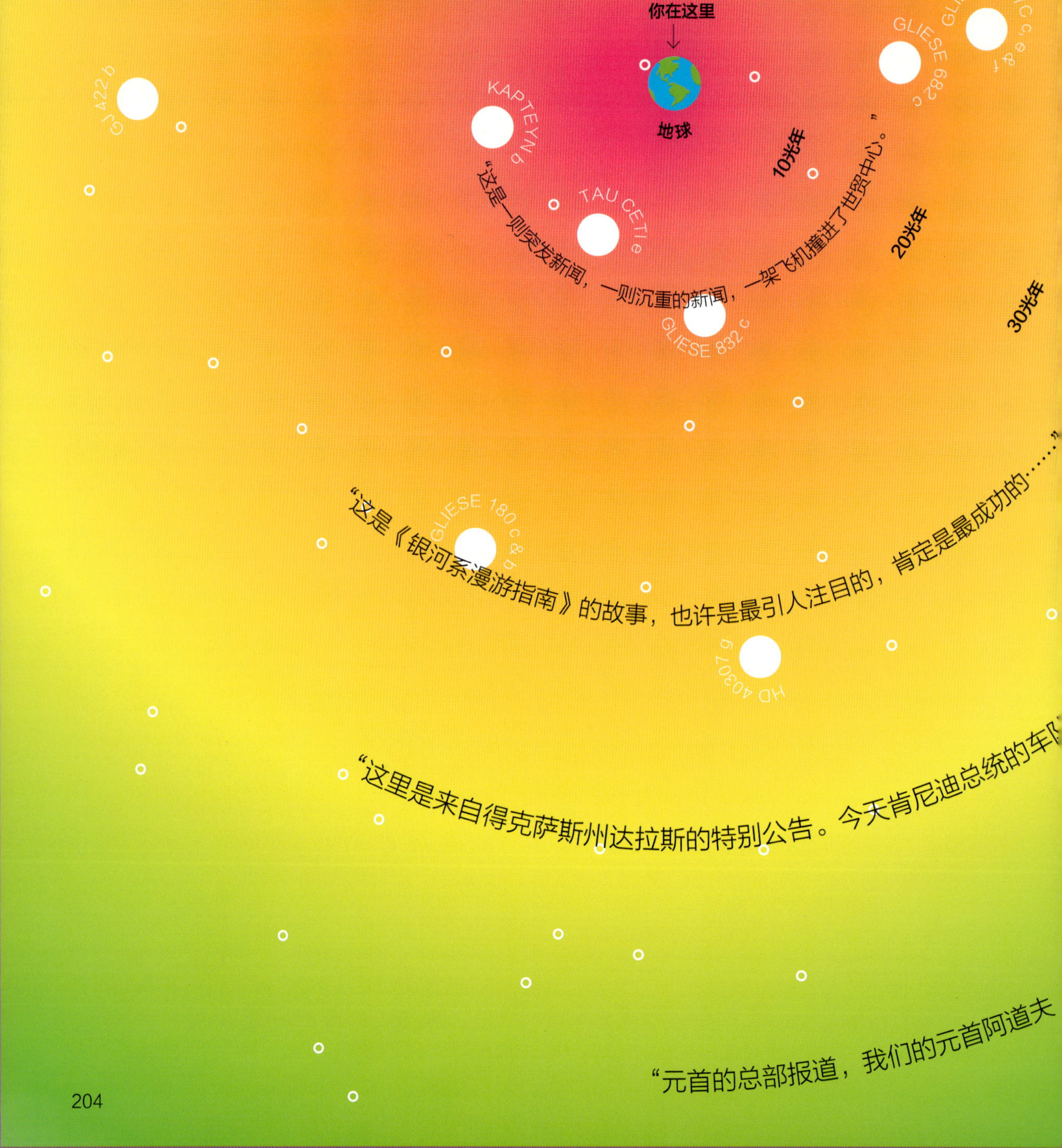

到三次枪击，总统正在得州进行为期两天的巡回演讲。我们将……”

GLIESE 3293 c

GLIESE 163 c

特勒与布尔什维克主义战斗到了最后一刻，今天下午在总理府的总指挥部为国牺牲。”

“尽管可能令人难以置信，但今晚降临在新泽西的奇怪生物其实是一支来自火星的入侵部队的先锋。”

第一次商业无线电广播

“……任何听到这则广播的人如与我们联系，我们将非常感激，因为我们急于知道广播的范围有多远……”

K2-18 b

马可尼将代表字母s的莫尔斯电码从英国的康沃尔传送到加拿大的纽芬兰……

50光年

60光年

70光年

80光年

90光年

100光年

110光年

# 第一个飞起来的人是谁？

如果你碰巧路过查德（英格兰萨默赛特郡的一个小镇），你也许会惊奇地看到“动力飞行的诞生地”的欢迎牌。如果你不相信自己的眼睛，那么请前往镇中心。在主干道上，你会看到纪念世界上第一架飞机的一座青铜雕像。

每个城镇都想拥有名声，但这个名声不是属于北卡罗莱纳的基蒂霍克吗？因为莱特兄弟在那里最终实现了人类多少个世纪以来的飞天梦。

既是又不是。基蒂霍克在航空史上固然有自己的一席之地，但查德也一样。1848 年 6 月，发明家约翰·斯特林菲洛做到了看似不可能做到的事情，当时他的蒸汽动力飞机飞过了城市中心一座废弃的针织厂。

斯特林菲洛差点就能名垂青史，只可惜他本人没有飞行。他的飞机是我们所谓的无人驾驶飞机。直到 1903 年，奥维尔·莱特在基蒂霍克完成了里程 37 米、时长 12 秒的飞行，人类才最终模仿鸟类实现了比空气重的飞行器的动力飞行。

飞行的历史中充满了九死一生和几乎被遗忘的先驱。不过，正如莱特兄弟坦然承认的，所有这些人为他们最终的成功铺平了道路。英国绅士科学家乔治·凯利是最具影响力的人之一，可以说，他比同时代的斯特林菲洛更胜一筹，比莱特兄弟提前整整 50 年完成了载人动力飞行——要是当时的引擎技术能够胜任就好了。

凯利年轻的时候，科学家和公众都相信，像鸟一样飞翔不仅不可能，连尝试一下都是愚蠢的。凯利并没有气馁，即便同时代的人都认为他疯了。1799 年，他发表了一个飞机设计方案，其中首次描述了能够使机翼飞起来的空气动力。他发表于 1809 年和 1810 年的三部分论文《论空中航行》遭到了质疑。

凯利毫不在乎。他已经完成了一系列实验来支持自己的计算，并坚信自己已经解决了动力飞行问题。凯利造的飞行器越来越复杂，1853 年，他的孙子乔治终于驾驶一架真正的滑翔机飞越了约克郡斯卡伯勒附近的一个浅谷。

### 我们已经飘离！

人类一直渴望飞翔。1783 年 10 月，他们最终成功了。我们无法完全确定究竟谁是第一个——雅克－艾蒂安·孟格菲抑或他的合作者皮拉特尔·德罗齐耶——反正他是在巴黎附近爬进热气球的篮子并升上天空的。

这是一项轰动的成就，但又有些令人扫兴。的确，人类一直渴望飞翔，但要像鸟一样才行。乘坐热气球（一种没有引擎的轻于空气的飞行器）飘浮并不真的算数。一个月后，德罗齐耶进行了首次无缆气球飞行，在巴黎上空静静地飘浮了 25 分钟。1785 年，他又成就了航空史上另一项第一：他成为第一个在空难中丧生的人，当时他的气球在空中爆炸，在加来附近坠落。

第一次致命空难发生在1785年，皮拉特尔·德罗齐耶的热气球在加来附近坠落。

## 像鸟一样飞翔

这架飞行器有固定的机翼和一个初级的机尾，后面还有一个方向舵。凯利意识到，鸟的尾巴对其飞行能力至关重要，因此，机尾对飞行器必定也是非常关键的。它缺少的是一个引擎——他曾花费多年进行研制，但徒劳无功。于是，生性乐观的他选择了滑翔机。

莱特兄弟还提到两位对他们的成就有重要影响的先驱。德国的奥托·李林塔尔是其中之一，他造的滑翔机的机翼像鸟的翅膀一样，顶部表面高度弯曲。这种机翼能将机身提升到其他实验者不敢想象的高度。李林塔尔从不同的起飞地点进行了多次试飞，包括在柏林郊区他家附近专门建造的15米斜坡上。然而，他最终为自己的实验付出了生命的代价，1896年，他驾驶的一架滑翔机熄火坠毁，让他摔断了脖子。

另一位是美国天文学家塞缪尔·兰利。1896年，他造了一架由小型蒸汽机驱动的飞机模型。它在燃料耗尽前飞行了超过一公里的距离。但兰利造的飞机太小，装不下飞行员，因为正常大小的蒸汽机太重了。靠着以汽油做燃料的内燃机，汽车技术的发展为未来的飞行员解决了这个问题。

到了1903年10月，兰利已经放弃了蒸汽机，他试图在华盛顿特区波多马克河上一艘游艇的顶部发动一架汽油动力的飞机。他的尝试以惨败告终，这主要是因为他没有充分注意到飞机升空后的控制问题。没过多久，莱特兄弟的汽油引擎飞机上了天。和兰利不同，莱特兄弟从别人（当然还有鸟类）那里吸取经验，对控制问题做了充分研究。

莱特兄弟最聪明的贡献之一在于设计出一种控制飞机摇摆的方式——飞机围绕一个纵向贯穿机身的轴运动。不像李林塔尔在其有致命缺陷的滑翔机上让飞行员左右移动身体，莱特兄弟的设计是让飞行员控制机翼的翘曲，在很短时间内让机身某一侧抬升。

## 带我上月球

这一步很重要，因为能在操纵飞机的同时不灾难性地失去上升力，一直是个重大问题。此外，这架飞机有一个被称为升降舵的前置可移动机舵，用来控制俯仰或机头的上下运动，还有一个控制偏航的后置方向舵。所有这些设计使莱特兄弟的飞机能够沿三个维度来控制自身的运动，之前那些有影响力的先驱都没能正确理解这一关键因素。

时至今日，奥维尔的短暂飞行仍然是技术史上最伟大的成就之一。仅仅过了66年，NASA就将人类带到了月球上，旅客们已经习惯于乘坐大型客机飞向世界的另一端。现在飞行是如此平常、辛苦和乏味，以至于我们很容易忘记前人对此是多么渴望。对他们来说，乘坐廉价航空公司的经济舱旅行几乎是一个奇迹。

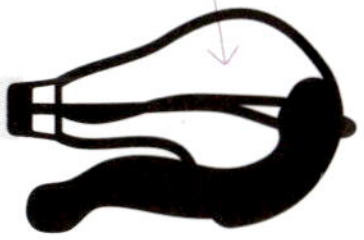

# 缩小的世界

一百年前，乘坐船或火车到达目的地需要几天甚至几个月，现在乘坐飞机几小时就能到达。

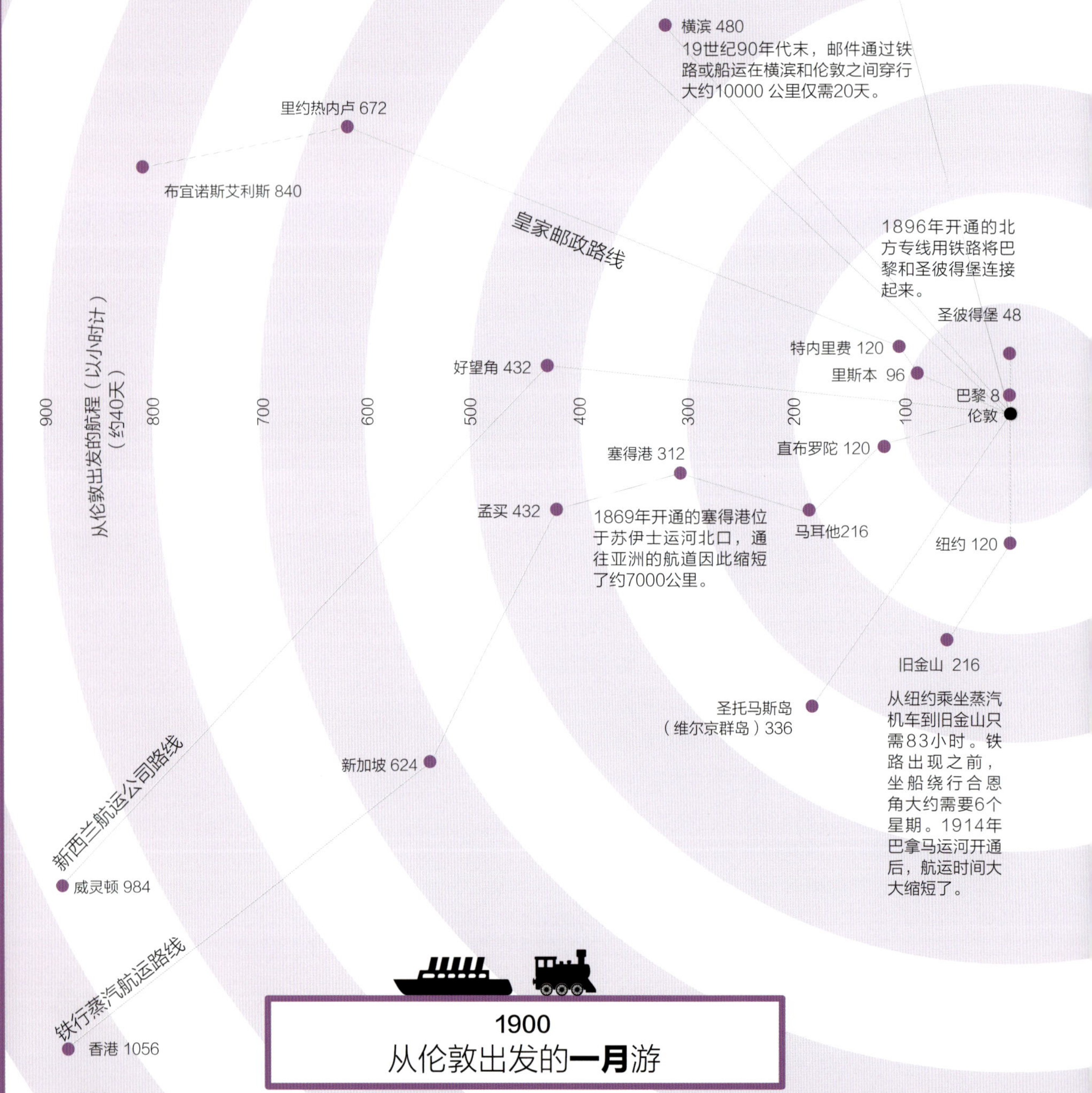

# 2016 从伦敦出发的一日游

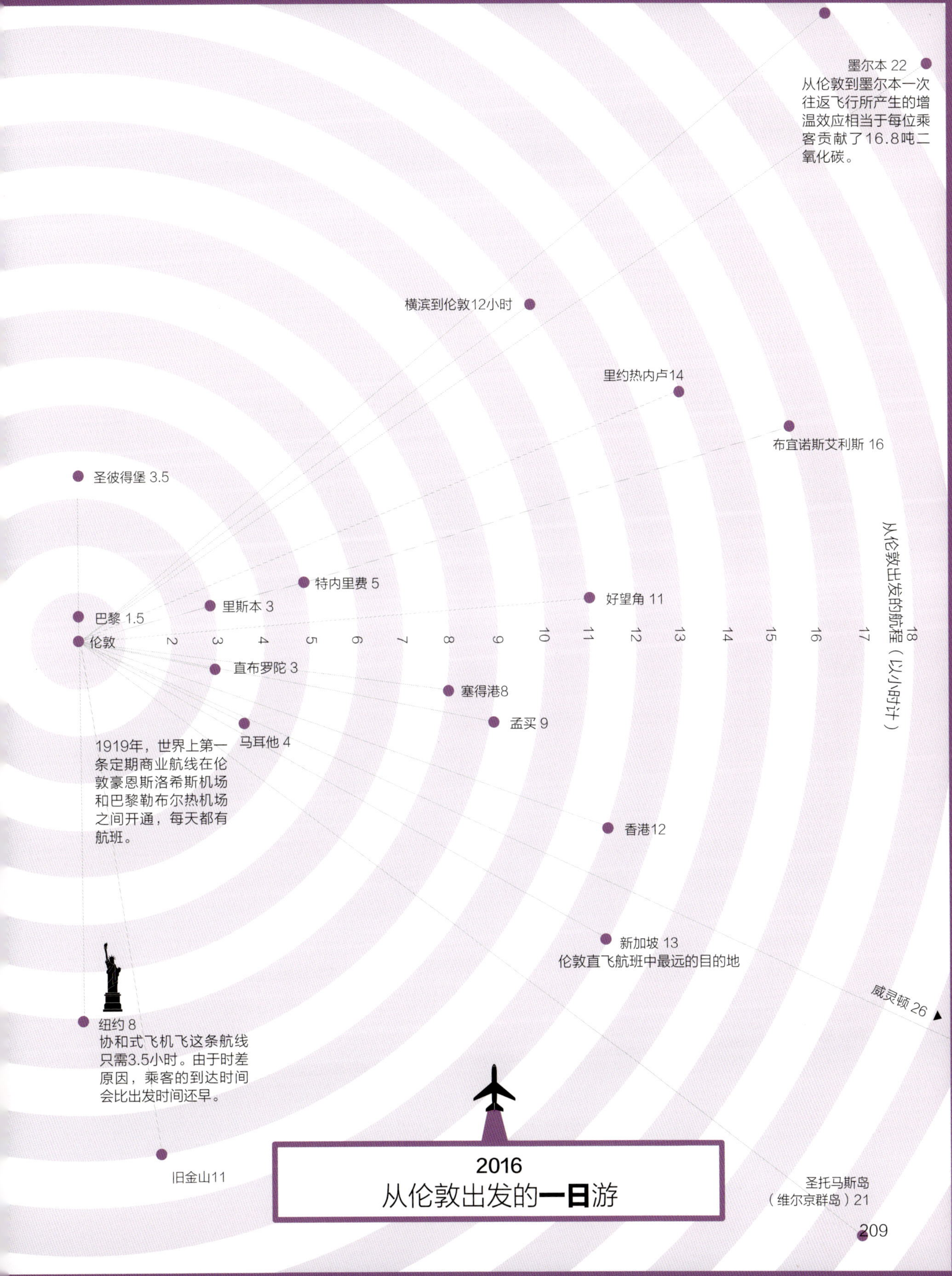

# 为什么我们使用的是 QWERTY 键盘?

技术常常为英语贡献新词，如电视、吸尘器和 iPod 等。但 QWERTY 一词的来源和它们很不一样。

计算机键盘是世界上最普及的技术之一，每天有数十亿人在使用，我们很少会专门想到它。然而在键盘的平常和熟悉背后有一件非常奇怪的事情：为什么字母是这样排列的?

世界与 QWERTY 键盘的爱恨情仇开始于 1866 年美国威斯康星州密尔沃基的一个小车间。一位名叫克里斯托弗·莱瑟姆·肖尔斯的出版商开始在这里研究一项他希望可以凭其致富的发明：能自动为书籍编页码的机器。

他的发明家朋友卡洛斯·格利登加入进来。1867 年 7 月，他偶然在《科学美国人》杂志上读到一则关于“打字机器”的简短说明。这似乎给了他们启发，他们决定改变方向，创造“一种机器……使人能以书写的两倍速度打印出自己的思想”。

## 钢琴还是打字机?

一年后，他们拥有了三项专利。不过，你很难把他们创造出来的东西看成打字机。它更像是一架黑白键的钢琴，每个键对应一个字母。

这架机器很容易发生故障，字行也容易偏斜。但肖尔斯还是用它来给潜在的投资者写信。其中一位投资者詹姆斯·登斯莫尔立刻买下了四分之一的专利，此时他还没有亲眼见过投资对象。然而，在前往密尔沃基考察过后，登斯莫尔又有些失望，称这种东西“没什么用处”。即便如此，登斯莫尔还是相信大方向没有错，并敦促肖尔斯继续研制。

接下来发生的事情有些模糊不清。肖尔斯在 1872 年提交了另一项专利，表明钢琴式键盘被换成了一排排圆形键，但并没有说明字母的具体位置。

然后，QWERTY 键盘几乎毫无征兆地出现了。1872 年 8 月，《科学美国人》发表了一篇讨论“肖尔斯打字机”的热情洋溢的文章，并配有一幅版画，显示这种打字机有四排键，第二排键以 QWE.TY 开头。

## QWERTY 被组合在一起

登斯莫尔向雷明顿父子公司的工程师们展示了这种打字机，该公司是总部设在纽约的一家军火制造商，但已将业务扩展到家用器具领域。雷明顿签署了制造这种机器的合同，并且生产了一台键盘稍有不同的样机：QWERTUIOPY。

肖尔斯明显不乐意，要求把 Y 重新放到 T 和 U 之间。雷明顿同意了，QWERTY 第一次被组合在一起。1874 年，雷明顿向市场推出一号打字机，它很快成为世界上第一款获得商业成功的书写机器。

到了 1890 年，美国有超过 10 万个 QWERTY 键盘投入使用。QWERTY 显然是从 19 世纪 70 年代的最初设计中逐渐演变而来的。但这种排列是从何而来的呢?

一个常见的解释是，它旨在“让打字者慢下来”，以防机器发生故障，这是困扰早期设计的一个漏洞。据说这个问题是通过把常见的成对字母分开而得到解决的。

但这个说法不可能是真的。英语中第二常用的字母组合 ER 就紧挨着，而最常见的字母组合 TH 也离得很近。1949 年的一次统计分析表明，QWERTY 键盘实际上比随机排列的键盘有更多彼

## 西方最快的手指

打字机的发明者打算创造“一台打字速度比书写速度快一倍的机器”。在一定程度上，他们成功了。手写很少能超过每分钟 30 个词，即便是蹩脚的打字员也会胜出。但从另一个角度来说，他们失败了，因为即便最快的打字员也赶不上速记。

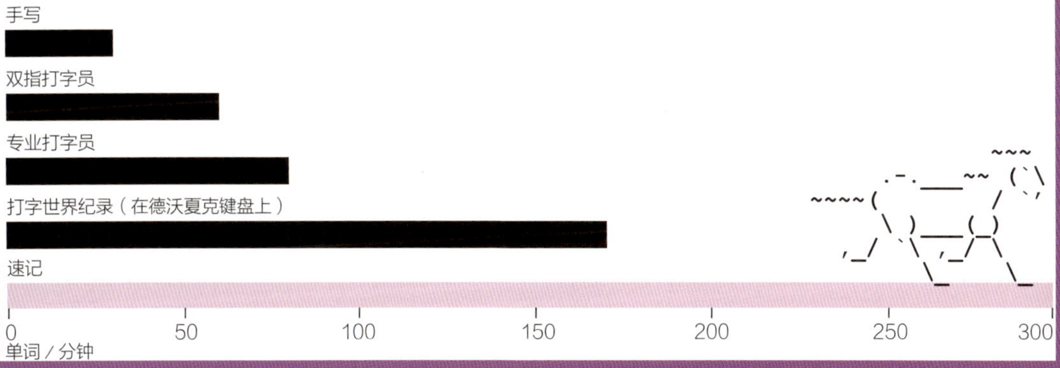


此靠近的字母组合。

另一种传言认为，它可以让销售人员在首行迅速打出“TYPE WRITER QUOTE”，给顾客留下深刻印象。这是个不错的想法，这些字母的确不像是偶然凑在一起的，然而并没有什么历史证据支持它。

一个更加令人信服但索然无味的解释是，这种键盘只是对原先钢琴式键盘半随机的重新排列。

我们可能永远也无法知道事情的真相。在肖尔斯最终确定键盘排布一个世纪之后，拉夫堡大学的历史学家扬 · 诺伊斯发表了一篇很长的分析文章，最后的结论是：“QWERTY 键盘上的字母位置排布似乎……并无明显理由。”

## 最糟糕的设计

有一件事是清楚的：该键盘不是为盲打而设计的。正如诺伊斯所指出的：“最初的 QWERTY 键盘设计是为了看着键盘打字，而不是为了盲打。”盲打是后来的发明。

这也许可以解释 QWERTY 键盘人所共知的使用缺陷。20 世纪 30 年代，随着打字员和打字变得越来越常见，研究者们开始质疑它的实用性。教育心理学家奥古斯特 · 德沃夏克（作曲家安东尼 · 德沃夏克的远亲）对它持激烈的批评态度，他组织了一个工程师团队测试了 250 种键盘布局，最后得出结论，QWERTY 设计是最糟糕的布局之一。

德沃夏克有隐藏的动机。1936 年，他已经注册了另一项键盘专利——德沃夏克简化键盘。他声称这种键盘更容易掌握，打字速度更快，手指更省力。但它没有成功。事实上，自从成为事实上的标准，QWERTY 键盘已经淘汰了数十个甚至上百个据说更优秀的竞争者。从机械打字机到计算机，再到现在的触摸屏，它实现了无缝衔接。只要是以拉丁字母为标准的地方，它都普遍存在。

尽管声誉不怎么样，但它并没有那么糟糕。1975 年的一项研究表明，一个熟练的打字员可以达到理论上最快的速度的 90% 以上。

它屹立不倒的真正原因是惯性：想象一下设计、测试和制造一个替代品的成本——然后还得重新训练数十亿人来使用它。只要还需要将字母键入机器，QWERTY 就会一直存在下去。

# 字母形花片汤

QWERTY 键盘上字母的神秘排列是多年实验的产物。

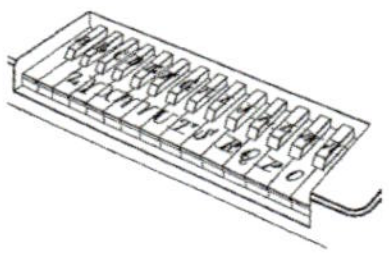

发明者肖尔斯获得了最早的“打字机器”专利。

## 1868年

**钢琴式键盘**

一个以字母表顺序排列的钢琴式键盘，字母和数字共有两排。

有一种传言认为，键盘上的键之所以这么排列是为了把常见的成对字母分开，以防机器发生故障。最常见的字母组合是TH。

这一年早些时候，一项新的专利是一种有三排圆形键的键盘，但没有具体说明字母的位置。

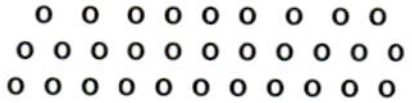

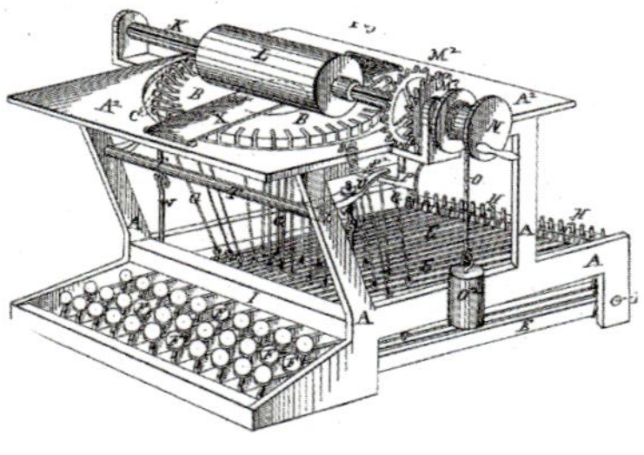

## 1872年夏天

**四排好，两排糟**

《科学美国人》上的一篇文章展示了一种新键盘，其排列方式有了QWERTY的雏形。

肖尔斯最初为何把句号放在此处，原因不得而知，不过它很快就被移到了右下角。

# 1873年

**早期QWERTY键盘**

雷明顿公司买下专利权，并且制造了一台样机，这几乎就是现代键盘的最初模样。

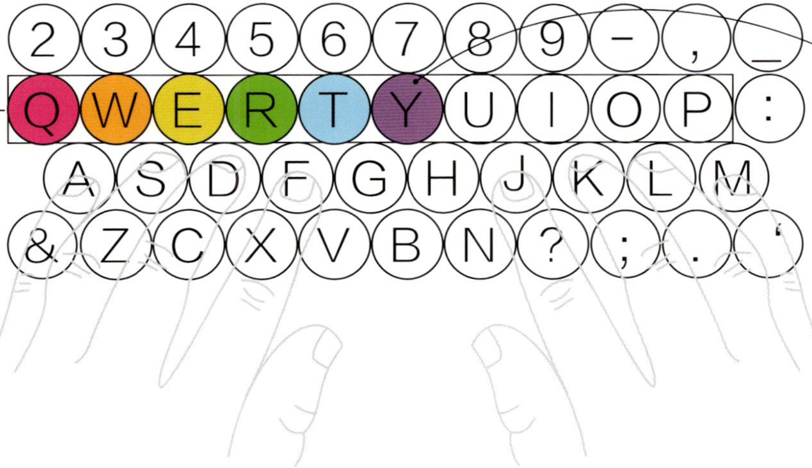


用键盘的首行字母只能拼出少数英语单词，typewriter（打字员）便是其中之一。这不大可能是巧合。

雷明顿想把Y置于首行末尾，但肖尔斯坚持把Y放在T后面。

# 1878年

**成熟的QWERTY键盘**

布局又进行了调整，显然是为了避免侵犯肖尔斯的专利。

QWERTY键盘发明时并没有考虑到盲打，现在被普遍视为最不适合快速盲打的设计之一。

# 我们如何利用电子设备解决数学问题？

如果你在 70 年前对某人说起 computer 一词，他不会想到一台摆在桌子上的机器，而会想到一个手拿纸和笔的人。在当时，computer 都是人，通常是女人，他们进行大量复杂的计算来满足世界对于预先处理好的数字的需要。

他们的劳动成果是数学用表手册，这在当时是不可或缺的工具。每当数学家、工程师、航海家、银行家或精算师需要进行复杂的计算时，他们就会诉诸数学用表。

这些可能是业已出版的最单调乏味的书籍，与之相比，电话簿都会显得引人入胜。然而，一位名叫查尔斯·巴贝奇的数学家却读得津津有味。他衣食无忧，对很多科学领域都有所涉猎。除此之外，他还收集已出版的数学用表，并且毫不留情地挑出其中的错误。

这些用表虽然很有用，但却充斥着错误。与巴贝奇同时代的一个人发现，随机选出的 40 册数学用表中就包含着 3700 个已知错误。鉴于这些表格对新兴工业革命的重要性，这让巴贝奇很头疼。

1821 年，巴贝奇和他的朋友约翰 · 赫舍尔聚在一起，通过清除错误来打发夜晚的时光。他们找到了很多错误。巴贝奇后来写道：“这些错误一度如此之多，我不禁惊呼：‘我真希望上帝用蒸汽来进行这些计算。’”正是在这个时候，巴贝奇萌生了发明自动计算机的想法。

他很快就设计出一台机器，即所谓的差分机。它能像人一样自动执行计算，但不会把事情弄糟。

差分机因其基于的数学原理“有限差分法”而得名。简单说来，这是一种技巧，用来解带有两个或两个以上未知数的数学表达式，比如 $x = y^2 + yz - 1$。运用这种技巧只需重复做加法。

1837 年，巴贝奇在造差分机的样机时开始思考一种更加通用的计算机。差分机只能做加法，但巴贝奇意识到应当可以制造一种多用途的机器，它能做加法、减法、乘法和除法，操作者可以按照任何顺序进行编程。他称之为分析机。

## 随便问我什么

分析机往往被称为世界上第一台计算机。这并无夸张：它具有现代计算机的许多核心特征，包括一个中央处理器和一个存储器。更重要的是，它能计算任何在理论上可计算的数学函数。用计算机科学的术语来说，它是“图灵完备的”。

或者说，如果巴贝奇真的造出了它，情况就是如此。他将余生都用于设计这台机器，但直到 1871 年他去世时，只有一部分造出来了。也许这并不奇怪：一台完整的分析机有火车头那么大。

将这些想法变成现实的是另一位有远见的数学家阿兰 · 图灵。1936 年，24 岁的研究生图灵写了一篇论文，为现代计算奠定了基础。

图灵并不打算也没有兴趣造一台实际的机器。相反，他着手解决的乃是大卫 · 希尔伯特于 1928 年提出的一项棘手而又神秘的数学挑战，即所谓的“判定问题”。

希尔伯特想知道，是否每个数学陈述（比如 2+2=4）都是可解的，是否有些是“不可判定的”。对于像 2+2=4 这样的陈述，这个问题没什么价值，但对于更为复杂的陈述，事情就比较棘手了。

1871 年造的巴贝奇机械计算机的一部分。

如果数学是可判定的，就可以造一台对任何数学陈述都可以给出明确的“是或否”回答的机器。数学领域的一切重要问题都是可以解决的。

为了回答这个问题，图灵首先需要构思什么样的机器可以做这件事。在历史上极具影响力的一个思想实验中，图灵设想有一台机器可以读取印在一条无限长的纸带上的符号。读完符号后，这台机器会根据一套预先编好的规则来决定下一步做什么：擦除符号，并 / 或写入一个新符号；将纸带左移或右移一个空格；或者停止。基于这些规则，这样一台“图灵机”将能解决数学问题。然而，由于每一台机器都有固定的内部规则，所以无法用它来检验希尔伯特那个一般性问题。

## 计算机说不

图灵表明，计算机永远也无法解决的数学问题之一是所谓的“自指停机问题”。它问：“这个程序会停止吗？”在实际运行程序之前，任何计算机都不可能提前判断。即便它计算了一万亿年而没有得出结论，它仍然不能给出肯定的回答。根据这一结果，图灵证明，没有程序可以确定任何给定的数学陈述的真假。于是，所有数学问题都能得到解决的前景被逻辑否定了。

## 通用机

随后，图灵灵光一现：他意识到可以在纸带上制定内部规则。可以对这样一个装置进行编程，来执行任何可设想的图灵机的指令。这是一台能够执行任何数学或逻辑运算序列的“通用图灵机”。换言之，是一台计算机。

由此很容易查明什么是“可计算的”，什么是“不可计算的”。希尔伯特的问题因此得到了解决。图灵表明，有些问题甚至连通用图灵机也无法解决。

这并不完全是坏消息。不到 5 年，图灵设想的机器变成了现实；1941 年，第一台具有图灵完备性的计算机 Z3 在柏林被造出来。德国政府不知何故未能发现这台计算机的军事潜力，但英国人没有重蹈覆辙。图灵继续在布莱切利园研制巨型计算机，它们在破解纳粹密码方面发挥了至关重要的作用。

如今，计算机早已不再是占据整个房间的庞然大物，但从本质上来说，它们只是对巴贝奇和图灵所提出的想法的物理实现。

# 愈来愈快

1965 年，英特尔公司的创始人之一戈登 · 摩尔指出，集成电路上的晶体管数目每两年会增加一倍。他预言，这种指数增长会持续至少十年。他的预言后来被称为“摩尔定律”，至今依然有效。

晶体管是现代计算机的基本构件。

摩尔定律并不是一条自然定律，而是一则推动计算产业进步的自我实现的预言。

集成电路是蚀刻在硅片上的晶体管和其他微电子元件的集成。

## 1971年
Intel 4004

**实际尺寸**

第一个单核中央处理器

每秒执行100万条指令

2300个晶体管

0.092MIPS | 200美元 | 0.43美元
运算速度 | 成本 | 每个晶体管的成本

## 2016年
Intel Core i7-5960X

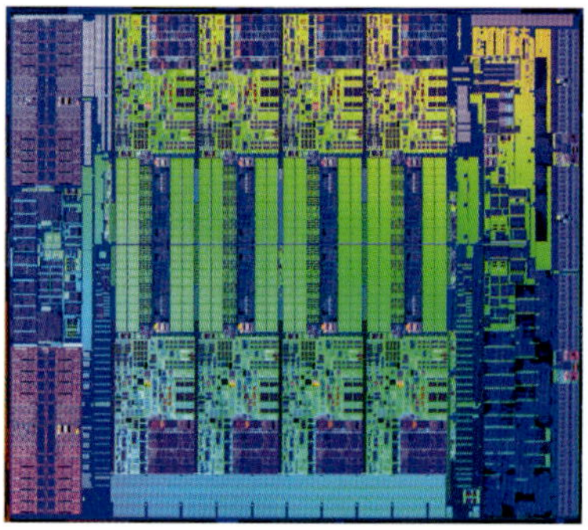

现代台式计算机的高端芯片

260亿个晶体管

238310 MIPS | 999美元 | 0.000000038美元
运算速度 | 成本 | 每个晶体管的成本

1971年，一个包含260亿个晶体管的芯片会有一个网球场那么大。

如果其他技术也遵循摩尔定律，那么汽车的时速将会达到每小时5亿公里，每加仑汽油能跑321万公里，花费不到1美分。飞机每小时能飞20亿公里，花费2美元。一张黑胶唱片可以存储时长44年的音乐。

1971年的奔驰281E
最高时速200公里 | 燃油消耗27公里/加仑 | 售价6485美元

1971年的波音727
时速870公里 | 售价425万美元

1971年的一张12英寸的黑胶唱片可以存储90分钟的音乐

# 谁第一个发现了 X- 射线？

对于像威廉·伦琴那样清醒和不喜抛头露面的人而言，1895 年的冬天必定是一段令人不知所措的时光。起初他怀疑自己是否发疯了，最后他却成了世界上最著名的科学家。

11 年来，伦琴一直在德国维尔茨堡的一所地方大学工作。在同事眼里，他是一个勤奋的物理学家，但算不上伟大。他肯定不想站在镁光灯下。1895 年 11 月的一个夜晚，伦琴在他的实验室里看到了一种与众不同的神秘的光，他不情愿地被推到了镁光灯下。

## 奇异的光

当时伦琴正在用一种叫克鲁克斯管的装置做实验。这是一种早期的阴极射线管，能将图像投射到老式的电视屏幕上。

克鲁克斯管是一根被部分抽空的玻璃管，两端置有电极。将足够高的电压施于电极，负电极对面的玻璃会发出荧光。我们现在知道，这种效应缘于被电场（阴极射线）加速的高能电子撞击玻璃原子。

但伦琴看到的光距离他的克鲁克斯管很远。它出现在几米外的实验室另一侧，一小块涂有荧光材料的纸板上。这对阴极射线来说太远了。

伦琴开始做实验。他用一块黑色的纸板遮住真空管以阻挡可见光，但屏幕仍然会发光。接下来的几周，伦琴几乎没有离开过实验室，他试图确认光的来源。他后来写道："我没有跟任何人提起我的工作，只告诉了我妻子。别人要是听说这件事，会说伦琴疯了。"

到了圣诞节的时候，伦琴确信自己是清醒的。真空管内正在产生某种之前不为人知的辐射。那究竟是什么还不清楚，因此伦琴称之为 X －射线。已经清楚的是，它不仅可以穿透纸板，还可以穿透木头和人的皮肉，但穿不过骨头：有一次，伦琴把手放在真空管与屏幕之间，瞥见了自己的骨骼。

1895 年 12 月 28 日，伦琴将自己的发现低调地发表在当地科学学会的杂志上。但他知道这是一个重大发现。1896 年元旦，他将那篇文章的复印件寄给了全欧洲的物理学家们。其中 12 份包含的一张附加页也许暴露了伦琴隐秘的自我宣传能力：他的妻子安娜·贝尔塔的手的 X- 射线照片，她的骨头和结婚戒指清晰可见。

此后事情发展得很快。伦琴学生时代的一个朋友弗朗茨·艾克斯纳是收到世界上最早的 X 光照片的人之一，他当时是维也纳大学的物理教授。他爱好交际，朋友圈里有维也纳畅销报纸《新闻报》的编辑。

## 头条新闻

1896 年 1 月 5 日，《新闻报》的头版标题是"一项激动人心的发现"。这可能是圣诞节过后一则滞后的新闻，不过他们抢先报道了，尽管情急之下把伦琴的名字拼错了。

"伦琴教授在维尔茨堡的发现在维也纳学界引起了轰动，"文章开篇说，"如果这项发现被证明是真的……我们将面对精确科学一项具有划时代意义的发现，它将给物理学和医学领域带来引人注目的成果。"全世界的报纸都转载了《新闻报》的独家新闻，X- 射线成了第一个与科学相关的引发国际媒体热烈关注的新闻。

## 待售的 X- 射线

这篇文章正确指出了 X- 射线日后最重要的应用：能够看到人体内部。不用多久，X- 射线就会履行承诺。这在很大程度上要归功于伦琴的谦逊：他拒绝用自己的发现赚钱，说它“属于全世界，不应通过专利、许可以及诸如此类的东西为某些企业所专有”。初始报道问世 20 天后，柏林一家公司就开始向医生销售“伦琴管”。

弄清楚 X- 射线究竟是什么尚需时日。直到 1910 年，人们才发现 X- 射线可以极化，1912 年发现 X- 射线可以折射。这两项发现都暗示，X- 射线像光一样，仅仅是另一种形式的电磁辐射——不过 X- 射线波长很短，能量极高，因此可以不受阻碍地穿透很多材料。

在此之前，伦琴已于 1901 年获得了诺贝尔物理学奖，不过他没有出席颁奖仪式，并把奖金捐献给了他的大学，这是典型的伦琴作风。

1923 年，伦琴死于癌症，但他不大可能是自己的研究工作的殉道者，因为他一般会小心地不让自己在 X- 射线中暴露过长时间。他去世后，根据他在遗嘱中表达的意愿，他的科学论文被销毁了。

今天，很少有人没有接触过 X- 射线，无论在医院、牙医的椅子上还是机场的安检扫描仪前。特殊的望远镜会收集 X- 射线，拍摄出关于宇宙中剧烈活动的照片，比如星系的碰撞、黑洞的毁灭。这些射线使我们看得更远。

## 不情愿的 X 先生

伦琴是一位不愿出名的科学家，但他所在的当地学术团体——维尔茨堡物理 - 医学学会决定推销他和他的 X- 射线。发现 X- 射线一个月后，该学会举行了盛大的庆祝活动。在庆祝会上，学会主席建议将 X- 射线重新命名为伦琴射线，该建议受到了热烈欢迎。伦琴以其特有的谦逊，坚持使用原来的名称，英语世界遵循了他的意愿。然而，德语和其他大多数欧洲语言却采用了学会的建议。谷歌现在将德语“Herr Röntgen”（伦琴先生）恰当地翻译成英文“Mr. X”（X 先生）。

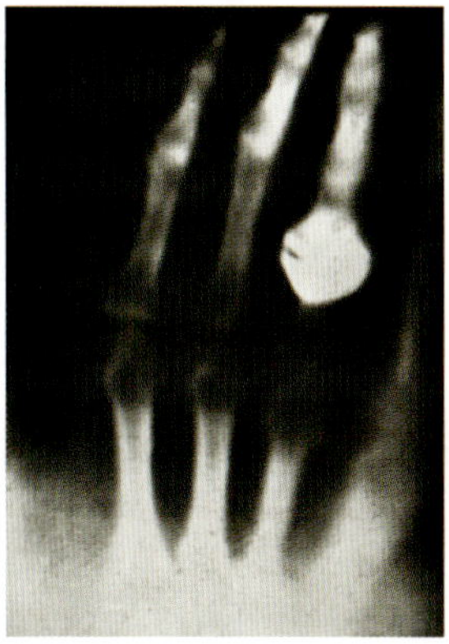

第一张 X- 射线照片，X 夫人的手。

# 内部信息

X- 射线可以让机场工作人员看到行李内部，但大多数机场系统都不会显示所有东西。

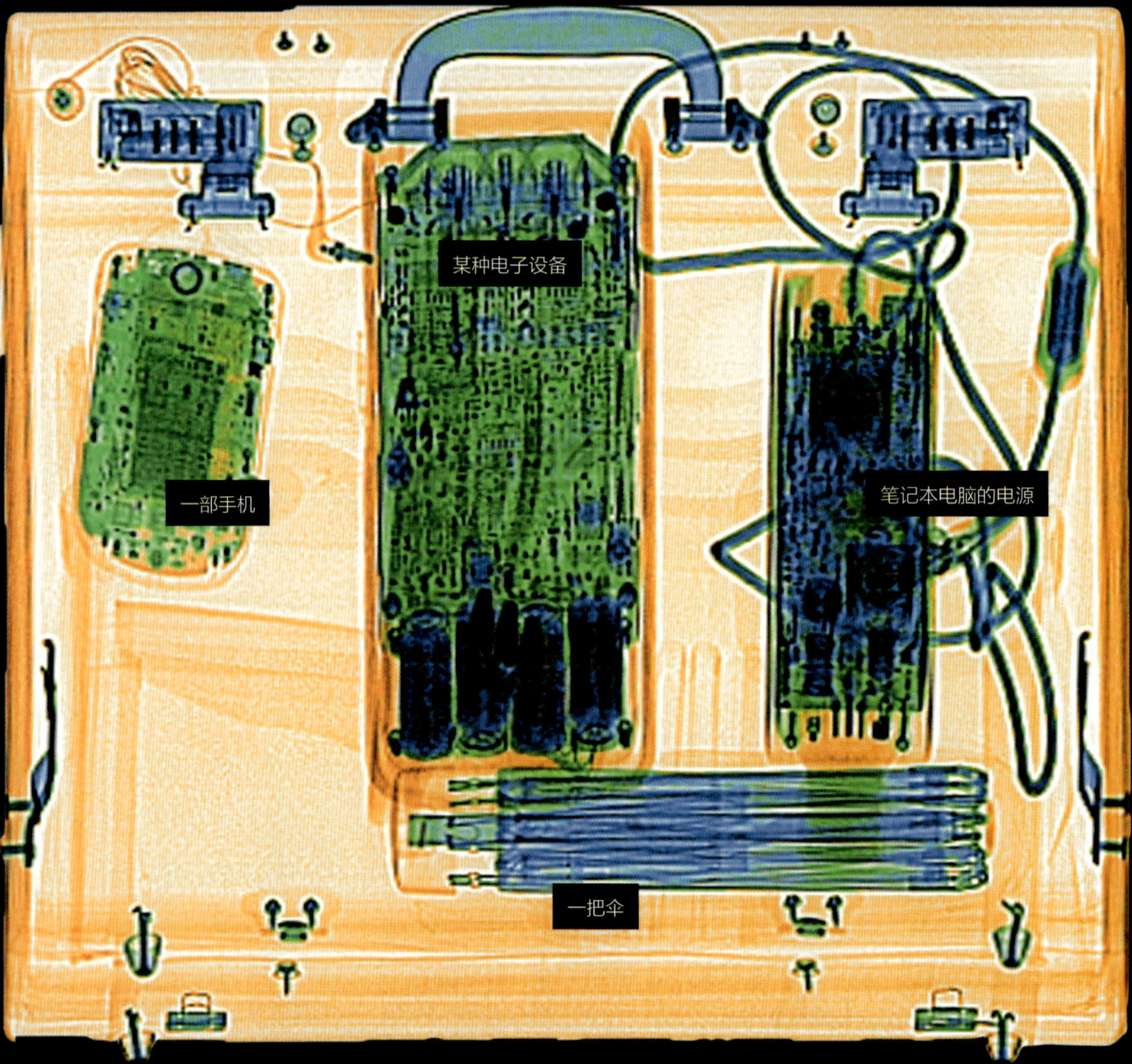


检测设备的发射源所发射的X-射线可以穿透大部分材料，但无法穿透金属之类更高密度的东西。这些更高密度的东西能够遮掩其他物件。

纸、木材、衣服、食物和塑料等低密度材料会呈现出橙色。

金属、玻璃之类的高密度材料依其密度会呈现出绿色、蓝色或黑色。

第二种检测手段——后向散射X-射线可以提供更多安全。这种技术将反射回发射源的X-射线收集起来，能够显示被常规技术漏掉的东西。

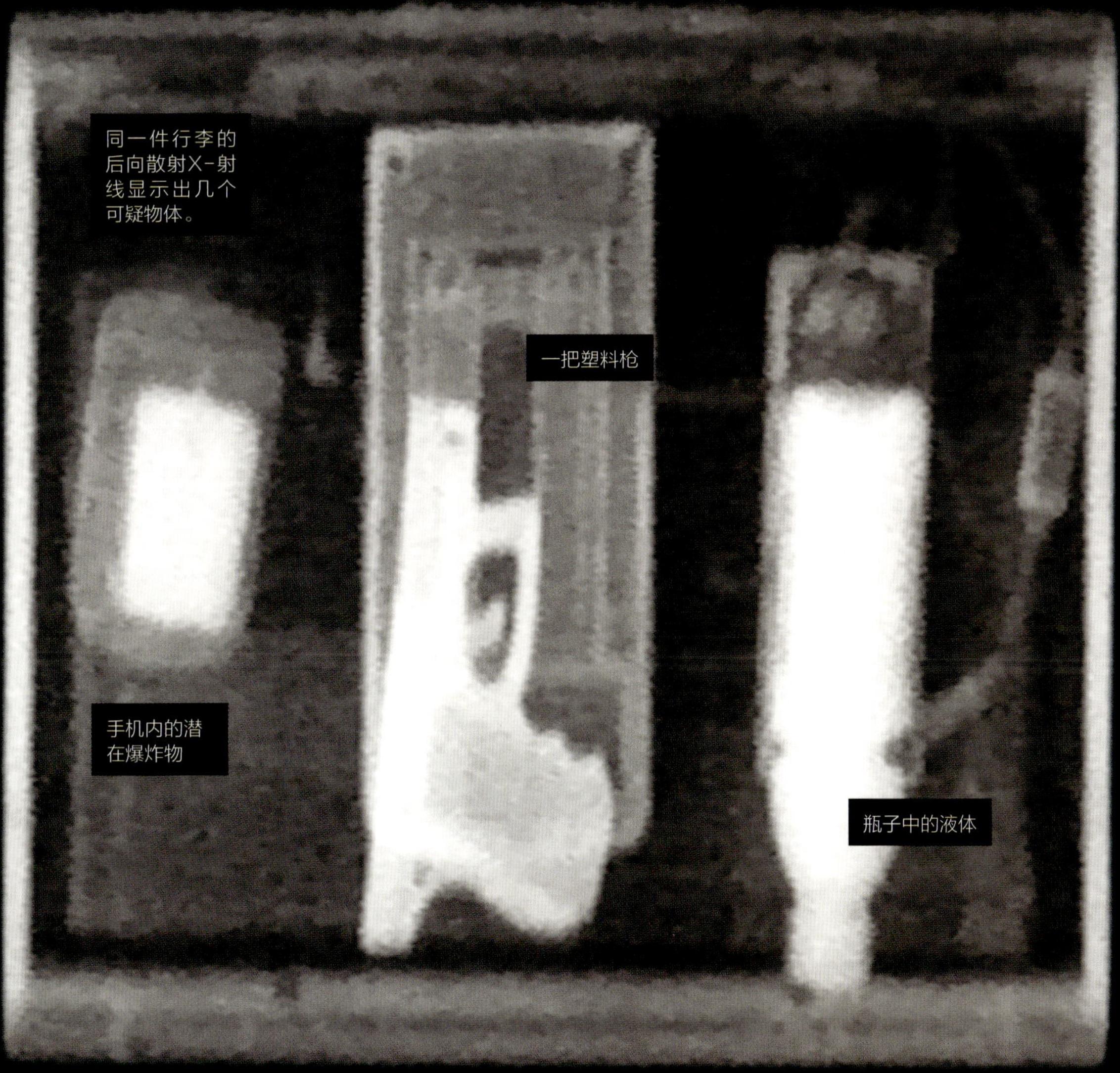

后向散射X-射线检测仪于2008年开始用于检测人体，但在2013年被废止，因为有人抱怨图像过于裸露。

# 这是运气吗?

人们常说，需求是发明之母。但有时情况正好相反。

1968 年，美国化工企业 3M 的斯宾塞 · 西尔沃试图研制一种强力胶，但没有成功，胶的黏性很小。但西尔沃注意到它有一些有趣的性质：它的黏性足以将东西黏在一起，但又弱到可以在东西分开时不留痕迹，同时仍然保持黏性。

西尔沃称之为“缺问题的解决方案”，因为他没能确定那个问题。他在 3M 公司到处宣传，希望有人能找到一个合适的问题。1974 年，一位叫阿瑟·弗莱的同事参加了西尔沃的一次研讨会。弗莱在一个教堂唱诗班唱歌，经常碰到纸质书签从赞美诗歌本中掉落的情况。他意识到，可以用西尔沃的胶来暂时固定书签而不损坏纸张，由此产生了可重复使用的便利贴的想法。

## 黏性状态

3M 在 1977 年推出了“压与撕”，起初到处受到冷落。然而到了 1980 年，3M 将其重新包装成“便利贴”，立即大获成功。独特的颜色也源于偶然。弗莱的实验室有成吨的黄色废纸可以用于实验。

便利贴有时被当作歪打正着的发明的典型例子。但它远不是唯一的。强力胶也是意外的幸运，它是伊斯曼 - 柯达在纽约罗切斯特的化学分部的化学家们在 1942 年偶然发现的。他们当时正在寻找可以制造瞄准器的透明塑料。一天，他们正在测试一类叫氰基丙烯酸酯的化学物质，这类物质遇水会自动聚合。他们开始进行检测，发现这些化学物质会紧紧粘上其所接触的一切东西，便很快放弃了。

团队放弃了氰基丙烯酸酯，但在 1951 年又重新发现了它，意识到它作为一种胶的潜力。当时的胶一般需要某种事后处理——加压、加热和时间——来让它们黏合，但氰基丙烯酸酯只需要接触空气中（或手指上）的湿气就可以了。伊斯曼 - 柯达在 1958 年开始出售它，但因名字“伊斯曼 #910”不好记而错过了机会。伊斯曼 - 柯达将这一品牌卖给了乐泰，后者起的名字“乐泰快凝 404”稍好一点。“强力胶”则是后来新造的词。

另一种歪打正着出名的化学物质是四氟乙烯。1938 年 4 月一个星期六的早上，化学家罗伊 · 普伦凯特正在新泽西的杜邦实验室工作，想要研制一种新的制冷剂。起初他拿一种名叫四氟乙烯的

### 意外会发生

在歪打正着的发现中，便利贴、强力胶、微波炉和特氟龙是最著名的例子，但除此之外还有许多。以色列阿里森商学院的创新研究员雅各布 · 戈登堡在分析 200 种重要发明的起源时发现，大约有一半的情况，事物是在有需求之前被发现的。多半时候，发明是需求之母。

由碳和氟组成的不常见的气体做实验。他有一罐这样的气体，但怎么也弄不出来。他检查发现阀门是开着的，但仍然没有气体出来。于是他把储气罐锯成两半，发现了一块蜡状的白色固体。他意识到，由于储气罐钢铁涂层的催化，气体分子彼此发生反应，形成了聚合物。

## 不粘煎锅

事实证明，聚四氟乙烯有一些有用的性质：一方面，碳氟键稳定得令人难以置信，使得这种聚合物极难发生反应，这引出了它的第一项应用。氟可以用来浓缩铀，参与“曼哈顿计划”的科学家们需要找到一种储存氟的办法。氟非常活跃，而聚四氟乙烯却有很强的惰性，连氟都无法与之发生反应，因此管道和阀门上都涂有这种聚合物。

化学家们很快就发现，聚四氟乙烯（当时的注册商标是特氟龙）还排斥水和油，这使之成为煎锅完美的不粘涂层。它还能保护宇航员的太空服，如今则被用来覆盖心脏瓣膜，因为免疫系统不排斥它。

战时的意外还促成了另一种厨房神器微波炉的出现。1945 年，美国防务公司“雷神”的工程师珀西 · 斯宾塞正在研制雷达（这是继“曼哈顿计划”之后第二重要的军事设施计划），当时他注意到自己口袋里的巧克力在包装纸里融化了。

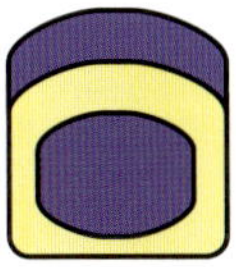

**凡士林**是从石油钻井产生的废料蜡垢中提取的。

**蔗糖素**是作为一种可能的杀虫剂被研制出来的。

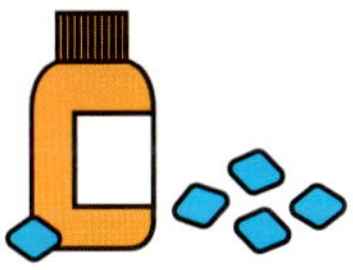

**伟哥**最初是作为心脏药物被研制出来的，但有些意想不到的副作用。

斯宾塞猜测原因在于，雷达的核心元件，即产生微波的空腔谐振磁控管，产生了电磁场。于是他装配了一座实验炉，开始做饭。他先做了一些爆米花，然后煮了一个鸡蛋，鸡蛋在他的同事面前炸了。

原来，雷达的空腔谐振磁控管所产生的微波的波长正好能使水分子剧烈振动，从而加热它们。两年后，雷神公司开始出售微波炉，配备的正是用于其雷达发射装置的同一种空腔谐振磁控管。这款微波炉被称为“雷达炉”，比现代微波炉强劲得多，能在两分钟之内烤熟一个土豆。斯宾塞的孙子罗德后来解释说：“多年以后我们才意识到，加热食物并不需要一个雷达品质的磁控管。”

## 塑料时代

也许最受命运眷顾的是生活在纽约的比利时裔化学家利奥 · 贝克兰。1907 年，世界各地虫胶（昆虫分泌的一种树脂，被用作木材防腐剂）短缺。他试图结合苯酚和甲醛来制造人工树脂，最后却得到一团柔软的、棕色的东西。一向乐观的贝克兰发现它可以被塑造成形，然后通过加热制成一种耐久材料。他发明了世界上第一块热固性塑料。他谨慎地称之为电木，并用它发了财。需求或许不是发明之母，但命运偏爱有准备的头脑。

# 砰！

微波炉是二战期间雷达研制过程中的偶然产物。

美国物理学家珀西·斯宾塞是盟军最主要的雷达研发者之一。1945年，他在雷神防务公司研究雷达技术。

一天，他在口袋里放了块巧克力，等拿出来时，发现它已经融化了。

雷达通过发出无线电波或微波来工作

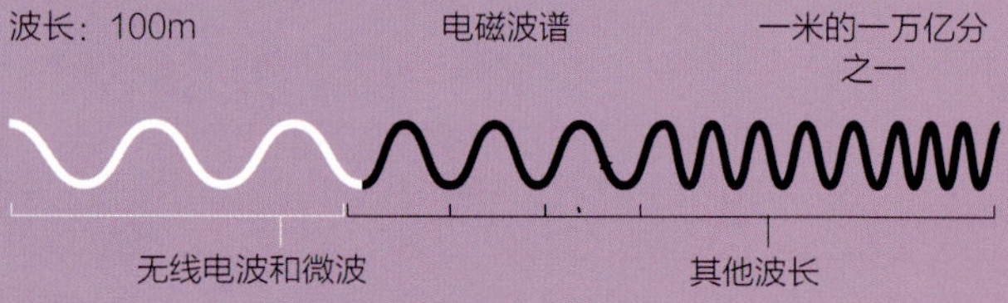

斯宾塞意识到，他之前站在一个微波磁控管前——磁控管是产生电磁波的雷达组件。

他让一个助手拿来生玉米粒，将其撒在磁控管旁边。

玉米粒开始爆裂！

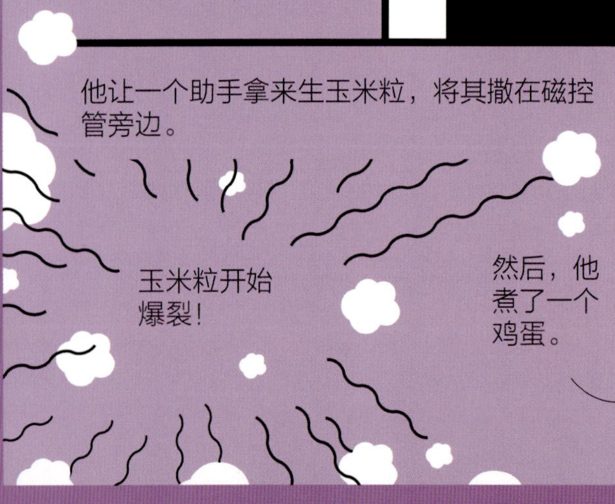

然后，他煮了一个鸡蛋。

微波中的能量使食物中的水分子振动加快——这基本上是烹饪所做的事情。

雷神公司需要新的产品来服务于和平时期的经济。斯宾塞说服公司投资一个项目，将雷达变成烹饪设备。

就像那只众所周知的800磅重的大猩猩，它们的原型有近两米高，重量超过四分之一吨。

它的效能是现代微波炉的5倍，烤熟土豆只需2分钟。雷神公司称之为“秒表烹饪”。

1947年，雷神将被称为“雷达炉”的样机推向市场，价格是3000美元，约等于现在的30000美元。

它失败了。

雷神公司错误地使用了昂贵的雷达品质的微波发生器。

1965年，这家公司又做了一次尝试。通过使用更便宜的磁控管，它向市场推出了价格为500美元的更小的微波炉。到了20世纪70年代末，微波炉的销量已经超过了传统烤炉。

# 我们如何成了摧毁世界的人？

利奥·西拉德产生这个想法的时候正在伦敦罗素广场旁边等着过马路，那是1933年9月12日。差不多12年后，美国在广岛投下一枚原子弹，大约135000人因此丧生。

从西拉德的想法到其可怕的实现是科技史上最引人注目的章节之一，一系列非凡的人物参与其中。他们当中有很多是逃离法西斯主义的难民，在道德上反对原子弹，但又担心纳粹德国先发制人。

西拉德本人是匈牙利裔犹太人，希特勒当上德国总理两个月后，他从德国逃到了英国。当时英国正处于核物理学的前沿。詹姆斯·查德威克刚发现中子，剑桥的物理学家们很快就“劈开了原子”。他们用质子将一个锂原子核轰击成两半，证实了爱因斯坦的洞见，即质量与能量是同一的，一如方程 $E = mc^2$ 所表达的。

西拉德的灵光一现正是基于这一突破性的实验。他推理说，如果一个原子被中子分开，并且在此过程中释放出两个或两个以上的中子，那么，许多这种元素将在一次自我维持的链式反应中释放出大量能量。

西拉德的想法收效甚微。直到1938年，突破才出现——具有讽刺意味的是，这发生在柏林，当时德国物理学家奥托·哈恩和弗里茨·施特拉斯曼正在那里用中子轰击铀原子。他们在对碎片进行分析时，惊讶地发现了轻得多的元素钡的痕迹。

## 链式反应

幸运的是，哈恩和施特拉斯曼都是纳粹政权的反对者。哈恩写信给奥地利化学家莉泽·迈特纳，她曾与哈恩在柏林共事，后于1938年在纳粹占领维也纳之后逃到瑞典。迈特纳回信解释说，铀原子核会分裂成大致相等的两个部分。她把这个过程称为“裂变”。

接下来，逃离法西斯后在纽约哥伦比亚大学工作的意大利物理学家恩里科·费米发现，铀裂变会释放出发生链式反应所需的次级中子。西拉

### 令人震惊的一刻

对纳粹有可能抢先制造出原子弹的担心促进了“曼哈顿计划”的实施。我们现在知道，纳粹永远也造不出原子弹。1945年德国投降后，10名最主要的德国核科学家被拘禁于剑桥附近的一座乡间别墅中。屋内安装了窃听器，录音记录清楚地表明，德国人距离造出原子弹还远得很，而且他们并不相信原子弹是可能的。

**整件事我一个字都不信。**

当德国核物理学家维尔纳·海森堡得知广岛被摧毁时，他断然拒绝相信这是核武器所致。

德很快就来到纽约与费米合作。

他们一同计算出，一千克铀可以产生的能量相当于 20000 吨 TNT 炸药。西拉德已经看到了发生核战争的可能性。他后来回忆说："我认为世界无疑正在走向悲伤。"

但其他人的确有怀疑。1939 年，当时正积极帮助德国科学家经由哥本哈根逃走的丹麦物理学家尼尔斯·玻尔给这种想法泼了冷水。他指出，铀 -238（铀同位素，占天然铀的 99.3%）不会释放次级中子。只有一种非常罕见的铀同位素铀 -235 会以这种方式发生裂变。

然而，西拉德仍然确信链式反应是可能的，他担心纳粹也知道这一点。他咨询了同样流亡美国的匈牙利同胞尤金·魏格纳和爱德华·泰勒，他们一致认为，爱因斯坦是提醒罗斯福总统注意危险的最佳人选。爱因斯坦那封著名的信在欧洲战争爆发之后不久便寄出了，但几乎没有什么影响。

到了 1940 年，有一个消息慢慢传开了，在英国工作的两位德国物理学家证明玻尔是错误的，事情发生了戏剧性的变化。鲁道夫·派尔斯和奥托·弗里施弄清楚了如何大量生产铀 -235，如何用它来制造原子弹，以及投下原子弹之后的骇人后果。派尔斯和弗里施（玻尔曾帮助他们逃跑）也担心纳粹会造出原子弹。是年 3 月，他们给英国政府写信，敦促其迅速采取行动。他们的《关于一种放射性"超级炸弹"性质的备忘录》要比爱因斯坦写给罗斯福的信更成功，英国由此开始了代号"合金管"的原子弹发展计划。

这封信也促使美国采取了行动。1940 年 4 月，政府任命资深物理学家阿瑟·康普顿领导一个核武器项目，它最终变成了"曼哈顿计划"。康普顿先是把各个链式反应研究小组聚集到芝加哥。那年夏天，该团队开始进行一系列实现链式反应的实验。

1941 年 12 月日本偷袭珍珠港为这一计划提供了进一步的动力。一年后，"曼哈顿计划"的团队准备尝试用铀和石墨来实现链式反应，他们将这些材料堆在芝加哥大学足球场看台下方的一个壁球场上。星期三，1942 年 12 月 2 日，他们做到了。

## 不幸的一天

庆祝活动悄无声息。反应被证实后，西拉德握着费米的手说："这将是人类历史上不幸的一天。"

在接下来的 4 年里，美国、英国和加拿大为"曼哈顿计划"投入了大量资源。"合金管"持续了一段时间，最终被并入了美国的计划。纳粹发起了一项核武器计划，但进展不大。

1945 年 7 月 16 日，美国在新墨西哥州的沙漠上引爆了世界上第一颗原子弹。这次测试最终可怕地证明，核能可被用作战争武器。这让奥本海默回想起印度教经典《薄伽梵歌》中的一句话："我成为了死神，世界的毁灭者。"

对日本的攻击开启了全球范围的军备竞赛。1945 年以后，美国研制出了大规模杀伤性氢弹，它利用的是核聚变，而不是裂变。苏联在 1949 年研制并测试了自己的核弹。全球核弹总数目前已达 27000 颗。

# 距午夜只剩 3 分钟

1947 年，由“曼哈顿计划”的资深科学家们创办的《原子科学家公报》的科学与安全委员会造了一个象征性的钟，以示世界距离核灾难有多近。距午夜越近，威胁就越近。

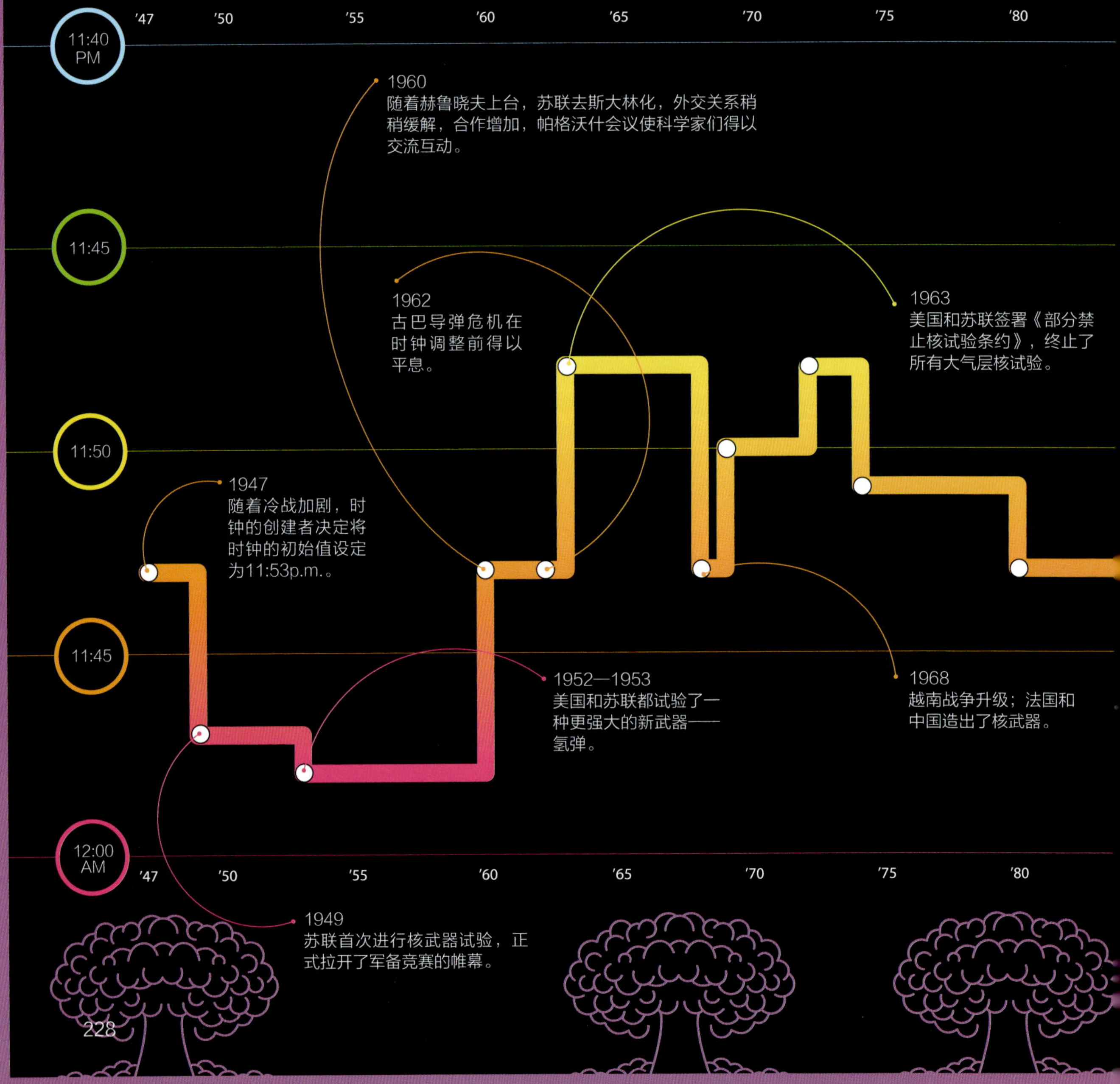

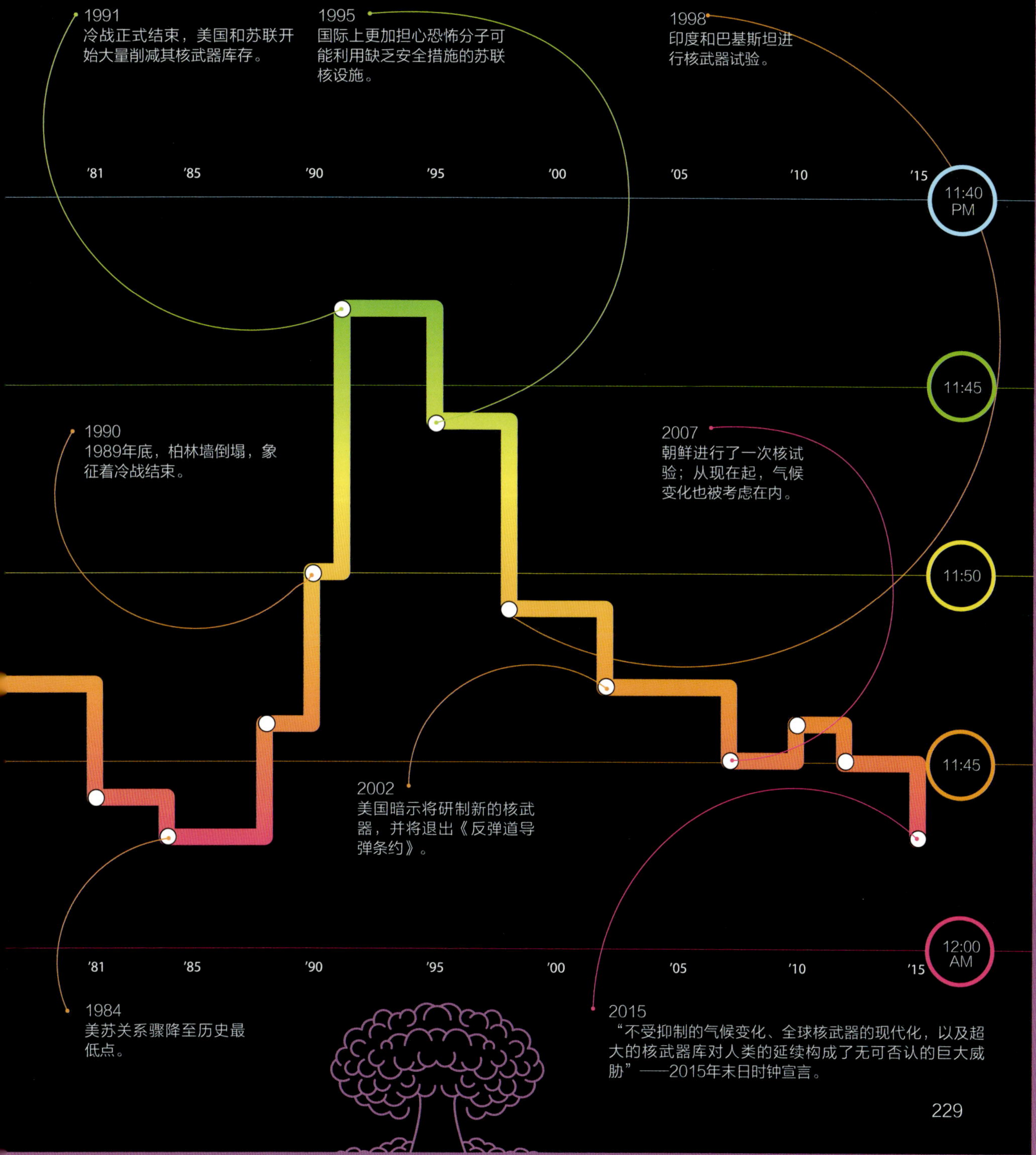
1991
冷战正式结束，美国和苏联开始大量削减其核武器库存。
1995
国际上更加担心恐怖分子可能利用缺乏安全措施的苏联核设施。
1998
印度和巴基斯坦进行核武器试验。
’81
’85
’90
’95
’00
’05
’10
’15
11:40 PM
11:45
1990
1989年底，柏林墙倒塌，象征着冷战结束。
2007
朝鲜进行了一次核试验；从现在起，气候变化也被考虑在内。
11:50
11:45
2002
美国暗示将研制新的核武器，并将退出《反弹道导弹条约》。
12:00 AM
’81
’85
’90
’95
’00
’05
’10
’15
1984
美苏关系骤降至历史最低点。
2015
“不受抑制的气候变化、全球核武器的现代化，以及超大的核武器库对人类的延续构成了无可否认的巨大威胁”——2015年末日时钟宣言。

# 我们是如何（暂时）战胜病菌的？

“1928 年 9 月 28 日早上，我醒来时肯定没打算在整个医学界掀起一场革命……但我认为那恰恰是我做的。”亚历山大·弗莱明如此描述他发现青霉素这件事，这是生物医学领域最伟大的突破之一。

事情的标准版本众所周知。弗莱明是伦敦圣玛丽医院的一名微生物学家，当时正在研究一组叫葡萄球菌的致病细菌。提早结束度假归来后，他发现一个被霉菌污染的培养皿中的葡萄球菌停止了生长。他后来猜测，这种霉菌的孢子是风从窗户吹进来的。

## 霉菌汤

弗莱明在肉汤中培养这种霉菌，发现一种提取物可以杀死若干致病细菌，尤其是那些会引起白喉的细菌，但它对包括伤寒和霍乱在内的其他许多细菌不起作用。起初，他将这种液体霉菌称为肉汤滤液，但后来根据该霉菌的拉丁名 Penicillium 将其重新命名为青霉素。他还表明，即使是大剂量的青霉素对动物也是无毒的。

弗莱明在 1929 年的一篇论文中发表了自己的成果。在这篇论文中，他还指出，青霉素也许可以用来治疗细菌感染。在接下来的十年中，他孜孜不倦地探索如何实现青霉素的潜力。最重要的是，他试图让化学家来大剂量地提纯青霉素，在这一点上，他本人从未成功过。

最终，由澳大利亚人霍华德·弗洛里领衔的一个牛津大学的团队攻克了这个问题。到了 1944 年，青霉素开始大规模投产。它对诺曼底登陆伤员的治疗巩固了它在医学史上的地位。

青霉素无疑是 20 世纪的医学突破。以前，葡萄球菌感染所引起的血液中毒有 80% 的致死率，之后则几乎降到零。它挽救的生命不计其数，保守统计有 1000 万人。它所开启的抗生素时代则拯救了更多的人。然而，发现青霉素的真实故事并不像它看起来那样成功。

## 无聊，无聊

一方面，在弗莱明之前，青霉菌的抑菌效果已经广为人知。虽然他在利用这种性质的道路上走得比谁都远，但他差点就彻底失败了。

弗莱明 1929 年发表的那篇论文并没有多少人重视。他还做了若干次演讲，也没有激起多大反响，因为他的演讲实在无聊。他继续研究青霉素，但这已不是他的优

感染葡萄球菌的死亡率

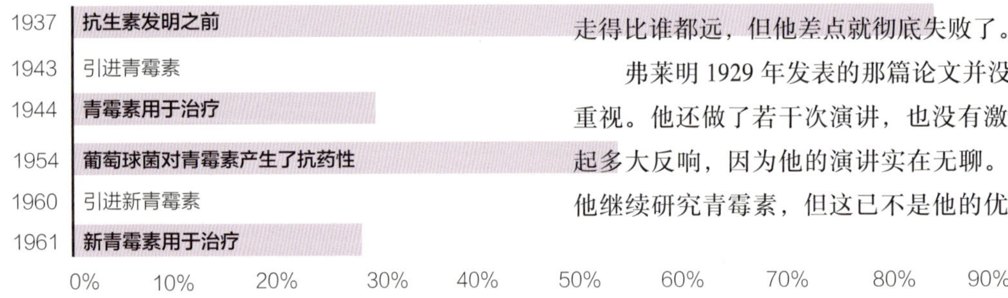


数据来源：美国疾病控制和预防中心

## 放荡的 50 年代

性革命常常被归因于避孕药的发明，1960 年的美国已经可以买到这种药。不过另一种药物有可能把这场革命的开始时间推得更早，那就是青霉素。1939 年，梅毒在美国导致 20000 人死亡，淋病也相当流行。到了 20 世纪 50 年代中期，青霉素几乎把它们全都消灭了——这与公众对滥交的态度的迅速转变在时间上非常吻合。

先方向，而且研究并不顺利。一项实验表明，青霉素一旦注入老鼠体内，30 分钟内就会从血液中消失，而它在培养皿中需要 4 小时才能杀死细菌。这似乎使弗莱明确信，青霉素可能并不管用。

如果说发现是 1% 的灵感加上 99% 的汗水，那么弗洛里的团队最当之无愧。它是众多独立继续弗莱明工作的团队之一，这些团队都试图将青霉素用于治疗。然而，除了为其提供霉菌培养以外，弗莱明对他们并不关心。直到 1942 年他们取得了成功，弗莱明才开始感兴趣。

## 哦，可爱的战争

弗洛里有他自己的挣扎。他从 1938 年就开始研究，但一直缺少资金。他的团队最后成功分离出了青霉素，并证明可以用它来治疗感染。然而，他们虽然试遍了所有能够找到的容器（包括垃圾箱和便盆），却一直无法制造出足够的青霉素来说服政府或私人企业开始大规模生产。

在阵痛中他们迎来了运气：第二次世界大战爆发。美国和英国政府向该项目注入资金，最终在美国实现了青霉素的大规模生产。

那么，弗莱明最后是如何获得这么多荣誉的呢？答案是，他有更好的公关。圣玛丽医院的赞助人之一、报业大亨比弗布鲁克勋爵发起了宣传，为弗莱明的发现安排了热情洋溢的新闻报道。弗莱明在圣玛丽医院的老板阿尔姆罗思 · 赖特加了一把劲儿，他写信给《泰晤士报》，将首要荣誉归于弗莱明。赖特的动机是公关价值：和英国当时所有教学医院一样，圣玛丽也依赖于慈善捐赠。

顺便说一句，弗洛里后来收到圣玛丽医院的一封募捐信，开头如下：“您可能已经听说了亚历山大 · 弗莱明博士发现的青霉素。”弗洛里将这封信装框挂到了墙上。英国信息部出于宣传的目的延续了弗莱明神话。

1945 年，弗莱明、弗洛里以及弗洛里的得力助手恩斯特 · 钱恩共同被授予诺贝尔奖，但弗莱明最出风头。从获得诺贝尔奖到 1955 年去世，弗莱明又获得了另外 140 个重要奖项。他去世后，他那乱得出了名的实验室成了一家博物馆。

公平地说，在与记者交谈时，弗莱明总是让他们去牛津了解弗洛里是怎么说的。但弗洛里拒绝同媒体交谈，也禁止他的团队这样做。记者们也更倾心于弗莱明无心发现的桥段（尽管也会提到垃圾桶和便盆），而不是弗洛里有条不紊的努力。

就这样，青霉素神话获得了自己的生命。

# 这就是战争！

抗生素如何攻击病菌，病菌又如何进行反击。

武器

头孢

糖肽

青霉素

## 细胞壁

抗生素通过阻止合成新的组分来围攻这个外部防护层，逐渐将它磨损。

环脂肽

多粘菌

## 质膜

抗生素像攻城槌一样攻击这个薄层，反复击打直至它解体。

台勾霉素

喹诺酮

磺胺

利福霉素

## DNA和RNA

这是细胞的遗传物质，容易受到特洛伊木马攻击——抗生素潜入细胞，从内部攻击它。

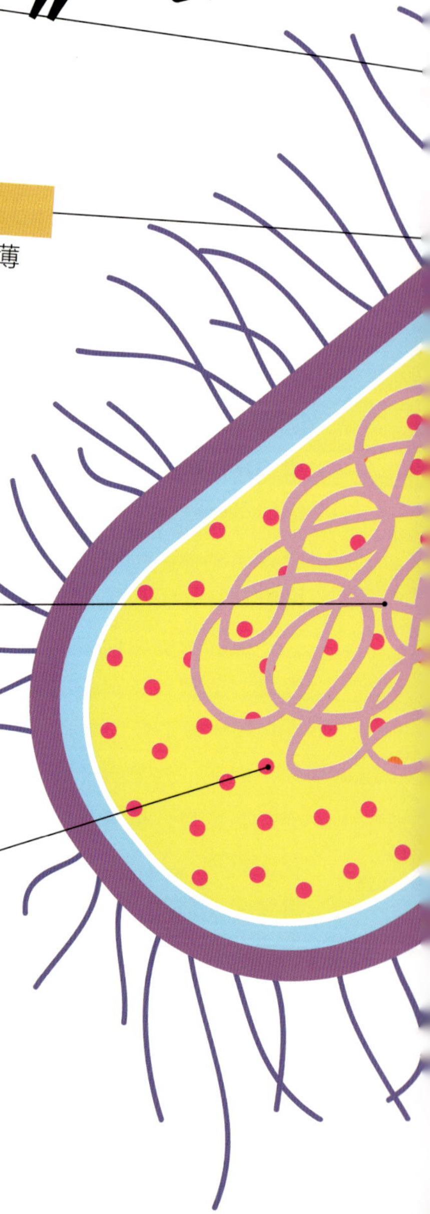

氨基糖苷

林可酰胺

大环内酯

四环素

## 核糖体

制造蛋白质的分子机制。抗生素通过干扰其内部机制来破坏它们，就像将扳手丢进机器里面一样。

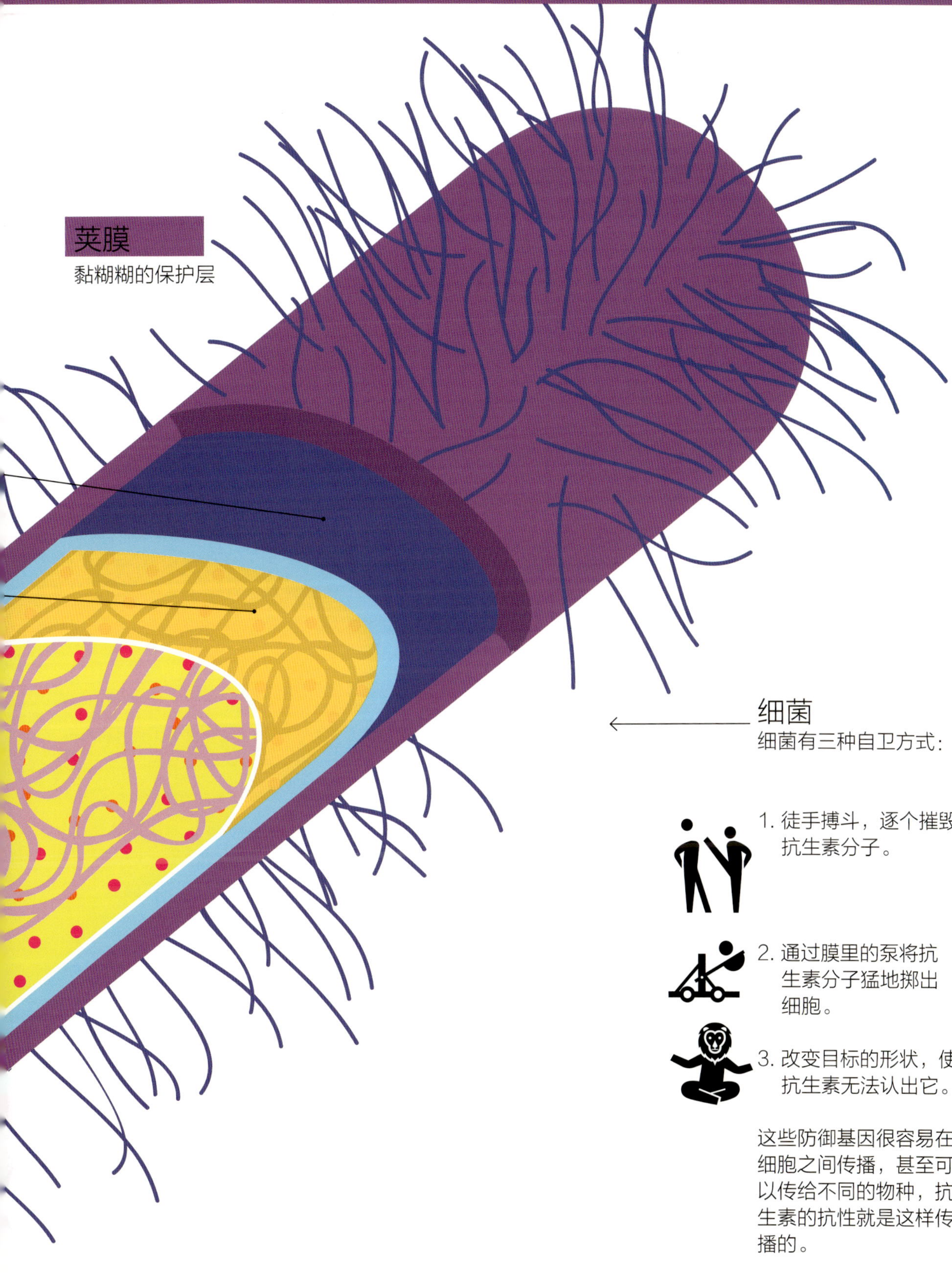

## 荚膜

黏糊糊的保护层

## 细菌

细菌有三种自卫方式：

1. 徒手搏斗，逐个摧毁抗生素分子。

2. 通过膜里的泵将抗生素分子猛地掷出细胞。

3. 改变目标的形状，使抗生素无法认出它。

这些防御基因很容易在细胞之间传播，甚至可以传给不同的物种，抗生素的抗性就是这样传播的。

# 极客们果真统治了地球?

想象一下互联网出现之前的生活。没有智能手机,没有社交网络,没有Google,没有Netflix、Spotify、Amazon、Uber和Airbnb,甚至没有电子邮件。你想了解新闻,就得买份报纸。想听音乐,就得买张CD。想联系不在身边的人,就得给他们打电话。

回到1990年,回到黑暗时代,那些年我们是怎么熬过来的?

今天互联网是如此普及,我们很容易忘记它还是个新生事物。20年前,只有大约一半的美国人听说过它;那时它甚至只是一个晦涩难懂的、专业的计算科学项目,其早期开发者可能并不知道它最后会被用来做什么,也不知道它的改造力量会有多么惊人。

## 更好的连接方式

如果有互联网元年,那可能是1961年。那个时候,通信系统是两个地点之间的直接通道。打电话需要两个电话之间有一条物理线路。无线电通讯是从一个点到另一个点的广播。但直接的连接是非常低效的。可以以一种更好的方式将计算机连接在一起,这是使互联网得以可能的关键认知。而这正是麻省理工学院的工程师伦纳德·克兰罗克的工作成果,他在1961年已经开始思考,在大型计算机网络中,数据怎样才能最好地流通。

克兰罗克的思路不是在两点之间直接传输整条信息,而是将信息分成小块或小数据包,让它们沿着各自的道路通过网络。一旦所有数据包全部到达,目标计算机就会将信息重新装配起来。

事实证明,"包交换"要比专用线路高效和灵活得多。如果两台计算机之间的连接失效,数据包会寻找另一条路线。但这需要重新思考通信网络的运作方式。需要网络上的设备来读取每一个数据包,并且朝着目的地发送它们。每一个数据包都需要附有一段特殊的代码,以告知路由器此信息的内容以及如何重新对它进行装配。这种代码后来演变成一套规则,即所谓的互联网协议,包括网络上每一台计算机都有的专用地址——IP地址。

1966年,这项工作得到了军事研发组织美国国防部高级研究计划署的注意,克兰罗克被要求创建一个大型计算机网络,将其研究人员连接在一起。当时克兰罗克已经去了加州大学洛杉矶分校。他在那里的实验室设置了第一个节点,然后在旧金山附近的斯坦福研究所设置了第二个节点。更多节点加入进来,这个不断生长的网络后来被称为"阿帕网"(ARPANET)。

## 崩溃与重燃

第一次传输并不理想。在发送login一词时,克兰罗克的计算机崩溃了,因此,第一条信息仅仅是lo。整个词在约一小时之后发送成功。那天是1969年10月29日。

到了1973年,阿帕网从夏威夷穿过美国到达伦敦。随着它的生长,情况已经很清楚,它的控制软件无法胜任工作。两位计算机科学家温特·瑟夫和罗伯特·汗制作了更好的版本。他们升级了互联网协议,创建了一套被称为TCP/IP(传输控

世界上第一个鼠标，1968 年手工制作。

制协议 / 互联网协议）的规则。从计算机如何相互确认到传输错误的检测，这套规则详细规定了一切。

1975 年，他们成功地在斯坦福大学与伦敦大学学院之间的一条连线上试验了 TCP/IP。这是互联网历史上的一个重大时刻，但也暗藏着麻烦。计算机网络已经在世界各地涌现，但大都使用自己的通信规则。这些网络无法相互交流，互联网有成为巴别塔的危险，每一个人都说着不同的语言。

情况在慢慢发生变化。1982 年，美国国防部在它的所有网络中都采用了 TCP/IP，次年阿帕网紧随其后。与此同时，电话公司 AT&T 开始研发一种以 UNIX 计算机语言写成的 TCP/IP 版本。重要的是，它将这一代码放在公共领域，让每个人都可以使用。

这种开明的慷慨之举对互联网的传播产生了重要影响，因为任何运行 UNIX 的计算机都可以连上网。当时是 1989 年，没过多久，互联网就出现了惊人的爆炸式发展，这绝不是巧合。

同一年还出现了另一项重要进展。当时，欧洲最大的互联网节点在日内瓦附近的粒子物理实验室 CERN。那里有一位叫提姆 · 伯纳斯 - 李的年轻的计算机科学家，令他感到沮丧的是，互联网缺少一种浏览、分享和链接到文件的系统。为了解决这些问题，伯纳斯 - 李创建了一个叫万维网的软件系统，其中就有首款网络浏览器。它的特点还包括创建了名为超文本传输协议或 HTTP 的超链接。伯纳斯 - 李用它创建了第一个网站，并将其放在了网上，域名为 info. cern.ch。

## 信息革命

互联网（硬件）正需要万维网这种软件来冲出实验室。凭借着基础设施的扩张，它如野火一般迅速传播开来。1993 年，网络只承载了世界信息流的 1%，而现在则几近 100%，这项技术革命在规模和速度上都是前所未有的。如果你还记得互联网出现之前的日子，你是幸运的：你见证了历史的过程。

## 互联网，1968 年的风格

在互联网的演进过程中，另一个里程碑式的事件是所谓的“展示之母”（The Mother of all Demos）。1968 年 12 月 8 日，来自加州斯坦福研究所的一群工程师聚集在旧金山的一次计算机技术大会上展示计算的未来。在众多创新中，他们推出了视频会议、协同编辑、超文本和计算机鼠标。这次富有远见的展示瞥见了大约 30 年后的日常生活方式，但只有在一种被称为互联网的全新的通信系统爆炸式发展之后才有可能。

# 网络的历史

1969年，加州大学洛杉矶分校和斯坦福大学的计算机被连接起来，创造出自印刷机出现以来最具变革性的技术。

设立互联网工程任务组是为了提供技术指导

计算从学术界扩展到商用

互联网地址由数值变为名称

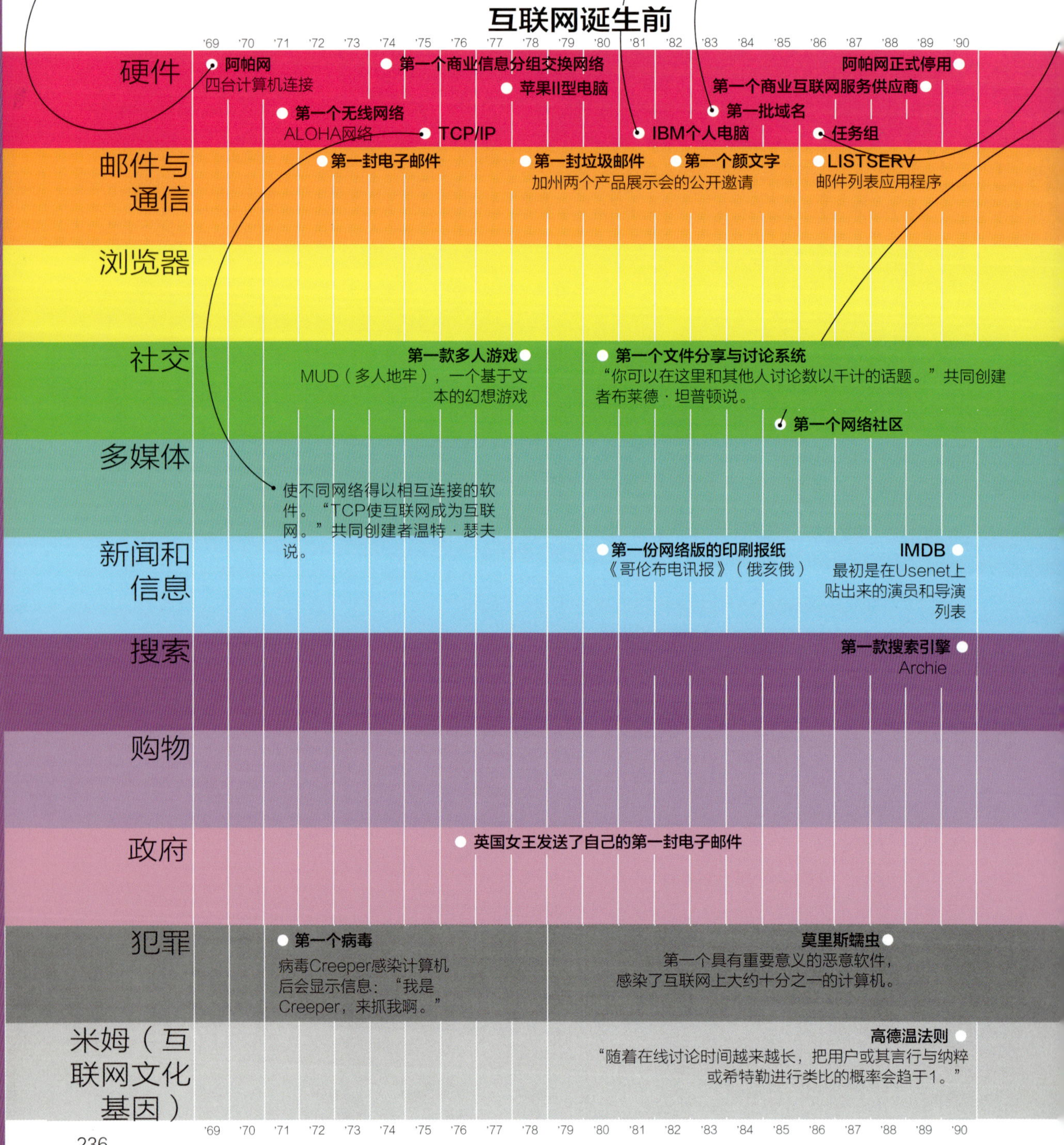

共同创建者拉里 · 布里连特后来描述，除了商业化以外，你可以在原型社区网站找到今天互联网中的一切。

根据发明者伯纳斯-李的说法，万维网是为了让普通人使用的，因为用户无须了解计算机硬件即可获得信息。

CERN（欧洲核子研究中心）将万维网软件推向公共领域

一个管理域名和IP地址的非营利组织

## 互联网诞生后

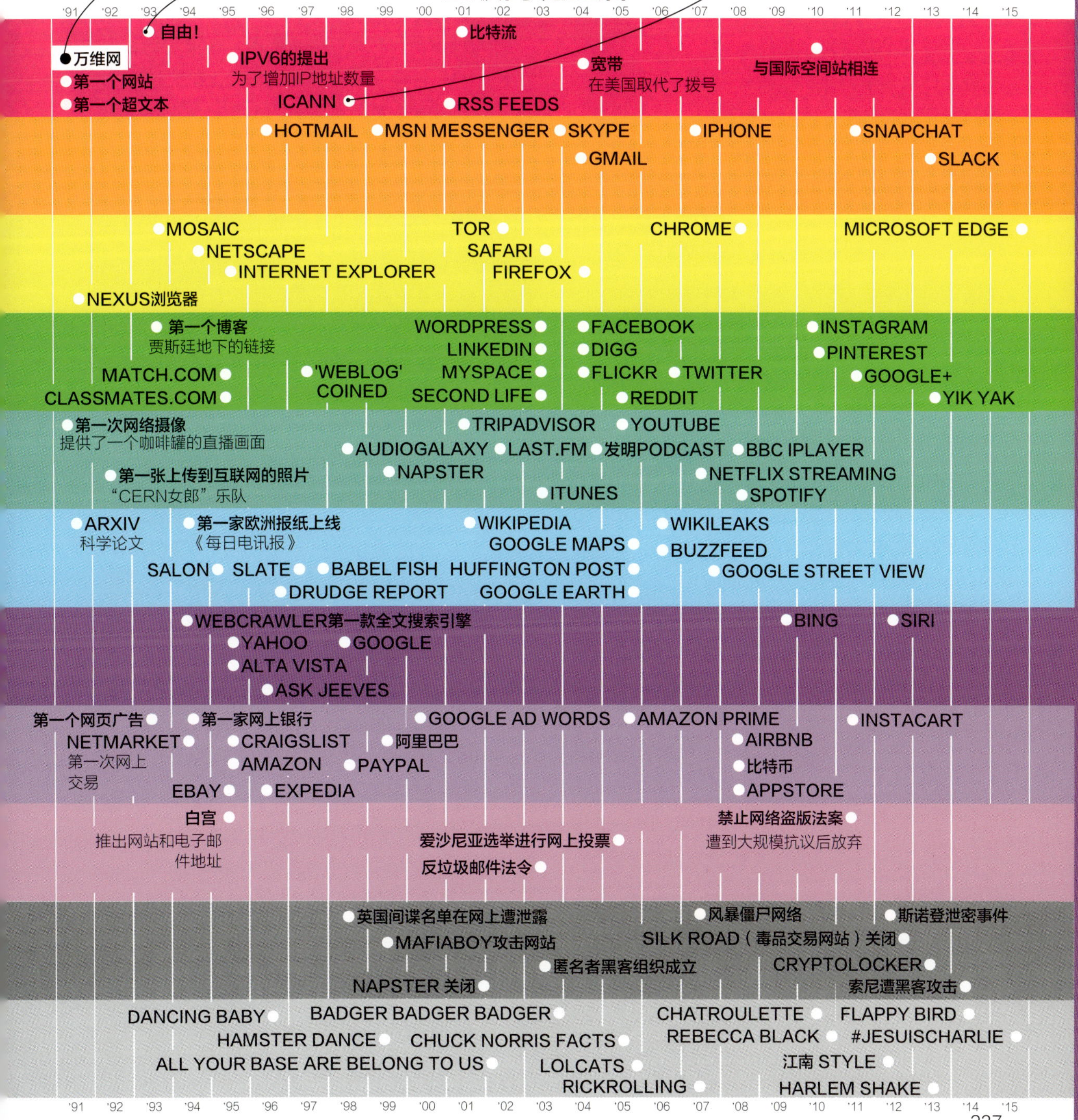

# 我们是怎样征服太空的？

1944 年 9 月 8 日，世界见识了一种可怕的新武器。巴黎和伦敦先后遭到从天而降的巨大飞弹的袭击。V-2 弹道导弹是纳粹德国的最后一搏。希特勒相信它能扭转战争颓势。他错了，但 V-2 的确改变了历史的进程。

V-2 并不是第一款火箭武器：拿破仑战争期间，以火药为燃料的导弹就被发明出来了。但 V-2 火箭第一次冲进大气层，接近太空边缘。

为此我们要感谢 1882 年出生的一位美国工程师罗伯特 · 戈达德。他童年时在病中自学了空气动力学，后来确信太空飞行是可能的。

1912 年，戈达德申请了两项专利，他认为只有多级液体燃料火箭技术才足以挣脱地球引力。1919 年，他在《一种达到极限高度的方法》这部开创性的著作中详细阐述了自己的观点。

## 火箭科学家

戈达德并不是唯一的太空设计工程师。1922 年，一个叫赫尔曼 · 奥伯特的德国人在海德堡大学提交了一份关于火箭科学的博士论文，但被拒绝了。不过，奥伯特在第二年自费出版了一本名叫《通过火箭进入行星空间》的书，该书激励了一群志同道合的德国人组建了太空旅行学会。

与此同时，苏联也组建了星际旅行研究学会，这是从莫斯科军事学院分出来的一个官方机构。1924 年 10 月，该学会就向月球发射火箭的可行性举行了一次公开辩论。制造第一枚液体燃料火箭并最终挣脱地球引力束缚的竞赛开始了。

美国人拔得头筹。1926 年 3 月 16 日，戈达德在马萨诸塞州的奥本监督了第一枚液体燃料火箭的发射。它并未射向月球：它飞行了 2.5 秒，到达了 12 米的高度，然后在一片菜地里坠毁了。戈达德意识到，他需要某种手段来操纵飞行器，于是增加了可动轮叶和螺旋控制。

此时，戈达德在比赛中遥遥领先，但他的对手正在赶上来。1929 年，奥伯特在一次稳定测试中成功展示了一款火箭引擎。奥伯特的团队中有一名 18 岁的学生，他叫沃纳 · 冯 · 布劳恩，他很快就取代了奥伯特，成为德国火箭事业的实际领导者。

1933 年，在另一位未来火箭科学巨匠谢尔

### 现实效仿科幻

太空一直强烈地激发着人们的想象力。不过，直到儒勒 · 凡尔纳于 19 世纪 60 年代出版了《从地球到月球》和《环绕月球》这两部小说，人们才开始认真设想前往太空。无论是美国火箭科学之父戈达德，还是其德国同行奥伯特，年轻时都曾从这些科幻小说中汲取灵感。在这些小说出版一个世纪后，他们在广受怀疑的情况下帮助人类实现了梦想。

早期的火箭科学家受到儒勒·凡尔纳小说的启发。

盖·科罗廖夫的指导下，苏联进行了自己的发射试验。科罗廖夫将成为苏联太空项目的指路明灯，直到1961年尤里·加加林被送入太空时，他仍然是苏联太空项目的负责人。

随着世界开始为战争的到来做准备，各国政府及其军队对火箭越来越感兴趣。试想，只须轻轻按下按钮，就可以把炸弹发射到另一个国家！更崇高的太空旅行理想则被搁置起来。

## 发射完毕

德国很快便占得先机。1933年开始研发V-2的原型，1934年成功进行了第一批发射试验。不过，经历了早期的成功之后，冯·布劳恩及其团队遭遇了一系列障碍，尤其希特勒对此并不热心。不过，随着盟军在战争中得势，火箭项目加快了速度。

从某些方面来看，V-2是一项巨大的成功。在1944年6月20日的一次飞行试验中，它成为世界上第一款弹道导弹，更确切地说，是第一个到达太空的人造物体。当时的工程师坚信，液体推动的大型火箭引擎可将人类送入太空。

纳粹的战败使德国退出了太空竞赛，但德国的火箭科学家们在被以前的敌人美国和苏联挖走后继续研究这个问题。起初，双方都想要未投入使用的V-2火箭及其制造技术，后来都积极建造用来发射核弹头的洲际弹道导弹，最后则开始了登月竞赛。所有这些都基于德国的火箭技术。

竞争很激烈，进步也很快。1946年，从新墨西哥州白沙导弹试验场发射的V-2弹头照相机捕捉到了弯曲的地球以及地球之外虚空的图像，这是第一幅太空照片。大约就是在这个时候，it's not rocket science[1]进入了日常话语。

美苏双方都对V-2做了改进，造出了更大更好的火箭。其中一方将物体送入地球轨道只是时间问题。1957年10月4日，这一天终于到了。

现在很难理解苏联发射世界上第一颗人造卫星所造成的恐慌。看到斯普特尼克一号将微弱的无线电信号传到地球，西方大为震动。这颗小金属球在地球轨道上运行了10周，后来在重新进入地球大气层时被烧毁。考虑到它的直径只有58厘米，内部只有一台无线电发射机，这种关切似乎太过了。不过，美国已经一败涂地。4年后，科罗廖夫将加加林送入地球轨道，苏联的优势似乎又增加了一倍。

## 漫步月球

但美国笑到了最后。1969年8月，NASA用一枚土星五号运载火箭将人送上月球。起初德国为赢得战争进行的背水一战最终使美国获得了宣传上的胜利——并且帮助推进了一项太空研究计划，该计划对于研究我们从哪里来、到哪里去具有莫大的价值。

[1]意思是“这不难理解”，字面意思是“这不是火箭科学”。

# 这是火箭科学……

……但它并没有那么复杂。1969 年至 1972 年间将 24 个人送上月球的火箭在工程学上是里程碑式的壮举，但其背后的原理与我们平日燃放的烟火无异。

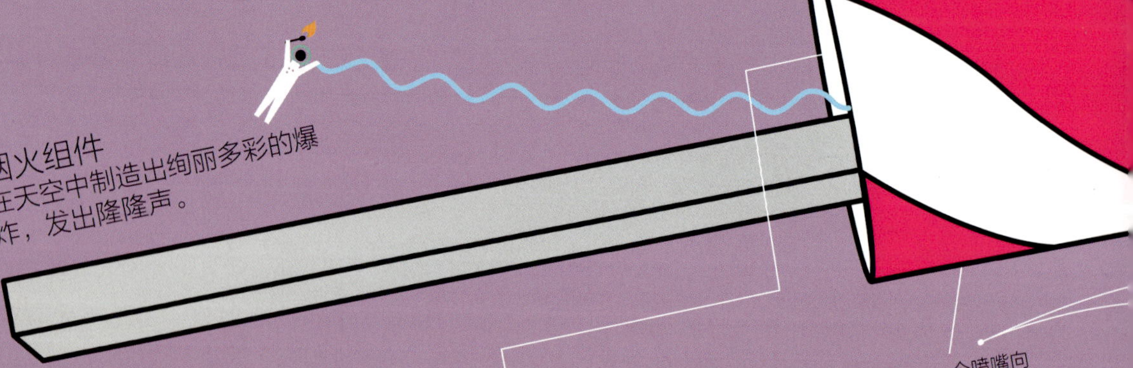


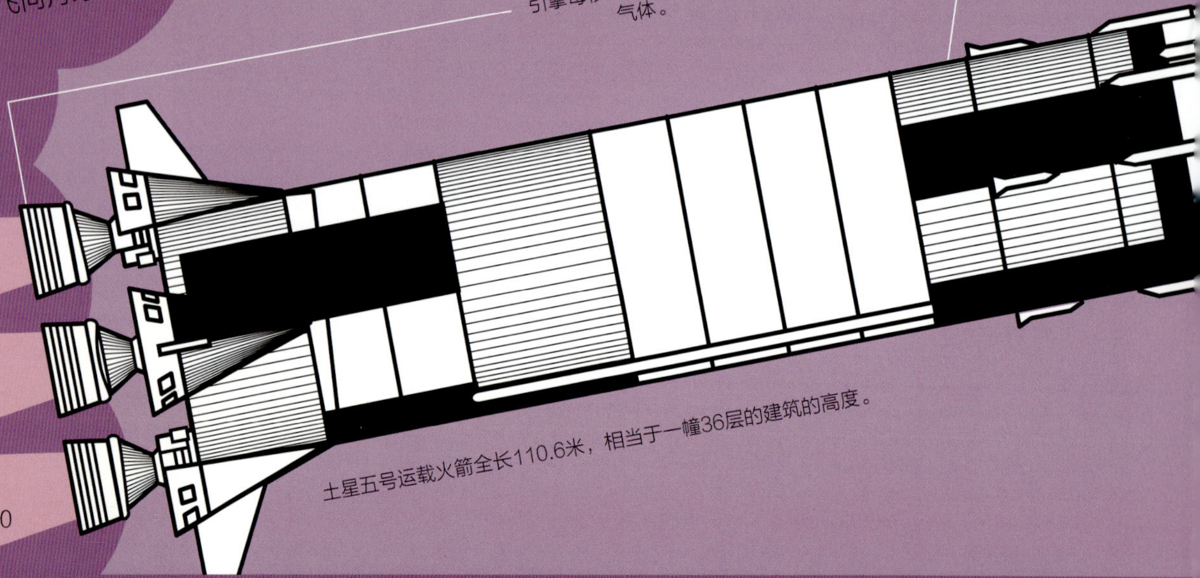

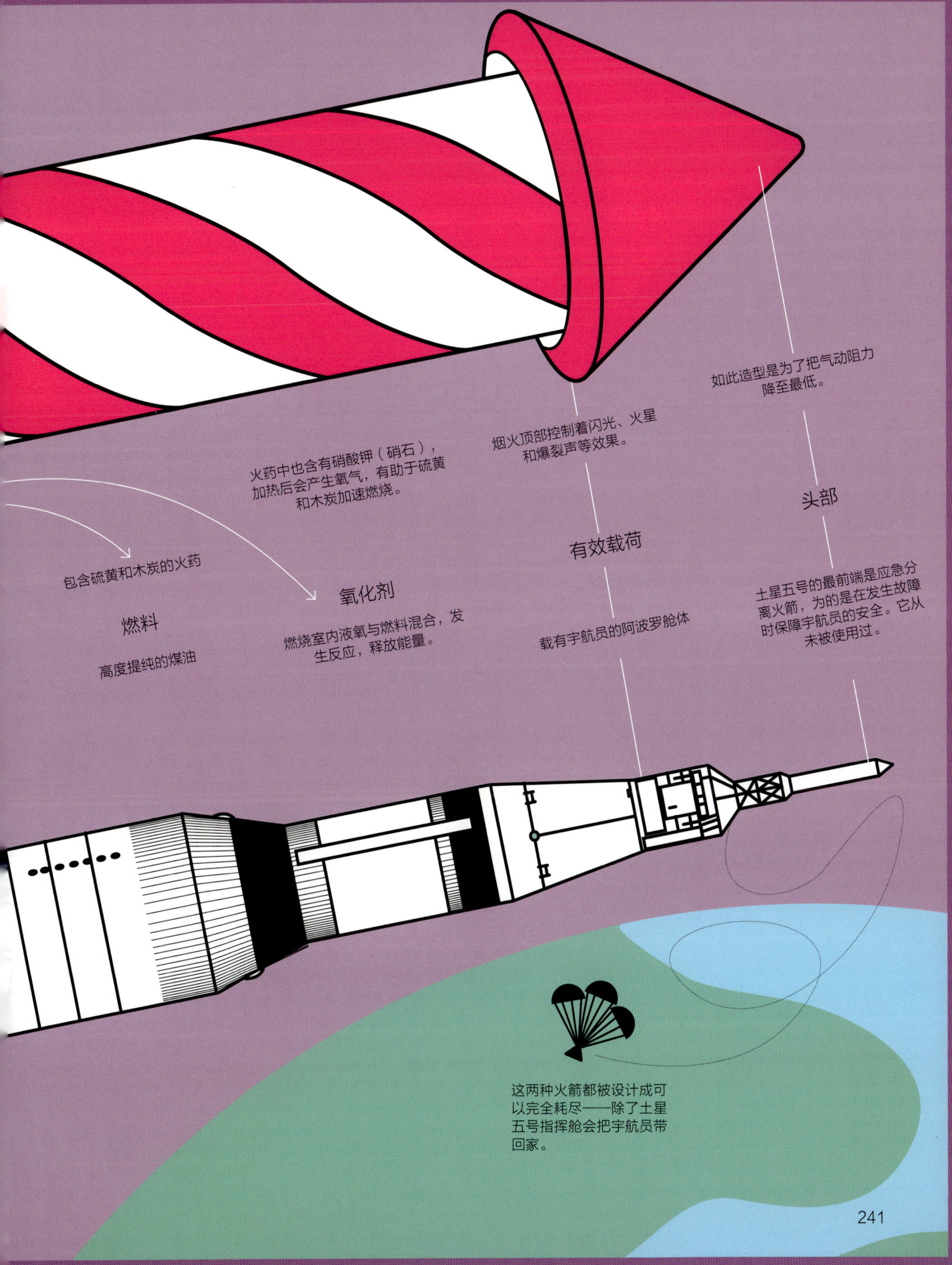


这两种火箭都被设计成可以完全耗尽——除了土星五号指挥舱会把宇航员带回家。

# 延伸阅读

## Chapter1 宇宙

### 物质、空间和时间

《时间简史：从大爆炸到黑洞》史蒂芬·霍金著
湖南科学技术出版社，2010 年

### 星星和星系

*Galaxies: A Very Short Introduction* by John Gribbin (Oxford University Press, 2008)

### 化学元素

《视觉之旅：神奇的化学元素》西奥多·格雷著
人民邮电出版社，2011 年

### 陨石

*Atlas of Meteorites* by Monica M. Grady, Giovanni Pratesi and Vanni Moggi Cecchi (Cambridge University Press, 2013)

### 暗物质和暗能量

《4% 的宇宙——暗物质、暗能量与发现隐蔽世界的比赛》理查德·潘内克著
上海教育出版社，2015 年

### 黑洞

*Black Holes: The Reith Lectures* by Stephen Hawking (Bantam, 2016)

## Chapter2 地球

### 太阳系

《太阳系的奇迹》布赖恩·考克斯著
人民邮电出版社，2014 年

### 月亮

*The Moon, a Biography* by David Whitehouse (Orion, 2002)

### 陆地和海洋

*Ocean Worlds: The Story of Seas on Earth and Other Planets* by Jan Zalasiewicz and Mark Williams (Oxford University Press, 2014)

### 天气

《宇宙的答案云知道》加文·普雷特－平尼著
南海出版公司，2012 年

### 土壤

*Earth Matters: How Soil Underlies Civilization* by Richard Bardgett (Oxford University Press, 2016)

### 空气

*Out of Thin Air: Dinosaurs, Birds, and Earth’s Ancient Atmosphere* by Peter Ward (National Academies Press, 2006)

### 石油

《石油 金钱 权力》丹尼尔·耶金著
新华出版社，1996 年

## Chapter3 生命

### 生命

*Creation: The Origin of Life / The Future of Life* by Adam Rutherford (Penguin, 2014)

### 复杂细胞

*The Vital Question: Why is Life The Way It Is?* by Nick Lane (Profile Books, 2015)

### 性

*Power, Sex, Suicide: Mitochondria and the Meaning of Life* by Nick Lane (Oxford University Press, 2005)

### 昆虫

*Planet of the Bugs: Evolution and the Rise of Insects* by Scott Shaw (University of Chicago Press, 2014)

### 恐龙

*Dinosaurs* by Michael Benton and Steve Brusatte (Quercus, 2008)

### 眼睛

*Climbing Mount Improbable* by Richard Dawkins (W. W. Norton, 1996)

### 睡眠

*Sleep: A Very Short Introduction* by Steven W. Lockley and Russell G. Foster (Oxford University Press, 2012)

### 人类

*The Strange Case of the*

*Rickety Cossack and Other Cautionary Tales from Human Evolution* by Ian Tattersall (Palgrave Macmillan, 2015)

### 语言

*The Evolution of Language* by W. Tecumseh Fitch (Cambridge University Press, 2010)

### 友谊

《你需要多少朋友：神秘的邓巴数字与遗传密码》罗宾·邓巴著
中信出版社，2011年

### 脐毛

*Elephants on Acid: And Other Bizarre Experiments* by Alex Boese (Mariner Books, 2007)

## Chapte4 文明

### 城市

*Mesopotamia: The Invention of the City* by Gwendolyn Leick (Penguin, 2002)

### 钱

*Money Changes Everything: How Finance Made Civilization Possible* by William N. Goetzmann (Princeton University Press, 2016)

### 葬礼

*The Palaeolithic Origins of Human Burial* by Paul Pettitt (Routledge, 2010)

### 烹饪

*Catching Fire: How Cooking Made us Human* by Richard Wrangham (Profile Books, 2010)

### 家养动物

*The Covenant of the Wild: Why Animals Chose Domestication* by Stephen Budiansky (Orion, 1994)

### 有组织的宗教

*Big Gods: How Religion Transformed Cooperation and Conflict* by Ara Norenzayan (Princeton University Press, 2015)

### 酒

*Uncorking the Past: The Quest for Wine, Beer, and Other Alcoholic Beverages* by Patrick E. McGovern (University of California Press, 2009)

### 财产

*Paraphernalia: The Curious Lives of Magical Things* by Steven Connor (Profile Books, 2011)

### 衣服

*The Wild Life of our Bodies: Predators, Parasites, and Partners that Shape Who We Are Today* by Rob Dunn (HarperCollins, 2011)

### 音乐

*The Singing Neanderthals: The Origins of Music, Language, Mind and Body* by Steven Mithen (Harvard University Press, 2006)

### 个人卫生

*Bum Fodder: An Absorbing History of Toilet Paper* by Richard Smyth (Souvenir Press, 2012)

## Chapter5 知识

### 文字

*Lost Languages: The Enigma of the World' s Undeciphered Scripts* by Andrew Robinson (McGraw-Hill, 2002)

### 零

*Nothing: From Absolute Zero to Cosmic Oblivion – Amazing Insights into Nothingness* by New Scientist (Profile Books, 2013)

### 度量

《万物的尺度》
肯·亚尔德著
猫头鹰出版社，2005年

### 计时

*The Mastery of Time: A History of Timekeeping, from the Sundial to the Wristwatch. Discoveries, Inventions, and Advances in Master Watchmaking* by Dominique Flechon and Franco Cologni (Flammarion, 2011)

### 政治

《好人总是自以为是：政治

与宗教如何将我们四分五裂》强纳森·海德特著 大块文化，2015 年

### 化学

*The Disappearing Spoon: And Other True Tales of Madness, Love, and the History of the World from the Periodic Table of Elements* by Sam Kean (Little, Brown, 2010)

### 量子力学

*Quantum Theory Cannot Hurt You: Understanding the Mind-Blowing Building Blocks of the Universe* by Marcus Chown (Faber & Faber, 2014)

## Chapter6 发明

### 轮子

*The Wheel: Inventions and Reinventions* by Richard W. Bulliet (Columbia University Press, 2016)

### 无线电

*Marconi: The Man who Networked the World* by Marc Raboy (Oxford University Press, 2016)

### 飞行

*First Flight: The Wright Brothers and the Invention of the Airplane* by T. A. Heppenheimer (John Wiley, 2003)

### Qwerty 键盘

*Quirky Qwerty: A Biography of the Typewriter & its Many Characters* by Torbjorn Lundmark (Penguin, 2003)

### 计算机

*Alan Turing: The Enigma* by Andrew Hodges (Princeton University Press, 2014)

### X- 射线

*Rontgen Rays: Memoirs* by Wilhelm Conrad Rontgen, Sir George Gabriel Stokes and Sir Joseph John Thomson (Sagwan Press, 2015)

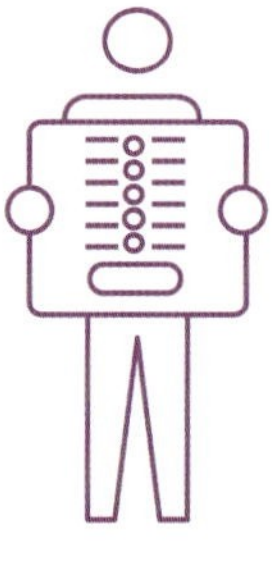

### 偶然的发现

*Chance: The Science and Secrets of Luck, Randomness and Probability* by New Scientist (Profile Books, 2015)

### 核武器

*Inside the Centre: The Life of J. Robert Oppenheimer* by Ray Monk (Jonathan Cape, 2012)

### 抗生素

*Alexander Fleming: The Man and the Myth* by Gwyn Macfarlane (Chatto &Windus, 1984)

### 互联网

*Tubes: Behind the Scenes at the Internet* by Andrew Blum (Ecco Press, 2012)

### 火箭科学

*Rockets into Space* by Frank H. Winter (Harvard University Press, 1993)

# 致谢

如果没有《新科学家》诸位同仁的支持，就不会有这本书。我要特别感谢素密 · 保罗－乔杜里和约翰 · 麦克法兰。感谢凯瑟琳 · 布拉西克、丹尼尔 · 考辛斯、利兹 · 埃尔斯、戴夫 · 约翰斯顿、威尔 · 希文、瓦莱丽 · 贾米森、弗兰克 · 斯温和杰里米 · 韦布提供的点子和建议，感谢其他所有人的热心帮助。

同样感谢约翰 · 莫里出版社出色的工作团队：负责编辑的尼克 · 戴维斯、乔治娜 · 莱科克和凯特 · 迈尔斯，负责印制的阿曼达 · 琼斯，负责宣传的罗西 · 盖勒尔，负责市场推广的罗斯 · 弗雷泽，负责装帧的阿尔 · 奥利弗和负责销售的本 · 古彻。

同时，在旧金山，我还要感谢艾伦 · 麦克莱恩的批评指正，德里克 · 沃特金斯的制图经验和布莱恩 · X. 陈的耳垢。如果没有 JavaScript 可视化资料图书馆（D3），本书中的许多插图是不可能完成的。

本书中的一些材料来自以前在《新科学家》发表的文章。

我们已经尽了最大努力找寻相关版权持有人，如果有任何错误或遗漏，约翰 · 莫里出版社很乐意在加印或再版时将其加入我们的致谢名单。

**图片使用许可：**

© Education Images/UIG via Getty: Page 27.
© The New York Times/Redux/eyevine: Page 35.
© John Chumack/Science Photo Library: Page 36.
© NASA, ESA, J. Hester and A. Loll, Arizona State University: Page 37.
© NASA/Goddard/Lunar Reconnaissance Orbiter: Pages 48–9.
© John Valley, University of Wisconsin: Pages 52–3.
© Science Stock Photography/Science Photo Library: Pages 60–1 (Soil).
© Natural History Museum, London/Science Photo Library: Pages 60–1 (Woodlice).
© Phil Degginger/Science Photo Library: Page 76.
© Leonello Calvetti/Science Photo Library: Page 77 (top).
© Photo Researchers, Inc/Science Photo Library: Page 77 (bottom).
Pages 92–3 (from left to right):
Postosuchus © Dr. Jeff Martz/NPS; Tapejara © Deagostini/UIG/Science Photo Library; Eudimorphodon © Leonello Calvetti/Science Photo Library; Sarchosucus © Walter Myers/Science Photo Library; Sinornithosaurus © Nobumichi Tamura/Stocktrek Images/Getty. Anchiornis © Julius T. Csotonyi/Science Photo Library; Ornithosuchus © Natural History Museum, London/Science Photo Library; Scansoriopteryx © IVPP, China; Desmatosuchus © Friedrich Saurer/Science Photo Library; Microraptor © Natural History Museum, London/Science Photo Library; Pterodactyl © Friedrich Saurer/Science Photo Library; Liopleurodon © Friedrich Saurer/Science Photo Library; Gigantoraptor © Friedrich Saurer/Science Photo Library; Mosasaurus © Jacopin/BSIP/Science Photo Library; Archaeopteryx © Leonello Calvetti/Science Photo Library; Poposaurus © Dr. Jeff Martz/NPS.
© Fernando Gómez: Page 95.
© Nicolas Primola/E. Panagopoulos/Craig Mackie: Page 96–7
© Jennifer Daniel: Pages 116–7.
© Stuart Bur/Getty: Page 135.
© FLPA/REX/Shutterstock: Page 139.
© Shutterstock.com: Page 149 (hazelnut).
© Davit Hakobyan/AFP/Getty: Page 155.
© CDC/Phanie/REX/Shutterstock: Page 156 (clothes louse).
© Biophoto Associates/Science Photo Library: Page 156 (head louse).
© CDC-Who/Phanie/REX/Shutterstock: Page 156 (pubic louse).
© Natural History Museum, London/Science Photo Library: Pages 156–7 (gorilla louse and chimp louse).
© Jennifer Daniel: Pages 184–5.
© Schmidt-Luchs/ullstein bild via Getty: Page 207.
© The United States Patent and Trademark Office: Page 216 (right).
© The United States Patent and Trademark Office: Page 216 (left).
© Mansell/Time & Life Pictures/Getty: Page 217 (right).
© Universal History Archive/UIG via Getty: Page 217 (left).
© SSPL/Getty: Page 219.
© Courtesy of Intel: Page 220 (left).
© Courtesy of Intel: Page 220 (right).
© Car Culture Collection/Getty: Page 221 (top).
© Granger, NYC/Alamy: Page 221 (middle).
© Plainview/Getty: Page 221 (bottom).
© Science Photo Library: Page 223.
© American Science and Engineering, Inc.: Pages 224–5.
© Apic/Getty: Page 239.
© Detlev Van Ravenswaay/Science Photo Library: Page 243.

The Origin of (almost) Everything



Illustrations Jennifer Daniel 2016

First published in Great Britain in 2016 by John Murray (Publishers), an Hachette UK company

**著作权合同登记号：图字18-2016-226**

**图书在版编目（CIP）数据**

万物起源 / 英国《新科学家》杂志著；（英）格雷厄姆·劳顿文；（美）珍妮弗·丹尼尔绘；张卜天译. -- 长沙：湖南科学技术出版社，2017.4（2021.8重印）

ISBN 978-7-5357-9208-2

Ⅰ. ①万… Ⅱ. ①英… ②格… ③珍… ④张… Ⅲ. ①科学知识－普及读物 Ⅳ. ①Z228

中国版本图书馆CIP数据核字（2017）第033265号

**上架建议：畅销·科普**

## 万物起源

**作　　者：** 英国《新科学家》杂志
**文　　字：**［英］格雷厄姆·劳顿
**插　　图：**［美］珍妮弗·丹尼尔
**译　　者：** 张卜天

**出 版 人：** 张旭东
**责任编辑：** 林澧波
**监　　制：** 吴文娟
**策划编辑：** 许韩茹　李甜甜
**特约编辑：** 陈晓梦
**版权支持：** 辛　艳　张雪珂
**营销编辑：** 闵　婕
**封面设计：** 张丽娜　李　洁
**版式设计：** 李　洁
**出　　版：** 湖南科学技术出版社（长沙市湘雅路276号）
**网　　址：** www.nnstp.com
**经　　销：** 新华书店
**印　　刷：** 北京中科印刷有限公司
**开　　本：** 889mm × 1194mm　1/16
**字　　数：** 160千字
**印　　张：** 15.75
**版　　次：** 2017年4月第1版
**印　　次：** 2021年8月第3次印刷
**书　　号：** ISBN 978-7-5357-9208-2
**定　　价：** 138.00元

若有质量问题，请致电质量监督电话：010-59096394
团购电话：010-59320018